TRANSFORMANDO
ESTRATÉGIAS
EM **R**ESULTADOS

Sucesso Empresarial Através da Gestão por Projetos

Este livro foi originalmente publicado em inglês pela AMACOM, New York, dezembro de 1998, sob o título: ***Winning in Business with Enterprise Project Management*** e lançado em português em 1999 sob o título ***Transformando Estratégias Empresariais em Resultados***. Em 2009, foi revisado e atualizado, com a inclusão do Capítulo 15, que apresenta o Modelo TER de aplicação dos conceitos.

Paul Campbell Dinsmore

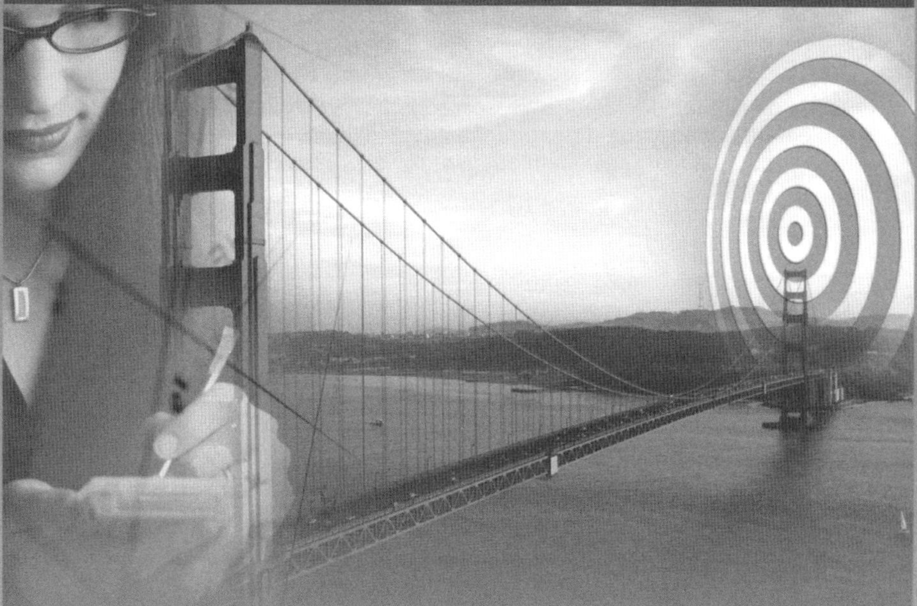

Transformando Estratégias em Resultados

Sucesso Empresarial Através da Gestão por Projetos

Copyright © 2010 Paul Dinsmore

Todos os direitos desta edição reservados à Qualitymark Editora Ltda.
É proibida a duplicação ou reprodução deste volume, ou parte do mesmo,
sob qualquer meio, sem autorização expressa da Editora.

Direção Editorial	Produção Editorial
SAIDUL RAHMAN MAHOMED editor@qualitymark.com.br	EQUIPE QUALITYMARK

Capa	Editoração Eletrônica
RENATO MARTINS Artes & Artistas	EDEL

1ª Edição: 1999 1ª Reimpressão: 2003	2ª Edição 2010

CIP-Brasil. Catalogação-na-fonte
Sindicato Nacional dos Editores de Livros, RJ

D615t
    Dinsmore, Paul Campbell, 1941-
      TER: transformando estratégias em resultados: o sucesso empresarial através da gestão de projetos / Paul Campbell Dinsmore. – Rio de Janeiro: Qualitymark, 2010.
      240p.

    Inclui bibliografia

    ISBN: 978-85-7303-925-2

    1. Administração de projetos. I. Título.

10-1888   CDD: 658.404
                                                                               CDU: 65.012.3

2010
IMPRESSO NO BRASIL

Qualitymark Editora Ltda. Rua Teixeira Júnior, 441 São Cristóvão 20921-405 – Rio de Janeiro – RJ Tels.: (0XX21) 3295-9800 ou 3094-8400	Fax: (0XX21) 3295-9824 www.qualitymark.com.br E-mail: quality@qualitymark.com.br QualityPhone: 0800-0263311

Agradecimentos

Agradeço a participação sempre atenciosa e eficaz da Maria de Lourdes Siqueira Malta na preparação do manuscrito desta segunda edição atualizada. Também fico agradecido ao eng. Luiz Rocha, que ofereceu contribuições valiosas na formulação do Modelo TER.

Prefácio

Mais uma vez, nosso caro Paul Dinsmore oferece sua longa experiência em gerenciamento de projetos para os praticantes dessa técnica que, cada dia mais, se torna essencial ao sucesso de organizações privadas e públicas. Nesta oportunidade, a obra vai além do gerenciamento de projetos individuais e alcança a utilização de conjuntos de projetos como meio eficaz de implementação de estratégias empresariais.

A estratégia empresarial como um elemento isolado, sem a definição de meios e métodos de sua implantação, não tem mais lugar. O ambiente de mudanças rápidas, e muitas vezes imprevisíveis, em que vivem as organizações, vem requerendo, já há algum tempo, competências de **gestão estratégica**, e não apenas a capacidade de planejamento estratégico.

Mudança e estratégia são elementos indissociáveis. A estratégia que não contém escolhas inequívocas dos novos caminhos a percorrer e das transformações a conquistar não cumpre sua finalidade. A mudança, por outro lado, significa navegar por ambientes desconhecidos, enfrentar resistências e correr riscos, para poder atingir resultados estrategicamente relevantes. Como fazer acontecer a estratégia?

Buscar uma resposta prática a essa pergunta é o propósito meritório do livro. A proposta é de utilização de projetos como forma de mobilizar talentos, recursos e conhecimentos para empreender a concretização da estratégia.

Não se trata, entretanto, de desafio simples.

De início, destaca-se a importância da escolha da carteira de projetos. Em seu conjunto, os projetos visam a transformações, e não apenas uma coleção de "produtos" obtidos por projetos individuais. Há uma sinergia a perseguir e uma coesão de esforços a assegurar ao longo do processo de evolução da organização em direção ao novo posicionamento estratégico.

Além disso, as estratégias realmente transformadoras são multifuncionais. Demandam um modo de condução de projetos embasado na cooperação entre equipes funcionais e na capacidade de ir além das fronteiras burocráticas que usualmente se estabelecem entre as áreas de poder das várias funções da organização.

E, finalmente, sem pretender esgotar o tema, a especificidade do monitoramento e da avaliação de uma carteira de projetos estratégicos. Estes enfrentam obstáculos em intensidade muito maior que projetos usuais. Ao mesmo tempo, as realidades que pretendem transformar ou a elas se ajustar mudam continuamente ao longo da implementação da estratégia. Configura-se, assim, situação específica que demanda conceitos e práticas de monitoramento e avaliação que ultrapassam os procedimentos comumente empregados.

Assim, o tema escolhido e elaborado por Paul Dinsmore, nesta sua nova obra, reveste-se de grande importância para as organizações que desejam imprimir eficácia e velocidade em suas trajetórias de evolução estratégica.

José Paulo Silveira
Diretor Associado da Macroplan
Ex-secretário de Planejamento e Investimentos
Estratégicos do Ministério do Planejamento

Nota do Autor sobre a Segunda Edição em Português

Esta segunda edição agrega subsídios de aplicação aos conceitos arrolados no livro *Transformando Estratégias Empresariais em Resultados*, que foi lançado originalmente na língua portuguesa no ano 2003. Este foi baseado na obra pioneira *Winning in Business with Enterprise Project Management* (AMACOM, NY 1998), livro este que mostrou pela primeira vez a aplicabilidade dos conceitos de gerenciamento de projetos à administração de empresas de forma ampla. Isto vale dizer, gerenciar empresas utilizando-se a filosofia de projetos em grande escala.

Ao longo do início do século XXI, as empresas de fato vêm abraçando a filosofia de projetos, muito em função da galopante dinâmica das mudanças que vem assolando as comunidades industrial e de serviços. Empresas de todas as naturezas se encontram num estado de fluxo tal que seu sucesso depende, fundamentalmente, da boa administração de projetos e todos os tipos, tais como: tecnologia, mudança, fusões, cultura, expansão, marketing, novas instalações, TI e modernização de processos.

O Modelo TER apresentado no Capítulo 15 mostra os componentes e etapas que compõem o conjunto de aplicações dos conceitos explanados nos textos anteriores. O capítulo inclui exemplos tanto em termos de projetização, isto é, a transformação da empresa em organização que pensa e age dentro de filosofia de projetos, como em projetos específicos, como no caso de transformação de cultura.

Esta segunda edição aponta o caminho prático para transformar estratégias em resultados através a aplicação da gestão por projetos.

Paul Campbell Dinsmore
Rio de Janeiro, junho 2010

Sumário

Introdução: O que Está Acontecendo?, XV
  Como Ler Este Livro, XVII
  Para os Tarimbados em Saltar Capítulos, XVIII

Parte I: A Natureza do Jogo

Capítulo 1   **Tudo é um Projeto, 5**
  Projeto e Processo: O Ovo e a Galinha, 7
  Como Isto Vem Acontecendo, 10
  Organizações Orientadas Para Projetos *Versus* Organizações
    Funcionais, 11

Capítulo 2   **Fazendo um Empreendimento Funcionar, 15**
  Colocando o Gerenciamento de Projetos em Perspectiva, 16
  O que a Gestão por Projetos Tem de Diferente? 17
  Um Portfólio de Projetos, 20
  Sobre Sistemas de Gestão Empresarial, 21
  A Gestão por Projetos Como um Guarda-chuva para a Gestão Empresarial, 23

Capítulo 3   **Estreitando a Distância Entre a Estratégia da Empresa e
  Seus Projetos, 27**
  Do Planejamento dos Negócios à Implementação de Projetos, 28
  Preenchendo a Lacuna, 30
  O Gerenciamento-surpresa, 37
  Alinhamento Estratégico de Projetos, 38

Capítulo 4   **Livros de Receitas, Restaurantes e Gestão por Projetos, 43**
Fatores-chave de Sucesso, 44
Uma Abordagem de Estrutura Analítica de Projeto, 45
Implementando o Gerenciamento de Projetos Empresariais em Etapas, 47
A Sessão Para Executivos, 50
Uma Estrada Potencialmente Acidentada à Frente, 52

Capítulo 5   **Um "Lar" Para Gerenciar por Projetos: Escritório de Projetos, 57**
Em Busca do Escritório de Projetos, 58
Afinal, Como se Implementa um Escritório de Projetos?, 69
Lar, Doce Lar, 71

Capítulo 6   **O Pessoal que "Segura o Bife": Um Modelo para Lidar com os Principais Envolvidos, 75**
Gerenciando Todos os *Stakeholders* Pela Organização, 75
Gerenciamento Estruturado dos *Stakeholders*, 79
Ninguém Mais Segura O Bife, 84

PARTE II: COMO JOGAR

Capítulo 7   **A Arte de Fazer Perguntas: Dicas para a Sobrevivência de Executivos, 89**
Perspicácia Executiva, 90
Perguntas Vindas do Universo de Conhecimento do Gerenciamento de Projetos, 93
Um Guia Prático Para o Executivo, 95
Promovendo a Gestão por Projetos, 96
Uma Autoavaliação para Executivos, 97
Sua Educação Continuada em Gerenciar Projetos, 98

Capítulo 8   **O Gerenciamento de Projetos, os Elefantes e a NBA, 101**
Introdução ao Gerenciamento de Projetos, 102
As Peças Básicas do Quebra-cabeça do Projeto, 104
Outras Coisas que Precisam ser Gerenciadas: Áreas Auxiliares, 111
Juntando Tudo, 116
Continue Driblando, 117

Capítulo 9   **O Gerenciamento de Projetos, a Educação e o Charlatanismo, 121**
Educação é a Resposta, 122
Como Estabelecer um Programa, 124
Treinar com Recursos Internos ou Externos?, 126
E o Conteúdo?, 127
Coaching e Outras Técnicas Fora de Sala de Aula, 130
Sem Garantias, 132

Capítulo 10 Competência em Gerenciamento de Projetos: O Pessoal Sabe o que Está Fazendo?, 135

Afinal o que é Competência?, 136
Por que se Preocupar? Quais os Benefícios?, 137
O que Incluir em um Modelo de Competência, 138
Basta Competência Para Produzir Projetos Bem-sucedidos?, 140
Quem Precisa ser Competente?, 141
A Competência Pode ser Mensurada?, 142
O Caminho para a Competência, 144
Pessoas Competentes Melhoram a Performance?, 144

Capítulo 11 Qual o Grau de Maturidade de sua Organização?, 149

Uma Abordagem Científica ou uma Análise Superficial?, 150
Os Modelos de Maturidade de Gerenciamento de Projetos, 151
Regras Para Avaliar a Maturidade, 159
A Próxima Etapa, 160
Um Modelo Abrangente do PMI, 161

Capítulo 12 Dinheiro e Outros Incentivos para os Gerentes de Projetos, 165

As Implicações da Remuneração Baseada em Habilidades, 168
Se Você Tem Dez Dólares Para Gastar, 169
Incentivos Outros que não Dinheiro, 170
Mantendo um Alto Comprometimento em Tempos Desafiadores, 172
Dinheiro é Bom, Mas não é Tudo, 174

Capítulo 13 Comunicação no Mundo de Projetos, 177

Premissa: Valem o Tempo e o Esforço, 178
Premissa: Tão Simples Quanto ABC, 179
Premissas Claras Significam Comunicações Cristalinas?, 180
Algumas Sutilezas da Comunicação, 182
Nos Projetos e em Toda a Empresa, 185

Capítulo 14 Como Gerenciar Projetos no Futuro?, 189

Globalização, 190
Quem o Fará e Como Será Feito?, 191
"Mais Rápido do que a Velocidade da Luz", 191
Tecnologia, 192
Em Direção a uma Cultura Corporativa de Gerenciamento de Projetos, 193
As Experiências Passadas Valem?, 193
De Volta à Selva, 194
Mantendo-se a Par das Tendências, 194
Não é Surpresa, 196

Capítulo 15   Aplicando os Conceitos: O Modelo TER, 199
   Quais as Aplicações do Modelo TER, 200
   Como é o Modelo TER, 201
   Diferencial do Modelo TER, 201
   Benefícios do Modelo TER, 203
   Alguns Exemplos de Aplicação do Modelo TER, 203

Observações e Fontes, 209

Índice, 213

Introdução
O que Está Acontecendo?

Este livro se destina principalmente a profissionais que desejem tornar seu negócio mais próspero. É baseado no princípio de que a prosperidade depende de se agregar valor ao negócio e que o valor é agregado implementando-se sistematicamente novos projetos – projetos de todos os tipos – em toda a organização. Quanto mais bem forem gerenciados esses projetos, mais próspera será a empresa.

O livro também tem por alvo o entusiasta por projetos que deseje fazer uma contribuição maior para a organização, pois ele mostra como o gerenciamento de projetos pode ser sintonizado e integrado através de toda a empresa, de forma que todos os projetos sejam mais facilmente gerenciados e que a empresa colha os benefícios do valor agregado resultante.

Introduz-se nesta obra o conceito de *gestão por projetos*, que se refere ao uso da abordagem de projetos como filosofia gerencial nas organizações. As empresas *projetizadas* utilizam a gestão por projetos, já que estas procuram traduzir boa parte das suas atividades em forma de projetos. O conceito é elaborado em maior detalhe a partir do Capítulo 1.

Gestão por projetos é abrangente e inclui conceitos como a governança de projetos, gerenciamento de portfólios de projetos, gerenciamento de programas e o gerenciamento de projetos em si.

Gestão por projetos (*enterprisewide project management*), portanto, difere de gerenciamento de projetos (*project management*) na sua abrangência. Gestão por projetos (GpP) espelha a filosofia gerencial e engloba todas as iniciativas da organização. Gerenciamento de projetos (GdP) refere-se à metodologia de conduzir projetos isolados. O Capítulo 8 apresenta os conceitos clássicos de GdP.

No Capítulo 15 se apresenta um modelo complementar, o TER (Transformando Estratégias em Resultados). Esse modelo utiliza as abordagens GpP e GdP para efetivar a transformação de estratégias específicas em resultados.

Os conceitos aqui abordados são especialmente oportunos, devido à natureza turbulenta, caótica e incerta de nossos tempos. Alvin Toffler, nos anos 1970, já apontara para essa tendência em seu clássico livro *Choque do Futuro*. Sua advertência foi ouvida por alguns líderes empresariais de vanguarda e ignorada pelos demais, que agora lutam para manter o passo com as mudanças que ocorrem em ritmo cada vez mais acelerado. Para enfrentar os desafios, as empresas vêm se transformando de estado estático e estável para dinâmico e mutante. As organizações estão se tornando menos presas a hierarquias e mais parecidas com aquelas bandas típicas de Nova Orleans, onde cada músico toca livremente, mas o resultado é alegre, estimulante e harmonioso.

O gerenciamento de projetos há muito tempo vem sendo a forma pragmática de conseguir fazer as coisas certas dentro do prazo e do orçamento. Quando o módulo lunar Eagle aterrissou na Lua, em 1969, foi o gerenciamento de projetos que o colocou lá. Ironicamente, o brilho desse *sucesso* foi tamanho que, por quarenta anos, relacionou-se o gerenciamento de projetos com produtos de tecnologia de ponta e de grande escala de produção no mundo da construção civil e das indústrias aeroespacial e de defesa. Mas tudo isso está mudando. Num mundo em que todos os esforços dos negócios precisam ser tão focalizados e voltados para resultados como um voo para a Lua, as organizações estão aplicando o gerenciamento de projetos para atingir necessidades estratégicas corporativas, em vez de simplesmente realizar projetos específicos e isolados. Essa versão atualizada do gerenciamento de projetos permite que as organizações se vejam como organismos dinâmicos compostos de incontáveis projetos cuja realização é gerenciada simultaneamente. Enquanto alguns projetos são abortados, outros são iniciados, de modo que um núcleo constante de projetos gera as mudanças necessárias para que a empresa se mantenha atual e competitiva.

A gestão por projetos é uma ideia cuja hora é esta. Devido às mudanças aceleradas no mundo de negócios, as corporações se deparam com o gerenciamento de um portfólio de projetos em oposição à simples operação de uma hierarquia corporativa. A gestão por projetos empresariais mostra como atingir metas aplicando as técnicas de gerenciamento de projetos não apenas a projetos isolados, mas também em nível empresarial. Mostra como incorporar a arte e a ciência do gerenciamento de projetos a uma nova e excitante forma de fazer negócios. Focaliza a consolidação de princípios de projetos em toda a organização.

Este livro trata do gerenciamento de uma empresa, em oposição ao gerenciamento de um projeto. Difere, portanto, da literatura de gerenciamento de projetos à medida que não tem por objetivo apenas demonstrar como um projeto específico deve ser gerenciado. Seu foco, pelo contrário, é sobre como uma organização pode ser dirigida utilizando o gerenciamento de projetos como uma crença organizacional. Oferece também uma aplicação singular da literatura gerencial tradicional, pois descreve como transformar uma empresa implantando uma mentalidade de gestão por projetos, aumentando, assim, acentuadamente, a produtividade organizacional.

As empresas estão propondo a gestão por projetos como uma abordagem de amplo alcance para a formulação de planos e o acompanhamento do dia a dia dos negócios. Em outras palavras, o gerenciamento de projetos está se tornando parte da filosofia gerencial das organizações, assim como a qualidade total, a satisfação dos clientes ou a administração enxuta. Ele está se tornando inerente, parte integrante da empresa, uma forma consagrada de atingir metas. Ao longo deste livro, você encontrará exemplos de organizações como American Express, EDS, ABB, Citibank e IBM, que deram passos substanciais em direção à aplicação dos princípios de projetos em nível empresarial.

A abordagem por projetos é compatível com as filosofias gerenciais existentes, como o gerenciamento com foco no cliente, os movimentos da qualidade, a modernização dos processos do negócio, ou mesmo o gerenciamento de processos. A aplicação do gerenciamento de projetos em uma base mais ampla dentro da organização aumenta a velocidade e produtividade dos processos existentes. Os objetivos da gestão por projetos, que são baseados no trinômio sagrado dos princípios de projetos (tempo-custo-qualidade), também são coerentes com os objetivos globais das empresas.

Enquanto empresas-líderes se posicionam à frente em termos de inovação gerencial, outras organizações lutam para melhorar suas posições competitivas e acelerar os resultados de seus projetos tanto em nível estratégico quanto operacional. Os princípios-chave para atingir esses objetivos através da gestão por projetos estão aqui resumidos. Eles estão divididos em duas partes – uma que inclui os conceitos empresariais e outra que resume o que se faz necessário para que a gestão por projetos realmente funcione.

Há quinze princípios propostos neste livro. Os seis primeiros, expostos na Parte I, são princípios da natureza do jogo, que abrangem as regras e os conceitos básicos da gestão por projetos. Representam os princípios fundamentais para o gerenciamento de organizações por projetos. Cada princípio corresponde a um capítulo, que discorre sobre o tema. Os nove princípios de como jogar o jogo em si, descritos na Parte II, concentram-se na parte prática de como entrar em forma, permanecer em forma e assegurar um desempenho vencedor. Eles têm por foco as ações necessárias para assegurar que a gestão por projetos seja mais do que um modismo passageiro, que ela se torne parte integrante de uma filosofia baseada em sólidos princípios gerenciais.

COMO LER ESTE LIVRO

Visto que a Parte I cobre os aspectos básicos da gestão de organizações por projetos, ela é adequada para os que queiram ter uma visão geral do tópico. A Parte I explica por que há uma tendência para a aplicação do gerenciamento de projetos (GdP) em nível organizacional; esclarece o que é a gestão por projetos (GpP), e por que a visão de portfólio de projetos é crítica para o sucesso; mostra como preencher a lacuna entre as estratégias da empresa e a implementação de projetos; estabelece as etapas para implementar as mudanças estruturais e organizacionais necessárias para dar velocidade à gestão por projetos; explica como a organização precisa ser apoiada por uma ou mais formas de escritório de projetos; e, finalmente, fala da importância em gerenciar todos os *stakeholders* ao se implementar a gestão por projetos e mantê-la em funcionamento.

A Parte II apresenta o que é necessário como preparação para a gestão por projetos e para manter a organização neste caminho. O leitor que esteja mais interessado nos mínimos detalhes do gerenciamento de projetos deveria ler esses capítulos detalhadamente. A Parte II aborda tópicos como os fundamentos do gerenciamento de projetos, a base educacional, a competência, a maturidade organizacional, o sistema de recompensas, as comunicações e a preparação para o futuro. Ela se inicia com um capítulo de dicas para executivos, mostrando-lhes como fazer as perguntas certas e explicando como sobreviver nestes "tempos projetizados".

PARA OS TARIMBADOS EM SALTAR CAPÍTULOS

O Capítulo 15 da Parte II apresenta o modelo que direciona a aplicação dos conceitos.

Além da abordagem convencional de ler um livro do início ao fim, há outras maneiras de uma pessoa ocupada, que procure por informações específicas, ler este livro. Isso significa voltar ao índice e garimpar os tópicos correspondentes. Há duas opções para o leitor apressado:

1. Para o leitor desinformado quanto aos fundamentos do gerenciamento de projetos, a sequência recomendada é: Capítulos 8, 2, 4 e 9.
2. Para aqueles já iniciados em gerenciamento de projetos, mas não familiarizados com os princípios da gestão por projetos, a sequência sugerida é: Capítulos 2, 3, 4, 5 e 15.

Este livro foi escrito para ser utilizado de diferentes formas por diferentes pessoas nas organizações. Embora todos possam lê-lo para se atualizar quanto a uma importante tendência gerencial, ele pode ser utilizado como um contexto estrutural para mudanças em empresas que estejam caminhando em direção a uma organização mais baseada em projetos. Eis algumas formas em que este livro pode ajudar a provocar mudanças:

- *Pelo seu Presidente.* Se o principal executivo quiser fazer a organização seguir a direção da gestão por projetos e o resto da organização ainda não tiver comprado a ideia, as táticas apresentadas no Capítulo 4 precisam ser utilizadas. O livro também deve ser colocado nas mãos de outras pessoas influentes dentro da empresa.
- *Por Executivos do Alto Escalão.* Para executivos que se encontrem no caminho entre as estratégias corporativas e a implementação de múltiplos projetos, este livro pode ser particularmente útil. Os conceitos fornecidos nos Capítulos 2, 4, 7 e 8 são indicados para serem utilizados em workshops cujo objetivo é ajudar os executivos a lidar com a multiplicidade de projetos da sua vida diária.

- *Por Agentes de Mudança em Níveis Intermediários.* Os agentes de mudança encarregados de tornar as organizações mais dinâmicas, poderosas e eficazes podem utilizar a estrutura analítica, fornecida no Capítulo 5, como ferramenta de planejamento. Os programas educacionais apresentados no Capítulo 9 também servem como esboço para criar programas de treinamento que objetivem a mudança.
- *Por Gerentes e Profissionais de Projeto.* Os gerentes e os participantes de projetos frequentemente se deparam com o desafio de gerenciar projetos em uma organização que não está preparada para fornecer o suporte adequado. Neste caso, o livro pode ser utilizado como um guia para a média gerência e para técnicos especializados, e os conceitos advindos do livro podem ser canalizados para a alta gerência.
- *Por Professores e Consultores.* Professores podem utilizar o livro como uma fonte de pesquisa e recomendar sua leitura em escolas de negócios como um novo rumo de aplicação do gerenciamento, baseado em sólidos princípios técnicos. Consultores que estejam tentando convencer clientes a se equipar para um mundo mais orientado por projetos podem utilizar as fontes citadas para apoiar suas propostas e recomendações.

Como a pressão recai em fazer tudo bem-feito, e também com rapidez, as técnicas de gerenciamento de projetos, apoiada na filosofia de gestão por projetos, são a forma de se conseguir que as coisas certas sejam feitas sistematicamente dentro dos cronogramas e dos orçamentos. Este livro lhes mostra o caminho para atingir esses objetivos.

PARTE I

A NATUREZA DO JOGO

PRINCÍPIO 1

Desenvolver e fornecer mais rapidamente, por um menor preço, melhores produtos e serviços dependem da capacidade de uma organização em cultivar um relacionamento do tipo "o ovo e a galinha" entre gerenciamento de projetos e gerenciamento de processos.

CAPÍTULO 1

Tudo é um Projeto

*T*udo no mundo dos negócios ou é um projeto ou está relacionado a um projeto. Reduzir os níveis hierárquicos de uma organização e torná-la enxuta é um projeto. Implementar um programa de melhoria da qualidade ou da produtividade é um projeto. Atingir metas anuais e instalar um "home office" são projetos. O mesmo é válido para uma nova campanha de marketing, ou uma atualização tecnológica para eliminar a papelada, ou a organização de uma megaconvenção para o Rotary International. Isso, para não mencionarmos as coisas óbvias, como a construção de uma nova loja, a implementação de um sistema integrado de banco de dados, ou o gerenciamento da viagem de um veículo não tripulado para Marte. Centenas de atividades realizadas no dia a dia das empresas estão diretamente relacionadas com projetos.

Projetos são *iniciativas não repetitivas* – empreendimentos únicos com um começo e um fim. Devido à incansável e veloz pressão da mudança, as empresas estão tomando uma nova feição, um jeito de projeto, embora as atividades de movimentos repetitivos ainda persistam. Ainda que o aperto de parafusos em uma fábrica de automóveis não seja um projeto, o projeto e a prototipagem de um novo modelo com tração nas quatro rodas são, assim como as atividades de melhoria contínua, melhorias na manutenção, expansões na linha de produção e o desenvolvimento de "equipes integradas de projeto" para a melhoria da produtividade. Assim, embora as linhas de produção sejam processos por natureza, são os projetos que lhes dão vida e que as mantêm competitivas, reduzindo os ciclos de produção.

"Se você tem menores ciclos de produção", disse Stephen Sprink1e, da Deloitte & Touche, um dos gigantes do setor de consultoria, em um artigo no *Wall Street Journal*

(19 de agosto de 1996) a respeito do gerenciamento de projetos, "você faz tudo mais rápido, montando equipes de pessoas". A Deloitte & Touche é um exemplo de empresa que subiu na crista da onda dos projetos; depois de implementar uma abordagem de projeto em toda a empresa, a organização viu seus resultados aumentarem 44% em apenas um ano (1995-1996).

Como as organizações estão mergulhadas até o pescoço em projetos, a forma pela qual esses múltiplos esforços são gerenciados determina se as empresas prosperarão ou não. Se os projetos – tanto estratégicos como específicos – forem bem gerenciados, então a empresa tenderá a atingir suas metas. Se esses projetos forem mal conduzidos, os ventos do destino soprarão duramente sobre a organização. Há, assim, uma forte justificativa para aumentar a capacidade para gerenciar projetos da organização.

Há mais razões para se desenvolver a capacidade de gerenciar projetos:

- Gasta-se mais energia gerencial em projetos do que na manutenção de operações correntes.
- O sucesso de uma organização depende de novos projetos, em contraposição à excessiva concentração nos "negócios de sempre".
- A necessidade de redução no tempo de entrega ao mercado vivida pelas empresas exige que os projetos sejam concluídos dentro do cronograma e do orçamento e que atendam aos padrões de qualidade requeridos e às exigências dos clientes.
- Saltos quânticos na eficácia dos resultados financeiros vêm de novas iniciativas, que requerem o gerenciamento de projetos.
- Com a implementação do gerenciamento de projetos, as empresas tendem a melhorar a satisfação dos clientes, a penetração no mercado e os resultados financeiros.

O tema clássico do gerenciamento de projetos – a realização de tarefas dentro do cronograma e do orçamento e de acordo com padrões de qualidade – está diretamente ligado à atual preocupação com fazer as coisas "mais rapidamente, com menor custo e melhor". Os resultados começam a se materializar à medida que os projetos são tocados. As organizações que implementam com sucesso uma abordagem de projetos encontram reduções de custos através do menor retrabalho e de aumentos nos lucros pelo término dentro do prazo. A ênfase no prazo-custo-qualidade do gerenciamento de projetos provoca uma resposta positiva, desde que os projetos estejam alinhados com as estratégias da empresa e que o foco permaneça nos seguintes itens: resultados, metodologia, indicadores de melhoria de produtos e processos e necessidades dos clientes.

Alguns dos mais ilustres ideólogos e escritores do gerenciamento de nossa época saíram em forte defesa da organização *projetizada,* ou seja, uma organização que enxerga toda a sua operação como um portfólio de esforços de gerenciamento de projetos. Warren Bennis, da University of South California, autor de dezoito livros sobre liderança e gerenciamento (dois dos quais foram indicados para o Prêmio McKinsey de Melhor Livro de Gerenciamento), acredita que as organizações se tornarão altamente orientadas para projetos. Ele afirma que "os organogramas organizacionais consistirão em grupos de projetos, em vez de grupos funcionais estratificados". Os autores do artigo "Make Projects the School for Leaders", da *Harvard Business Review,* dizem que "ao longo do tempo, as posições de altos executivos serão preenchidas por pessoas capazes de uma liderança integradora com um rico histórico de obtenção de resultados através de projetos".

Por outro lado, alguns acreditam que o segredo para a maior produtividade e para a vantagem competitiva é o aumento da ênfase no gerenciamento de *processos,* não no gerenciamento de projetos. Em *Beyond Reengineering,* Michael Hammer fala sobre o gerenciamento centrado em processos como o paradigma do futuro. E há uma forte justificativa para a linha de raciocínio em termos de processos. Por exemplo, organizações orientadas para processos, como refinarias petroquímicas ou fabricantes de produtos eletrônicos, parecem ser candidatas improváveis para a aplicação de uma abordagem de gerenciamento de projetos. Afinal, a chave para o sucesso dessas indústrias é a alta produtividade através de atividades replicadas com base em processos padronizados. Os projetos, no entanto, são essenciais para a melhoria de processos e para o desenvolvimento e implementação de novos processos que resultem em saltos quânticos. Afinal, os projetos são subordinados aos processos, ou é o contrário?

PROJETO E PROCESSO: O OVO E A GALINHA

A comparação da importância de um projeto com a de um processo é parecida com a resposta à pergunta: o que apareceu primeiro, o ovo ou a galinha? É um exercício mental interessante, mas é irrelevante saber o que veio primeiro, ou qual é o mais importante. Tanto a questão do ovo e da galinha como a do projeto e do processo são reflexos de relacionamentos integrados, partes de sistemas interdependentes. Para que uma parte exista, é necessário que a outra também exista, como mostrado na Figura l-1. Os projetos são dependentes dos processos, e os processos dependem dos projetos. Devido a essa dependência congênita entre o gerenciamento de processos e de projetos, à medida que os processos proliferam, o mesmo acontece com a necessidade de gerenciar projetos relacionados a esses processos.

Para aqueles que veem o mundo através da ótica de processos, é fácil adaptar o conceito de projeto no mundo de processos. Afinal, os projetos podem ser retratados como "processos capacitadores" ou "processos de transição": uma sequência de atividades realizadas para manter funcionando e aperfeiçoar o processo-alvo. Os projetos lidam com a porção não repetitiva dos processos, atenuando a transição da concepção dos processos para a operação. Os projetos também entram em jogo para manutenções não rotineiras e grandes expansões.

Hammer, no entanto, assume uma perspectiva diferente quanto ao relacionamento projeto-processo. Em uma entrevista à revista *PM Network,* ele declarou que "há

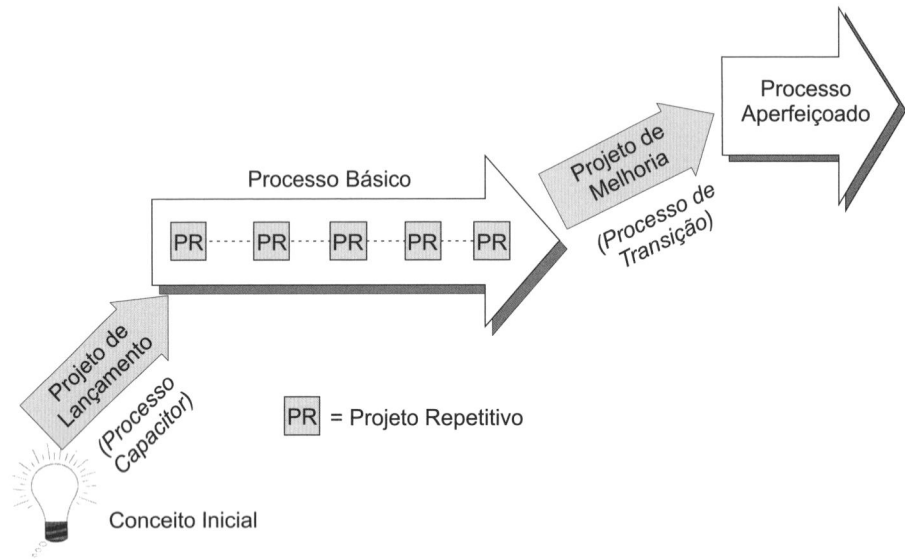

Figura 1-1. Projetos e processos.

muitas correlações fortes entre processos e projetos: em um processo, você faz cada projeto não uma única vez, mas repetidamente". Assim, na escola de pensamento de processos, um projeto é visto ou como uma tarefa individual que é repetida de maneira otimizada em um processo (a visão de Hammer), ou como um "capacitador" que ajuda a projetar e implementar um processo. Os projetos de melhoria contínua também podem ser vistos como processos, refletindo o clássico ciclo PDCA – Plan-Do-Control-Act (Planejar, Fazer, Controlar, Agir), de Deming, em que o ciclo se repete eternamente em um esforço para acompanhar os ventos da mudança.

Embora a palavra *projeto* seja uma raridade notável nas obras de Hammer, ele utiliza termos como *desenho de processos, processos de modificação e processos de substituição (Beyond Reengineering,* pp. 77-81), que são claramente projetos quando vistos pelo prisma de projetos. Desse modo, toda a visão de processos pode ser percebida através de um prisma diferente.

Para aqueles que veem o mundo com um viés de projetos, os processos operacionais podem ser vistos como pausas que acontecem enquanto o próximo projeto está sendo desenvolvido. Como todos os processos operacionais são fadados à obsolescência, qualquer coisa que esteja operando hoje é alvo de um novo projeto que, ou trará uma melhoria incremental, ou revolucionará o que estava sendo feito antes. Novos projetos – que colocam em operação melhores processos – são, portanto, responsáveis por avanços em termos de eficácia e melhorias gerais, ao passo que processos operacionais são os fiéis guardiões da eficiência contínua. Assim, não importa quais sejam o viés conceitual e as diferenças semânticas, voltamos ao ponto de partida.

Com essa interdependência congênita entre gerenciamento de processos e projetos, à medida que os processos proliferam, o mesmo acontece com a necessidade de gerenciar projetos relacionados a esses processos. Grandes corporações continuam, portanto, a caminhar rapidamente na direção do paradigma do gerenciamento por projetos. Não é por acaso que o gerenciamento de projetos tem sido selecionado na literatura de negócios como a forma de fazer com que as coisas sejam feitas. Essa tendência continuará à medida que o palco dos negócios se torne mais exigente e os recursos mais escassos. A tendência é de aumento do uso de técnicas de gerenciamento que gerem resultados de qualidade dentro do prazo e do orçamento, e satisfaçam os clientes-usuários. É por isso que empresas, como a AT&T, por exemplo, têm caminhado cada vez mais em direção ao gerenciamento de projeto desde o início dos anos 1990. A empresa incentiva os gerentes a receberem a certificação do Project Management Institute (PMI). A AT&T tem profissionais nos cargos de vice-presidentes certificados pelo PMI.

A ABB, o conglomerado europeu especializado na fabricação de equipamentos elétricos, acredita intensamente no gerenciamento de projetos. A empresa contratou um programa através da George Washington University, em Washington. D.C., projetado para disseminar as técnicas de gerenciamento de projetos por toda a organização. Roberto Muller, então diretor da ABB para a América Latina, ressalta a necessidade de "gerenciamento global de projetos", pois a capacidade da empresa de coordenar suas ações comerciais afeta grandemente sua competitividade internacional. Cedric Lewis, então presidente da filial brasileira da ABB, também acredita em "programas de treinamento altamente coordenados, seguindo as políticas globais da ABB", para desenvolver as competências de gerenciamento de projetos em toda a sua organização.

O Citibank também aderiu ao gerenciamento de projetos, assim como EDS, Allied Signal, Federal National Mortgage Association (Fannie Mae), PECO Energy, Chrysler e centenas de outras organizações.

À medida que cresce a consciência entre executivos, as corporações estão começando a promover o gerenciamento de projetos como um método de formulação de planos e de cuidar dos negócios do dia a dia. Bruce Miller, vice-presidente sênior de Planejamento Corporativo na Northwestern Mutual Life, diz que "o gerenciamento de projetos é uma importante ferramenta gerencial, com ênfase na palavra gerenciamento, e não na palavra ferramenta. O que grandes organizações funcionais como a nossa precisam é de mais gerenciamento de projetos para aproximar as atividades através da organização". O gerenciamento de projetos se apresenta, assim, como uma solução para os desafios corporativos diários. Se, por um lado, isso parece significar boas notícias, ao mesmo tempo, essa solução pode levantar preocupações.

As organizações têm sido submetidas a tantos remédios, que muitas receberam overdoses. As empresas têm sido redimensionadas em "estruturas achatadas e flexíveis" e, também, pressionadas para se tornarem "organizações que aprendem", compostas de empregados com *empowerment*.

"Equipes autogerenciadas" foram formadas para preencher a lacuna gerencial, pois os gerentes foram em grande parte afastados da empresa em função da reengenharia. As organizações têm sido pressionadas para se "autodestruir", na esperança de renascer, como a Fênix, de suas próprias cinzas. Essa revolução organizacional resultou nos trabalhadores tendo de fazer "mais com menos" e gerenciar essas organizações utilizando uma ótica de projetos que torna isso possível.

COMO ISTO VEM ACONTECENDO?

À medida que as estruturas formais são derrubadas, o pessoal gerencial é posto de lado, e as empresas são cada vez mais "projetizadas"; os gerentes remanescentes são obrigados a buscar formas para que o trabalho seja feito em um novo cenário. Novos ângulos são necessários para aumentar a produtividade. Estes envolvem a revisão do escopo do trabalho, o uso de novos sistemas ou a utilização de diferentes metodologias de trabalho.

A busca por novos métodos tem feito com que mais pessoas examinem mais de perto o gerenciamento de projetos. Iniciou-se uma corrida para fontes de treinamento e informações sobre gerenciamento de projetos, como as disponíveis através do Project Management Institute, tanto por empresas como por profissionais individuais que necessitam de informações sobre o assunto. A filiação ao Project Management Institute cresceu de 15 mil para 300 mil pessoas, de 1994 a 2009.

A disponibilidade de softwares amigáveis para planejamento e acompanhamento também reforçou o movimento em direção ao gerenciamento de projetos. Faz-se propaganda ativa de centenas desses programas. Além dos softwares clássicos de acompanhamento de projetos, produtos relacionados a projetos, como o gerenciamento de riscos, modelos de maturidade e a avaliação de competências, estão aparecendo no mercado. Essa explosão de softwares obrigou os profissionais a dar um polimento não apenas nos programas de computador, mas também nos fundamentos do gerenciamento de projetos.

Max Feierstein, um dos diretores do Grupo LGS, uma empresa canadense de consultoria em tecnologia da informação, enfatiza que a compra de softwares não é a mesma coisa que a implementação de gerenciamento de projetos. "As organizações frequentemente dizem 'OK, vamos fazer o gerenciamento de projetos. Saiam e comprem softwares'. Elas ignoram a importância do treinamento", diz ele. "Fazendo uma analogia, se você não sabe dirigir, não faz diferença se tem um Fusca ou um Mercedes parado em sua garagem." Ele recomenda examinar muito criticamente a infraestrutura da organização antes de pensar em softwares.

Conforme mais pessoas são expostas ao treinamento e às ferramentas de software de gerenciamento de projetos, o conceito da gestão por projetos começa a crescer organicamente dentro das organizações. Esse processo sofre uma arrancada quando as organizações criam áreas especiais para fomento da arte e da ciência do gerenciamento de projetos. A McDonald's Corporation, a IBM e a Johnson Controls são empresas com centros de excelência ativos em gerenciamento de projetos. A Israel Electric, em Haifa, tem em sua organização o cargo de Chefe de Gerenciamento de Projetos Corporativos.

Bob Storeygard, da IT Education & Performance Services, é um dos profissionais que conquistaram o papel de criar líderes de projeto competentes e produtivos para a 3M. Uma abordagem utilizada na 3M foi estabelecer bases para o desenvolvimento de experiência em gerenciamento de projetos através de um modelo e de um currículo de competência em gerenciamento de projetos. Em seguida, para complementar "o grupo de interesse especial" de gerenciamento de projetos em toda a empresa e fazer o ajuste fino das comunicações entre os líderes de projeto, o grupo de Tecnologia da Informação criou o Centro de Desenvolvimento Profissional em Gerenciamento de Projetos (PMPDC – *Project Management Professional Development Center*), que realiza tarefas como consultoria, aplicação, pesquisa, treinamento e prestação de serviços de apoio. O PMPDC realiza um Fórum de Líderes de Projeto trimestral e um Conselho Consultivo de Profissionais da Área que coordena o desenvolvimento do gerenciamento de projetos nesses fóruns. Um Escritório Virtual de Projetos atende às necessidades dos profissionais que não podem comparecer aos fóruns. Esse escritório virtual oferece serviços como informações de referência geral, suporte a lançamento de projetos, atualização de técnicas correntes de gerenciamento de projetos e fornecimento de um local para troca de ideias.

ORGANIZAÇÕES ORIENTADAS PARA PROJETOS *VERSUS* ORGANIZAÇÕES FUNCIONAIS

A grande mudança na forma de fazer as coisas acontece nas organizações funcionais do tipo operacional – aquelas empresas que tradicionalmente fazem operações repetitivas, como fabricação e distribuição. Como a maioria das funções repetitivas tem sido assumida por robôs e computadores, o esforço gerencial é grandemente dirigido para a realização de projetos de melhoria contínua ou de mudanças. As habilidades gerenciais antes exigidas para a supervisão de atividades repetitivas tiveram de ceder lugar a habilidades de desenvolvimento e gerenciamento de projetos. Uma vez que os gerentes não têm formação em gerenciamento de projetos, um substancial programa educacional faz-se necessário para acelerar a aquisição desses conhecimentos por parte do corpo gerencial.

Há uma grande diferença entre a utilização de uma abordagem generalizada de gerenciamento de projetos em uma organização orientada para projetos e a aplicação do gerenciamento de projetos em um cenário funcional. Em cenários orientados para projetos (construção, arquitetura e engenharia, projetos de sistemas, desenvolvimento de produtos sob encomenda), as pessoas naturalmente tendem a fazer as coisas nessa forma. Elas pensam em termos de projeto e estão familiarizadas com os conceitos e técnicas de projeto. Não há, paradoxalmente, muita coisa acontecendo com frequência em termos de um treinamento formal em gerenciamento de projetos, pois a aprendizagem no trabalho acontece o tempo todo. Além disso, a aplicação do gerenciamento de projetos dentro de empresas orientadas nesse sentido não significa que elas estejam aplicando os conceitos em áreas como marketing, recursos humanos e mudança organizacional. Assim, mesmo empresas orientadas para projetos estão subutilizando a força do gerenciamento de projetos.

As organizações funcionais tradicionais (por exemplo, empresas de utilidade pública, empresas de fabricação e empresas do tipo operacional) precisam de treinamento nas especificidades do gerenciamento de projetos para aplicar essas ferramentas ao gerenciamento de seus vários projetos. No cenário funcional, o gerenciamento de projetos empresariais representa uma revolução que exige um substancial investimento em tempo e recursos para incutir na organização uma mentalidade "projetizada".

Sejam elas funcionais ou orientadas para projetos, as organizações que aderirem à tendência "tudo é um projeto" e aceitarem essa nova realidade saltarão à frente da concorrência. Esse salto vem de se tirar vantagem das incontáveis aplicações inerentes a esse poderoso conjunto de conceitos. Nos tempos em que mais *rápido,* mais *barato* e *melhor* são as palavras de ordem do mercado, uma organização que adote as práticas do gerenciamento de projeto está destinada a chegar na frente.

PRINCÍPIO 2

A gestão por projetos é baseado no conceito de que a maior parte da energia gerencial é gasta no desenvolvimento, no planejamento e na implementação do portfólio de projetos de uma organização, e não na realização de operações repetitivas.

CAPÍTULO 2

Fazendo um Empreendimento Funcionar

À medida que as pressões de mercado empurram as organizações para o mundo de projetos, os executivos são obrigados a adotar uma nova mentalidade organizacional – a pensar sobre os negócios de forma diferente. Em vez de adotar a postura de "negócios como sempre", a alta gerência precisa definir e atingir metas corporativas de uma forma diferente. Em vez de recorrer ao velho "pensamento voltado para uma função específica", os executivos devem se ver como gerentes de uma rede de projetos simultâneos – projetos que incluem programas de melhoria operacional e de grandes mudanças organizacionais, assim como os tradicionais empreendimentos de expansão de capital e de tecnologia da informação.

Nesse cenário, os profissionais veem seu trabalho como sendo o de gerenciar e completar projetos com sucesso, em vez de ocupar uma caixinha em uma estrutura corporativa estática. A pergunta "O que você faz em sua empresa?" não mais pode ser respondida com frases como "Eu sou o gerente do departamento financeiro" ou "Eu sou o chefe do almoxarifado". As respostas, agora, tendem a ser: "Faço parte da equipe de qualidade encarregada de aumentar a produtividade até o fim do ano", ou "Agora estou trabalhando em três projetos e começarei a coordenar um quarto em junho".

Denominei inicialmente essa tendência de MOBP *(Managing Organizations By Projects)* – gerenciando organizações por projetos, porque é uma forma holística de aplicar a metodologia clássica de gerenciamento de projetos em uma escala organizacional. No entanto, o conceito evoluiu, juntei o conceito de gestão empresarial baseada em sistemas com a visão organizacional do MOBP, de modo que neste livro utilizo o termo gerenciamento por projetos para indicar a gestão de organizações por projetos. Colocado de forma simples, o gerenciamento por projetos é uma filosofia gerencial aplicada em todos os níveis da organização com base no princípio de que as metas da empresa são atingíveis através de uma rede de projetos simultâneos.

A tendência para a gestão por projetos aponta para uma forma de fazer negócios sensivelmente diferente das práticas de um passado não muito distante. A gestão por projetos dá um rumo diferente à gestão empresarial tradicional, surgido em função das mudanças dos dias atuais. As organizações estão aplicando o gerenciamento de projetos para atingir necessidades corporativas estratégicas globais, gerenciando projetos a partir de uma perspectiva *empresarial,* e não meramente pela realização e acompanhamento de projetos específicos ou isolados. Essa versão atualizada do gerenciamento de projetos permite que as organizações se vejam como organismos dinâmicos compostos por inúmeros projetos gerenciados simultaneamente. Enquanto alguns projetos são abortados, outros são iniciados, de modo que um núcleo constante de projetos gera a mudança necessária para que as empresas se mantenham atuais e competitivas. A gestão por projetos oferece, assim, grandes vantagens às empresas que têm por objetivo aumentar seus resultados financeiros.

COLOCANDO O GERENCIAMENTO DE PROJETOS EM PERSPECTIVA

Tradicionalmente, a literatura sobre gerenciamento de projetos se dedicava a lidar com um projeto específico. Esse foco prevalece na maioria dos textos e programas educacionais relacionados a projetos, refletindo os anseios de profissionais e executivos de corporações de aumentar o conhecimento e a competência de membros de equipes na implementação de projetos. Essa primeira visão do gerenciamento de projetos inclui um conjunto de teorias e metodologias direcionado a projetos isolados, de modo geral denominadas simplesmente *gerenciamento* de *projetos.*

A segunda visão mais importante abrange o gerenciamento de múltiplos projetos em todas as áreas da empresa, as questões organizacionais a eles relacionadas e o alinhamento deles com as estratégias de negócios. A gestão por projetos é parte desse segundo grupo, com questões típicas de projetos, como padronização, metodologias, alinhamento estratégico, sistemas de apoio e sistemas de projetos integrados. Esse é o gerenciamento de projetos em um contexto organizacional e inclui vários conceitos, algumas vezes complementares, outras, sobrepostos.

A seguir, algumas das formas que o gerenciamento de projetos assume quando examinado de um ponto de vista organizacional:

- *Gerenciamento de Projetos Moderno* (MPM – *Modern Project Management*): Um termo cunhado no início dos anos 90, sugerindo que o gerenciamento de projetos é amplamente aplicável fora das tradicionais áreas técnicas, como marketing, recursos humanos, mudança organizacional e programas da qualidade total.

- *Gerenciamento de Projetos.* A visão pluralista do gerenciamento de projetos, com ênfase nas aplicações a múltiplos projetos. A interface corporativa e o gerenciamento de gerentes de projetos são questões-chave no gerenciamento de projetos.
- *Gestão Empresarial.* Abrangendo toda a organização, esse é um foco financeiro sobre múltiplos projetos sob um guarda-chuva comum, com ênfase em sistemas integrados, no processamento das informações e no aspecto de controle da atividade gerencial.
- *Gerenciamento de Programas.* Uma série de projetos relacionados, ou um esforço contínuo sempre renovador, como o "programa espacial", comumente utilizado no Departamento de Defesa norte-americano e nas indústrias aeroespacial e eletrônica.
- *Gerenciando Organizações por Projetos* (MOBP). Uma visão holística da colocação em prática da metodologia clássica de gerenciamento de projetos em uma escala organizacional.
- *Gestão por Projetos.* Uma filosofia gerencial aplicável a toda a organização e baseada no princípio de que as metas da empresa são atingíveis através de uma rede de projetos simultâneos, que exige uma abordagem sistêmica e inclui projetos estratégicos corporativos, de melhoria operacional, de transformação organizacional, assim como projetos de desenvolvimento tradicionais.

Outros termos de setores específicos também são utilizados, como o gerenciamento de construções, usado nos projetos de construção, e o gerenciamento de produtos, nas indústrias de produtos de consumo.

O QUE A GESTÃO POR PROJETOS TEM DE DIFERENTE?

A gestão por projetos não é, em sua essência, muito diferente do gerenciamento de projetos tradicional. Difere bastante, no entanto, na forma pela qual é aplicado e na ênfase dada a cada área de conhecimento. Ao passo que o gerenciamento de projetos tradicional visa principalmente a responder à pergunta: "Como podemos conseguir que esse projeto seja feito eficaz e eficientemente?" A gestão por projetos pergunta: "Como podemos tornar esse negócio mais adaptável, mais sensível e portanto mais lucrativo em um ambiente de múltiplos projetos, que muda rapidamente?" Os dois conceitos são complementares e trabalham em conjunto para aumentar a produtividade e a eficácia da empresa.

Para gerenciar projetos de forma eficaz, é necessária uma combinação de três conjuntos de conhecimentos e práticas: (1) princípios gerenciais gerais; (2) princípios de gerenciamento de projetos; e (3) princípios da área de aplicação. Habilidades de gerenciamento gerais, como, por exemplo, negociação e tomada de decisões, são necessárias em todos os cenários de negócios. Habilidades de gerenciamento de projetos, tais como gerenciamento de escopo, planejamento e acompanhamento, são necessárias para todos os projetos. E aplicações específicas, como engenharia de sistemas e análise do valor de construção, são necessárias em aplicações específicas. Em organizações de ritmo acelerado, a sobreposição da gerência-geral e do gerenciamento de projetos está crescendo cada vez mais. À medida que essa interseção for crescendo, a gestão por projetos emergirá como a nova forma de gerenciar. Essa área de interface, mostrada na Figura 2-1, representa graficamente o conceito da gestão por projetos.

Conforme mencionado anteriormente, a gestão por projetos contém os componentes básicos do gerenciamento de projetos tradicional, tecnicamente orientado, porém com variações. Um resumo de algumas das diferenças é mostrado na Figura 2-2. Quando a gerência-geral e o gerenciamento de projetos apresentam uma interseção, emerge a gestão por projetos como a nova forma projetizada de gerenciamento.

Enquanto as grandes corporações podem estar acordando para as aplicações organizacionais do gerenciamento de projetos e as percebendo como novas, pode-se demons-

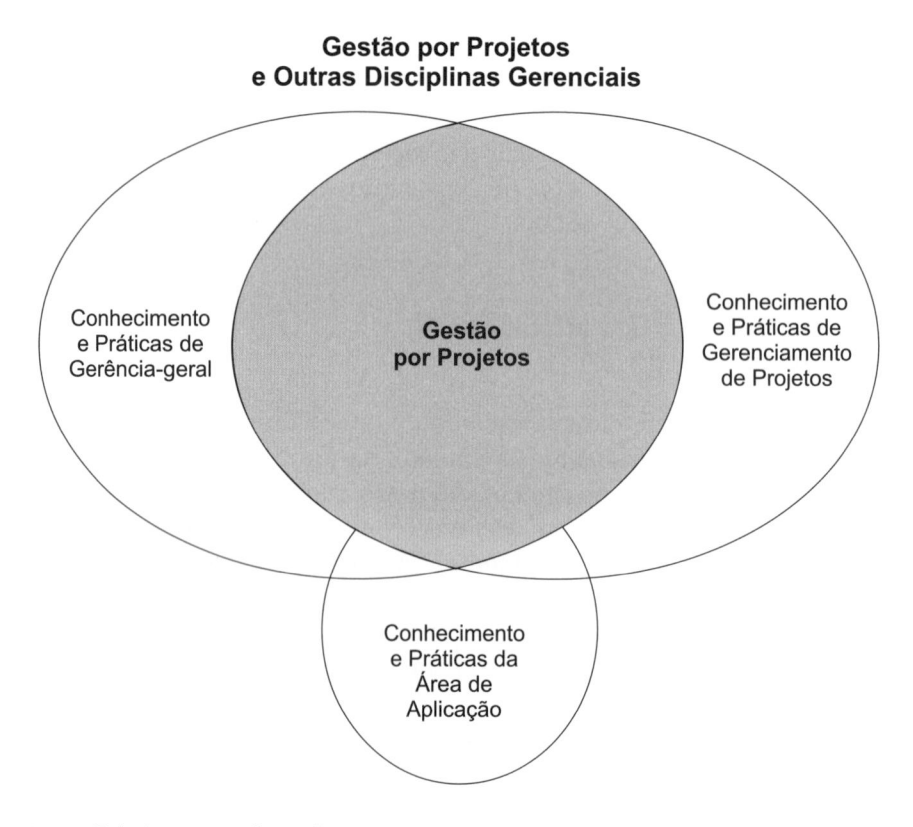

Figura 2-1. Relacionamento da gestão por projetos com outras disciplinas gerenciais.

Área de Gerenciamento	Gerência de Projetos Tradicional	Gestão por Projetos
Contexto geral	Orientado para o projeto, escopo específico, início e fim claramente determinados	Orientado para a organização, visão da empresa, contínuo
Processos gerenciais	Metodologias de projeto coordenadas com processos corporativos	Um *continuum* de ciclos de vida sobrepostos integrados com processos corporativos
Integração	Gerenciamento *ad hoc* das interlaces com outras áreas	Gerenciamento-geral das interfaces incorporado na organização
Escopo	Gerenciamento das interfaces do projeto, estrutura de decomposição do trabalho	Gerenciamento das interfaces da organização
Tempo	Cronogramas, datas e duração finitos para o projeto	Cronogramas, múltiplos projetos e duração contínua dos programas
Custos	Estimativas, orçamentos e realizações por projeto	Estimativas, orçamentos e realizações corporativos e por programa
Qualidade	Garantia e controle da qualidade do projeto específico	Conformidade total com a qualidade
Comunicações	Comunicações em âmbito de projeto	Comunicações interprojetos em âmbito empresarial
Recursos humanos	Recursos para o projeto em questão	Pessoal experiente em projetos para toda a organização
Suprimento, contratos	Contratos e fornecedores em âmbito de projeto	Política empresarial para fornecedores integrados
Risco	Risco específico do projeto	Risco global para programas da empresa

Figura 2-2. Diferenças entre a gerência de projetos tradicional e a gestão por projetos.

trar que os conceitos a elas relacionados foram estabelecidos há muito tempo. "Gestão por projetos", por exemplo, foi o tema do X Congresso Mundial sobre Gerenciamento de Projetos, realizado em 1990, em Viena. Nesse congresso, temas como "Estruturas Organizacionais Horizontalizadas e Flexíveis" e "Alta Gerência e Gerenciamento de Projetos" foram discutidos. Tom Peters ressaltou os benefícios das aplicações do gerenciamento de projetos dentro de algumas organizações "projetizadas". Peters pode, é claro, ter supersimplificado as coisas quando destacou empresas como a Bechtel e a EDS como exemplos de gerenciamento de projetos. Essas empresas são boas no gerenciamento de projetos – afinal, projetos são seus produtos; é isso que elas fazem.

O desafio é certamente maior para empresas que não são orientadas para projetos. No entanto, sejam elas orientadas para projetos ou não, todas as empresas que possuem projetos requerem o alinhamento estratégico desses projetos com as estratégias corporativas da organização.

UM PORTFÓLIO DE PROJETOS

As organizações são, assim, "portfólios de projetos" e os resultados agregados desses projetos se tornam o resultado final da empresa. Missões, visões, estratégias, objetivos e metas são transformados em programas que abrangem toda a empresa e traduzem intenções corporativas em ações. Esses programas são, por sua vez, decompostos em projetos que são gerenciados pela equipe corporativa ou por profissionais de gerenciamento de projetos. O conceito de portfólio de projetos é apresentado graficamente na Figura 2-3. Como a organização é decomposta em seus projetos componentes é demonstrado pelo exemplo de um portfólio organizacional da Figura 2-4.

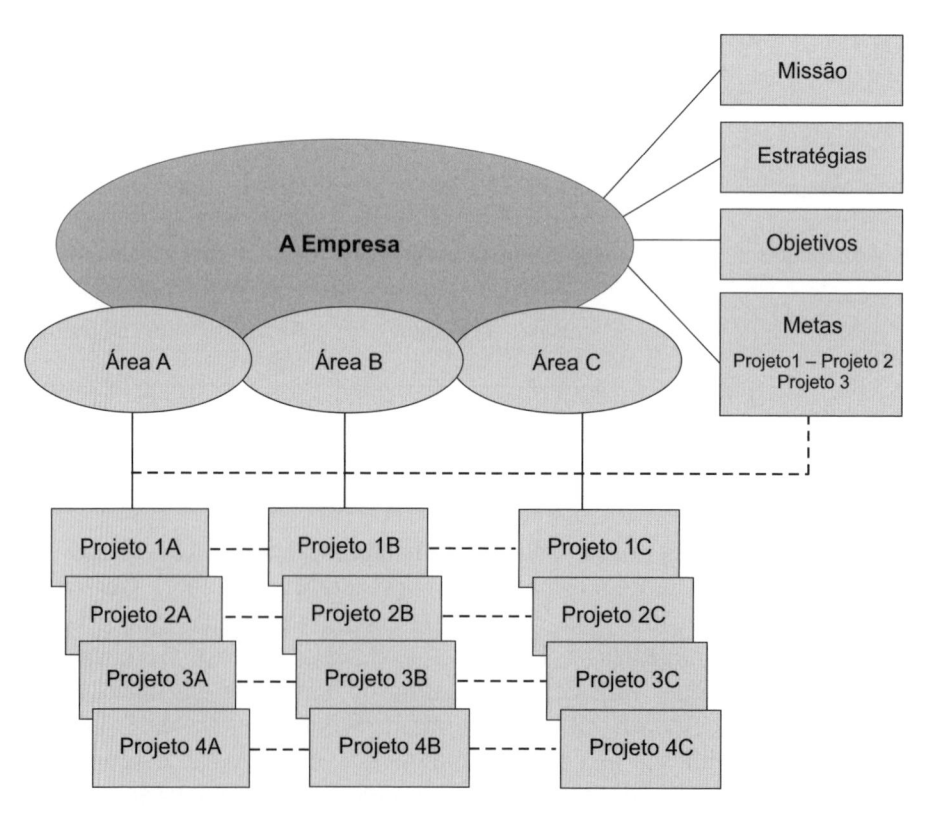

Figura 2-3. Organizações modernas podem ser vistas como portfólios de projetos.

Principais Categorias de Projetos	Exemplos de Projetos
Empreendimentos estratégicos	Desenvolver os conceitos de "organização que aprende" e de empregabilidade.
	Obter certificação ISO.
	Desenvolver estilo de liderança participativa.
	Terceirizar todas as atividades que não sejam parte essencial do negócio.
	Preparar a organização para entrar no mercado global.
	Introduzir a abordagem de marketing com foco no cliente.
Produto-mercado	Estratégia e mix de produtos.
	Pesquisas de mercado para grandes projetos novos.
	Projeto e lançamento do produto.
Operacional	Iniciativas de melhoria contínua.
	Projetos de manutenção.
	Alcançar metas operacionais anuais.
	Novo *layout* nos locais de trabalho.
	Desenvolvimento de softwares.
	Programas de treinamento e desenvolvimento.
	Padronização de critérios de trabalho (*benchmarking*).
Expansão de capital	Nova fábrica.
	Upgrade dos principais equipamentos de produção.
	Melhorias em telecomunicações.
	Instalação de novo banco de dados integrado.

Figura 2-4. Exemplos de portfólio de projetos.

SOBRE SISTEMAS DE GESTÃO EMPRESARIAL

Novas formas de controlar e consolidar os resultados precisam ser examinadas à medida que as empresas se tornam projetizadas e que a média gerência funcional dá lugar ao gerenciamento de projetos. O achatamento da hierarquia – uma tendência que vem acontecendo há anos – significa que os resultados corporativos podem ser vistos a partir de uma perspectiva de projetos agregados, e não pelo padrão departamental convencional. Essa soma de resultados de projetos converge em um cenário maior, denominado *empreendimento*. A gestão empresarial sugere um foco nos resultados financeiros de múltiplos projetos sob um guarda-chuva comum, com ênfase na consolidação das informações e no controle gerencial.

Em última instância, todos os projetos de uma organização podem ser expressos em termos monetários, somando-se os custos de equipamentos, materiais, mão de obra, serviços, imóveis e financiamento. Até mesmo o tempo pode ser apresentado em termos monetários. As organizações realizam balanços tanto financeiros como econômicos, à medida que caminham na corda bamba entre os recursos orçados e as despesas necessárias para seus múltiplos projetos. Por meio da gestão por projetos, com sistemas ligados aos bancos de dados da empresa, podem ser obtidas imediatamente informações integradas sobre a situação de projetos múltiplos e individuais para utilização pelo pessoal operacional ou pela gerência.

Há boas e más notícias em gerenciar empresas como empreendimentos de projetos. As más notícias são que muitos sistemas integrados de bancos de dados da empresa não são adequados para projetos, pois utilizam uma lógica baseada em processos, o fato de que grandes sistemas tendem a criar uma sobrecarga de informações.

Uma boa notícia é que tanto os produtores de softwares de bancos de dados integrados quanto os desenvolvedores de softwares de gerenciamento de projetos estão caminhando na mesma direção. Versões de softwares de gerenciamento de projetos estão disponíveis para sistemas de bancos de dados corporativos, ao passo que grandes sistemas estão se tornando mais sensíveis a projetos.

Os desafios envolvem tanto os sistemas em nível empresarial quanto as pessoas que têm de lidar com eles. As comunicações através da empresa tomam-se uma questão particularmente relevante. Esses problemas são frequentemente considerados nas reuniões do "Fortune 500 Project Management Benchmarking Forum", um grupo de benchmarking *ad hoc* que recebeu apoio do Project Management Institute. Algumas das situações que são analisadas pelos participantes desse Fórum são:

- Sistemas de comunicação baseados em intranets podem não ter as capacidades de detalhamento e desenvolvimento de alto nível, como aconteceu na Morgan Stanley.
- A situação oposta pode ser verdadeira, como na Dow, onde os dados de projetos estão acessíveis na internet, mas há tantos dados que algumas pessoas sofrem com a sobrecarga de informações.
- Muitas empresas operam a partir de diferentes plataformas e utilizam diferentes sistemas de comunicação; uma situação experimentada pela Kelly Services.
- Um gerenciamento consistente dos documentos que circulam por toda a empresa é difícil de ser conseguido, do ponto de vista de projeto. Essa situação está sendo corrigida na Alcoa, onde os gerentes estão implementando um sistema de gerenciamento de documentos baseado em softwares.
- Sistemas híbridos envolvendo comunicações por meio de papel, voz e dados eletrônicos algumas vezes competem por prioridade. A EDS resolveu esse problema nas fases de aprovação de projetos implementando um processo de aprovação eletrônico.

A GESTÃO POR PROJETOS COMO UM GUARDA-CHUVA PARA A GESTÃO EMPRESARIAL

A gestão empresarial, do ponto de vista da tecnologia da informação, é muito focalizada na tarefa de alinhar os sistemas vinculados ao gerenciamento de projetos, de modo que eles sejam coerentes por toda a organização. O objetivo – extremamente nobre – é eliminar a síndrome do *arquipélago* de *projetos* – onde os projetos são ilhas de informações, processos e funcionalidade. A intenção dessa gestão empresarial baseada em informações é promover a padronização, o estabelecimento de metodologias, procedimentos, softwares, plataformas, linguagem e cultura de projetos comuns por toda a organização. Essa visão baseada em informações é parte de um panorama mais amplo da *gestão por projetos.*

A solução da gestão por projetos é baseada em três princípios. Primeiro, uma metodologia consistente de gerenciamento de projetos deve ser compreendida e praticada por toda a organização. Segundo, alguma forma de "escritório de projetos" é necessária para fornecer o apoio. E, em terceiro lugar, as ferramentas corretas têm de ser selecionadas para garantir a funcionalidade e os interesses da alta gerência dentro de uma perspectiva empresarial. Para ter uma visibilidade oportuna e precisa dos projetos e seus recursos em suas organizações, os executivos devem adotar esses três princípios.

A implementação desses princípios resulta em um bom senso básico – uma análise do que não está totalmente certo e uma solução lógica para o problema aparente. Em um cenário global de múltiplos projetos, em que é provável ocorrer a síndrome do arquipélago de projetos, a lógica convencional nos leva a concluir que *deve* haver uma base metodológica comum, algum tipo de escritório de apoio a projetos, e uma seleção inteligente de ferramentas envolvendo as funções de programação, de integração com a contabilidade corporativa e de planejamento e administração de recursos.

Embora essa abordagem abranja os fundamentos para o planejamento e acompanhamento de projetos utilizando uma estrutura comum, ela não inclui outras questões empresariais relacionadas a projeto relevantes para o executivo, como o alinhamento estratégico de projetos de acordo com as necessidades de negócio da organização. Uma visão mais ampla leva em consideração a necessidade de priorização de projetos, a batalha pelos recursos, a disponibilidade de informações necessárias para abortar projetos e a garantia de que todos os projetos estão continuamente em harmonia com os objetivos do negócio.

Essa visão exige um salto significativo em produtividade ao se lidar com uma empresa de projetos. Simplesmente melhorar a maneira como as coisas são feitas não é suficiente. Essa enorme mudança significa ir além do óbvio, atingindo um segundo nível de lógica e examinando a situação através de um par diferente de lentes. Na gestão empresarial, isso significa ajustar a filosofia gerencial de cima para baixo, para assegurar que as melhorias propostas em eficiência sejam correspondidas por uma abordagem estratégica de gerenciamento de projetos em toda a organização.

Os executivos da empresa são então obrigados a assumir uma nova mentalidade organizacional – a pensar a respeito dos negócios de uma nova forma. No caso da gestão por projetos, isso significa colocar em funcionamento uma mentalidade empresarial de maior alcance em nível executivo. Por exemplo: para obter ganhos significativos em produtividade, os executivos devem se ver como gerentes de uma rede de projetos contínuos, simultâneos e em constante mudança, que constituem a essência da organização. A gestão por projetos atende a essa necessidade, pois mostra uma forma distinta de fazer negócios e reflete uma abordagem holística e sistemática para a aplicação de técnicas de gerenciamento de projetos ao empreendimento como um todo.

PRINCÍPIO 3

Uma gestão por projetos bem-sucedida exige o preenchimento da lacuna entre a visão da empresa e os projetos em andamento, o que, por sua vez, requer a coordenação entre as estratégias corporativas, o alinhamento geral de projetos, o alinhamento de projetos específicos e a implementação dos projetos.

CAPÍTULO 3

Estreitando a Distância Entre a Estratégia da Empresa e seus Projetos

Uma empresa de múltiplos projetos bem azeitada é como um bando de gansos voando para o Sul: ambos exigem o compromisso de todos os indivíduos para se moverem com energia em direção a uma meta comum. Quando os gansos selvagens decolam ou mudam a formação durante o voo, eles se misturam em uma rápida transição, de modo que possam se alinhar para aproveitar a aerodinâmica da formação em "V", minimizando o desgaste excessivo das penas do líder. Os gansos nas posições secundárias se deparam, assim, com uma menor resistência do vento e são capazes de se alternar na liderança. Trabalhando juntos e minimizando as correntes adversas uns aos outros, eles criam uma sinergia de grupo que os leva eficientemente a seu destino.

Os projetos em uma organização são como os gansos em voo: exigem um alinhamento similar para assegurar que as metas da empresa sejam atingidas; as transições têm de ser rápidas e suaves, para eliminar perdas desnecessárias de energia. Infelizmente, manter os projetos em andamento ao longo da trajetória das estratégias da empresa é frequentemente mais parecido com o exercício de tocar uma manada do que com o padrão de voo dos gansos.

À medida que os projetos se proliferam, por exemplo, a tarefa de diminuir as distâncias entre a estratégia da empresa e a implementação de projetos se torna monumental. Isso é parcialmente devido à natureza dos projetos: eles lutam pela sobrevivência e pela independência, mesmo que à custa de outros projetos e de atropelar os interesses da empresa. O desafio de lidar com esses projetos rebeldes é dever da alta gerência. A norma britânica (BS 6079, de 1996), que trata de gerenciamento de projetos, aborda esse assunto, com toda uma seção dedicada à responsabilidade corporativa pelo gerenciamento de projetos. Ela destaca que "a alta gerência é responsável pelo estabelecimento de objetivos e restrições sob as quais o projeto deva ser conduzido".

DO PLANEJAMENTO DOS NEGÓCIOS À IMPLEMENTAÇÃO DE PROJETOS

O alinhamento de projetos exige um caminho coerente entre as estratégias determinadas pela empresa e as ações tomadas pelas equipes de projetos. As etapas para assegurar que os projetos estejam alinhados estrategicamente são apresentadas na Figura 3-1.

- *Estratégias da Empresa.* Chega-se às estratégias da empresa através do planejamento estratégico convencional, que pode incluir a criação ou ratificação das declarações de missão, visão e valores da empresa, a revisão de cenários econômicos, a análise da concorrência, uma visão global de forças e fraquezas, uma avaliação de riscos e oportunidades e a articulação dos objetivos estratégicos da organização. Esses objetivos estratégicos são o ponto de partida para todos os projetos, sejam eles empreendimentos estratégicos específicos ou projetos relacionados ao lançamento de um produto, a despesas de capital ou a operações.
- *Alinhamento Geral* de *Projetos.* Uma vez que os objetivos estratégicos estejam identificados, o sucesso do alinhamento estratégico de projetos depende do estabelecimento de uma interface fundamental entre esses objetivos e o cenário específico de cada projeto. As atividades que estreitam a distância entre os objetivos estratégicos e o planejamento de projetos específicos são o gerenciamento de *stakeholders*, a priorização, o gerenciamento de riscos, os sistemas gerenciais gerais da empresa e o planejamento estratégico de projetos.
- *Princípios Específicos* de *Projetos.* Cada grande grupo de projetos tem suas peculiaridades. Projetos estratégicos, por exemplo, estão fortemente amarrados à missão, visão, valores e objetivos da empresa, e dependem bastante da coordenação da alta gerência e de influência gerencial para atingir suas metas. Projetos relacionados com produtos e com o mercado dependem de se estabelecer metas de produtos, criar portfólios de produtos e monitorar oportunidades de mercado. Projetos de expansão de capital, por outro lado, envolvem questões como logística, mobilização de equipes e suprimentos. Projetos operacionais dependem de metas operacionais, recursos escassos e equipes multidisciplinares.
- *Implementação* de *Projetos.* Baseado no alinhamento de projetos específicos, delineia-se um detalhado conjunto de planos de projeto e os projetos são gerenciados até seu término, utilizando os princípios descritos no Capítulo 8. Durante o ciclo de vida de um projeto, auditorias periódicas asseguram que, em sua forma corrente, o trabalho está de acordo com as metas estratégicas da organização.

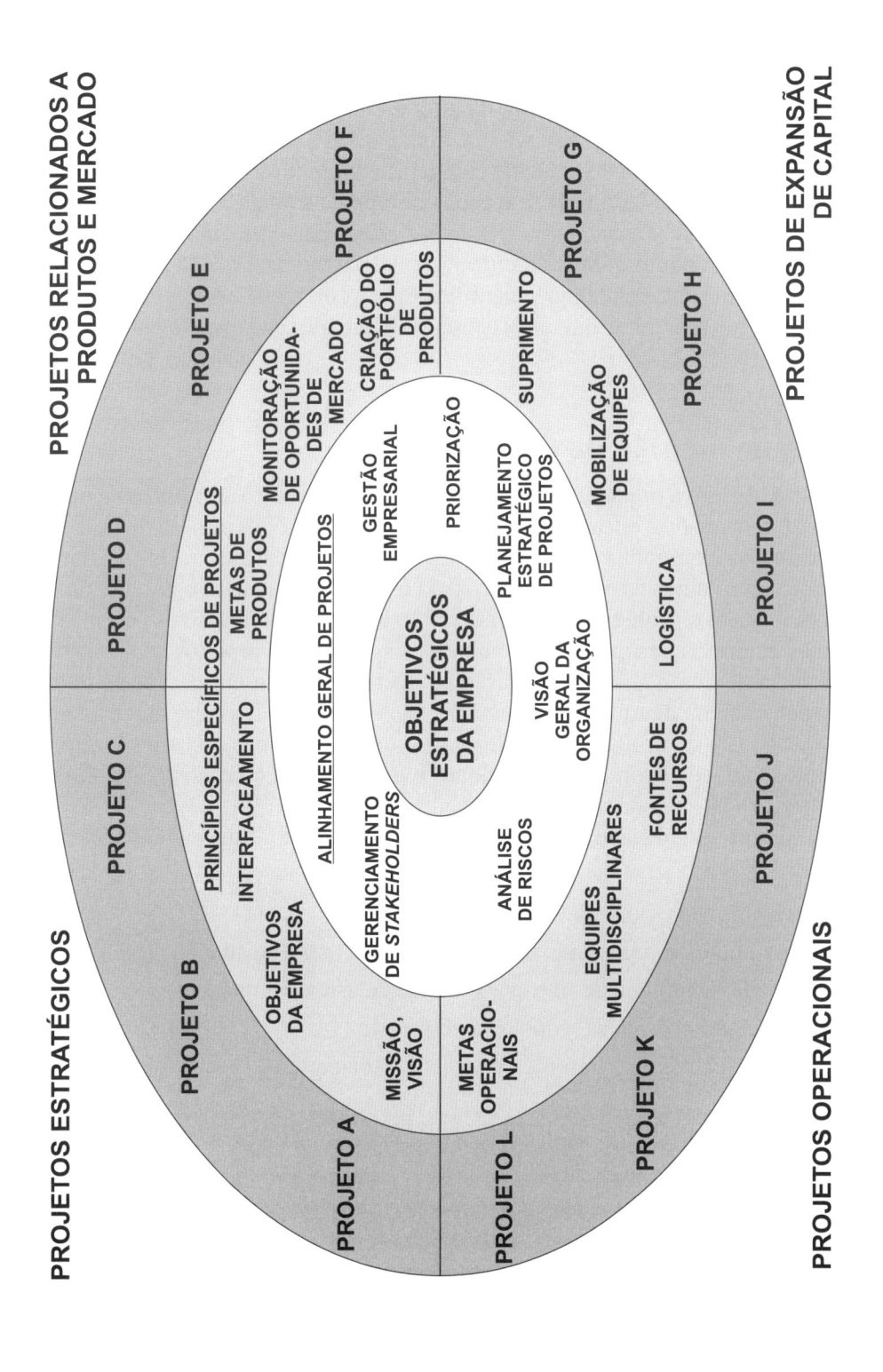

Figura 3-1. Da estratégia empresarial à implementação de projetos.

PREENCHENDO A LACUNA

Os projetos da empresa têm sido tradicionalmente divididos em duas fases, ou dois mundos. O primeiro é o "mundo que vai da ideia ao início do projeto". Aqui, o projeto é composto de um conceito, alguns estudos, muita análise e uma decisão de começar. Essa parte da vida de um projeto coincide com o planejamento estratégico da empresa. Tendo a decisão sido tomada, o projeto é repassado para as áreas funcionais ou unidades operacionais, que, se supõe, "farão o trabalho". Essa parte pragmática é o segundo mundo dos projetos, onde o gerenciamento formal de projetos começa a acontecer. O principal desafio em gerenciar uma organização por projetos é fazer a ligação entre esses dois mundos e assegurar que os projetos recebam atenção e apoio suficientes da alta gerência.

A Abordagem do Anjo da Guarda

A ponte existente entre a organização e os projetos em andamento na empresa é o *sponsor* do *projeto*. O sponsor é encarregado de cuidar e alimentar um projeto de modo que ele receba recursos e obtenha cobertura política dentro da organização. Os sponsors do projeto atuam como "anjos da guarda", tanto para o projeto como para o gerente do projeto, supervisionando e protegendo ambos do risco de impactos negativos potenciais.

Algumas empresas designam formalmente os sponsors de projetos como parte de sua metodologia de gerenciamento de projetos. Outras operam em uma base *ad hoc,* utilizando sponsors em algumas situações, mas não em outras. E ainda outras ignoram o conceito do sponsor do projeto, deixando a tarefa de criar o projeto a cargo dos gerentes de projetos que, se espera, tenham talento e energia para conduzir tanto a implementação quanto a intimidade política junto à alta gerência.

Para enfrentar esse desafio, o sponsor do projeto precisa ter as seguintes características:

- Um real interesse no projeto.
- Conhecimentos e capacidade no gerenciamento estratégico e de projetos.
- Capacidade de influenciar outros executivos e grupos importantes.
- A compreensão básica da tecnologia do projeto.
- Relacionamento com o gerente do projeto e sua equipe.

Essas exigências para o sponsor do projeto variam de empresa para empresa. Os critérios para a seleção do sponsor de um projeto na American Express, por exemplo, incluem a comprovada capacidade de liderança (visão, energia, influência como agente de mudança, habilidades de comunicação), um interesse no resultado do projeto, comprovada perspectiva intercultural e autoridade para se responsabilizar pelo sucesso.

De forma similar, o patrocínio do projeto pode ter várias formas. O sponsor não é geralmente o chefe hierárquico do gerente de projeto, embora esse possa, excepcionalmente, ser o caso. O sponsor do projeto é, tradicionalmente, alguém posicionado "diagonalmente acima" do gerente de projeto. A seguir, enumeramos algumas das formas clássicas de patrocínio de projetos:

- Sponsor *Único:* Uma abordagem que envolve o indivíduo que tem todas ou a maioria das características mencionadas anteriormente e que tem a única tarefa de patrocinar um dado projeto.
- Sponsor *Duplo:* Dois patrocinadores são utilizados com frequência, particularmente quando há uma grande necessidade de uma pessoa para o gerenciamento tecnológico e outra para o gerenciamento convencional.
- Sponsor *Coletivo:* Uma abordagem de grupo que faz sentido em algumas situações e pode ter a forma de um comitê consultivo, um conselho de projeto ou um grupo consultivo encarregado de cumprir as tarefas de patrocínio.

O papel do sponsor de projeto varia, dependendo da tradição da empresa, da natureza do projeto e dos estilos gerenciais do patrocinador e do gerente do projeto. Um gerente de projeto forte e bem posicionado politicamente pode precisar de pouco suporte do sponsor. Por outro lado, um gerente de projeto menos maduro, com uma equipe recém-formada para um projeto atípico, pode precisar de um patrocinador para dar alguma orientação importante. As tarefas que os sponsors precisam fazer para seus projetos estão enumeradas a seguir:

Desde o Início
- Assegurar que as estratégias, planos e controles do projeto estejam estabelecidos.
- Fornecer apoio para a mobilização da equipe de projeto.
- Assegurar que o projeto seja adequadamente iniciado e que as iniciativas de trabalho em equipes sejam tomadas.
- Fornecer apoio político para o projeto no nível executivo.
- Orientar o gerente do projeto conforme necessário.

À Medida que o Projeto se Desenvolve
- Participar nas avaliações formais periódicas do projeto.
- Estar disponível para apoio e consultas.
- Acompanhar os relatórios de progresso do projeto.
- Envolver-se se o projeto sair de seu curso.

Quando o Projeto Está Chegando Próximo ao Fim
- Monitorar a transição projeto-operação.
- Estimular um rápido encerramento do projeto.
- Assegurar a documentação das lições aprendidas.

A abordagem do anjo da guarda para o patrocínio do projeto tem-se provado uma forma eficaz de preencher a lacuna entre as estratégias organizacionais e a implementação de projetos. O conceito surgiu a partir da necessidade e tem sido responsável por manter muitos projetos nos trilhos. No entanto, o que começou como uma ajuda para projetos com problemas e evoluiu para uma estratégia formal está longe de atingir sua meta, a menos que a empresa seja estruturada especificamente para o gerenciamento de organizações por projetos.

Alinhamento Geral de Projetos

Para que o patrocínio de projetos seja eficaz, os projetos de uma organização precisam ser embasados em técnicas, metodologias e sistemas empregados em toda a empresa, o que torna o trabalho mais fácil. Afinal, o patrocínio de projetos é uma atividade de tempo parcial, assumida em adição às atividades regulares do sponsor. Algumas das ferramentas e técnicas que ajudam a suavizar a transição do primeiro mundo – o da estratégia corporativa – para o segundo mundo – o da implementação – estão enumeradas adiante. A utilização dessas ferramentas e técnicas garantirá que, quando adequado, um *rastreamento retroativo inteligente* possa ser feito para repensar, reestruturar, redirecionar ou até mesmo suspender um projeto. As bases do alinhamento geral de projetos são o gerenciamento dos *stakeholders*, a priorização de projetos, o gerenciamento de riscos, uma avaliação equilibrada (*balanced scorecard*), os sistemas de gestão corporativos em nível empresarial e o planejamento estratégico de projetos.

Gerenciando Stakeholders

Lidar com os *stakeholders* em uma organização é uma parte tão importante do gerenciamento de empresas projetizadas, que o Capítulo 6 é dedicado a este assunto. O gerenciamento dos *stakeholders* é a cola que une as partes de uma organização gerenciada por projetos. O gerenciamento proativo dos *stakeholders* significa que mais projetos serão feitos corretamente da primeira vez, e que menos tempo será perdido lidando-se com conflitos desnecessários.

Preparar-se, Focar e Priorizar

Para ter o máximo impacto sobre a organização, os projetos precisam ser sistematicamente classificados, de modo a destacar os de prioridade mais elevada. Uma abordagem desse tipo relacionada a clientes e baseada em uma técnica usada em desenvolvimento de produtos é denominada *desdobramento da função qualidade* (QFD – *Quality Function Deployment*). Essa técnica é utilizada para identificar quais características de produto são importantes para o cliente; estando essas características determinadas, a técnica ajuda a identificar aqueles fatores de *design* que a equipe de desenvolvimento de produto deve monitorar para assegurar que o produto tenha esses atributos. Isso significa que a equipe de projeto pode trabalhar com métricas rígidas de *design* que garantam que o produto satisfaça os desejos dos clientes.

Esse mesmo processo é aplicável ao projeto de desenvolvimento de produtos como uma forma de classificar e priorizar as metas que melhor atendam às necessidades dos clientes e da empresa. Como o QFD procura casar as necessidades dos clientes com a qualidade máxima, utilizando menos recursos e em um ciclo de tempo abreviado, a técnica é compatível com a tríade prazo-custo-qualidade do gerenciamento de projetos. O QFD, assim, pode ajudar as empresas a focalizar e priorizar seus projetos.

O pano de fundo para essa abordagem são as clássicas categorias SWOT – *Strengths-Weaknesses-Opportunities-Threats* –, ou seja, forças, fraquezas, oportunidades e ameaças. Com base nesses fatores estratégicos, os projetos que devam assumir alta prioridade na empresa podem ser rapidamente determinados. Os fatores SWOT podem, por exemplo, mostrar que uma empresa deva preferir projetos que:

- Ajudem a abrir novos mercados.
- Aumentem a imagem da empresa.
- Desenvolvam *know-how* a ser utilizado em projetos futuros.
- Criem uma forte vantagem competitiva.

Com base nos critérios estratégicos da empresa, os projetos são então priorizados, levando em consideração quais projetos precisam de atenção imediata e quais deveriam ser postos em banho-maria.

Para que o QFD seja eficaz, os objetivos organizacionais têm de ser traduzidos em critérios de seleção trabalháveis. Essa não é uma tarefa fácil, pois os critérios de seleção devem permitir estimar-se quando o projeto deveria ser iniciado, devem ser aplicáveis a todos os projetos e indicar o caminho para as ações corretivas quando necessário. Os critérios de seleção também precisam ser priorizados, uma vez que alguns deveriam ter mais peso do que outros. Estando os critérios priorizados, forma-se uma matriz, apresentando os projetos ao longo de um eixo e os critérios de seleção ao longo do outro. As células da matriz são então avaliadas em termos de seu potencial para melhorar o desempenho da organização. O resultado é uma classificação de projetos que provavelmente terá um impacto positivo nos objetivos da empresa. As decisões com relação à priorização são geralmente feitas por um comitê de priorização de projetos – um grupo de executivos e de outros profissionais qualificados que analisam as informações e classificam os projetos de acordo com os sinais: verde, para prosseguir; amarelo para talvez; e vermelho para aqueles que deveriam ser abandonados.

O comitê de priorização de projetos precisa reunir-se de tempos em tempos para reavaliar as classificações, pois, à medida que o tempo passa, a situação pode mudar. Os mercados se aquecem ou se retraem, as prioridades globais de uma organização mudam, cronogramas podem escorregar e os recursos podem ficar mais escassos. O alinhamento estratégico de projetos tem por objetivo reavaliar essas situações e alterar as prioridades de projetos de modo que as metas da organização ainda sejam atendidas, o que, em alguns casos, pode envolver liquidar um projeto, ou antes que ele seja iniciado ou mesmo que já esteja em desenvolvimento. É aí que entram as técnicas de gerenciamento de riscos.

Avaliando o Risco

Projetos são negócios arriscados. O alinhamento geral de projetos inclui a supervisão dos riscos acumulados dos projetos de uma organização. Isso significa que devem existir processos para identificação, quantificação, desenvolvimento de respostas e controle do risco. E esses processos são aplicados a todos os projetos da empresa, em uma linguagem que todos compreendam.

O foco tem de estar no estabelecimento e na comunicação de uma metodologia de gerenciamento de riscos e no monitoramento regular dos dados de risco do portfólio de projetos. A abordagem do gerenciamento de riscos precisa levar em consideração tanto os riscos do negócio como os riscos associados unicamente a cada projeto. Determinar um risco de negócio significa calcular a probabilidade de um mercado favorável no prazo de dois anos para, digamos, pelotas de minério de ferro a serem produzidas em uma usina de pelotização ainda a ser finalizada. Um risco puramente relacionado a projeto envolve força maior, ou ações da natureza, acidentes, atrasos na entrega, e limitações de recursos que impactem diretamente a implementação do projeto. Ambos os tipos de risco precisam ser examinados e gerenciados.

O risco tem três componentes: (1) o evento ou fato que caracteriza o risco; (2) a probabilidade de que o evento realmente aconteça; e (3) o impacto, medido em termos financeiros, do acontecimento do evento. O gerenciamento de riscos envolve a identificação desses possíveis eventos, o cálculo das probabilidades e impactos, desenvolvendo respostas para lidar com os eventos caso eles ocorram e controlando o processo global. Como o gerenciamento de riscos não é algo feito intuitivamente pela maioria dos gerentes de projetos, é preciso haver uma metodologia para cobrir os riscos desde o início até o término de um projeto. Um resumo de algumas ferramentas e técnicas de gerenciamento de riscos é apresentado a seguir:

1. *Identificação.* Ferramentas para a identificação de riscos incluem entrevistas com especialistas, *brainstorming*, técnica Delphi, técnica de grupos nominais, ferramenta Crawford e diagrama de afinidades, todas elas tendo o objetivo de identificar eventos prováveis que possam resultar em risco para um projeto.

2. *Quantificação.* Ferramentas clássicas para quantificar o risco incluem a análise do impacto utilizando probabilidade, convergência de rumos, fatores de risco de custos e fatores econômicos e financeiros, como, por exemplo, os utilizados para determinar as prioridades de projeto (lucratividade, retorno sobre as vendas, retorno sobre o investimento, valor econômico agregado, custo do capital, valor presente líquido, taxa interna de retorno, valor esperado) e árvores de decisão (formulários de análise de risco).

3. *Resposta ao Risco.* Quando um evento de risco acontece, a resposta precisa ser "sob demanda", o que implica a seleção de estratégias de risco e, então, o desenvolvimento das possíveis respostas. As estratégias clássicas do gerenciamento de riscos são a aceitação (aceitar as consequências), a negação (eliminação das ameaças potenciais pela eliminação das causas), e a mitigação (redução do risco). Se a estratégia não for a de aceitar as consequências do risco, nem a de negar riscos desativando as causas, então a alternativa é a mitigação. As opções para a mitigação incluem a minimização da probabilidade, a minimização do valor do impacto e o desvio, repassando o impacto para outros (seguros, etc.) ou fazendo manobras e alterações para minimizar o efeito.

4. *Controle de Riscos.* Como tanto os projetos como o risco são dinâmicos, uma reavaliação periódica faz parte do programa. Isso significa utilizar os critérios de resposta ao risco, desenvolvidos anteriormente, para estabelecer o controle. Essas reavaliações podem ser amarradas a uma programação de datas (semanal, mensal ou trimestral) ou a indicadores específicos que influenciem o projeto (em um projeto de mineração de ouro, por exemplo, se o preço do ouro cair abaixo de dois dólares por onça). O controle de risco abrange a análise de novos riscos e as probabilidades e impactos de outros projetos em andamento, assim como a revisão dos planos e estratégias de mitigação.

Avaliando a Contribuição de um Projeto

Uma técnica de avaliação gerencial denominada *balanced scorecard* (avaliação equilibrada) *(Harvard Business Review,* janeiro de 1993) sugere que a saúde de um negócio pode ser calculada a partir de quatro ângulos diferentes: (1) financeiro; (2) cliente; (3) processos internos; (4) aprendizagem e crescimento. Admitindo-se que todos os projetos sejam desenhados para aumentar a saúde da empresa, então essas áreas precisam ser examinadas em termos da contribuição que cada projeto traz para a empresa. Uma visão desses fatores que abrangem toda a empresa a partir de uma perspectiva de projetos é apresentada a seguir:

1. A contribuição financeira de um projeto é fácil de se dimensionar, pois envolve a aplicação de um ou mais conjunto de indicadores financeiros convencionais. Os conceitos de negócios, como o retorno projetado sobre as vendas, o retorno sobre o investimento, o valor econômico agregado, o custo do capital, o valor presente líquido e a taxa interna de retorno, são formas padronizadas de avaliar e priorizar projetos.

2. A perspectiva do cliente em um projeto novo deve ser examinada através de pesquisas, para avaliar itens como serviço, valor e qualidade. Entrevistas pessoais, questionários e pesquisas com terceiros são formas válidas para avaliar a perspectiva do cliente. A abordagem QFD é uma outra forma sistêmica de assegurar que o que é realmente importante para o cliente está incluído no projeto.

3. O impacto que um projeto tem sobre os processos internos críticos é um fator a ser analisado. Por um lado, o projeto pode ter como objetivo a melhoria de um processo pela implementação de um novo sistema, como um sistema bancário on-line. Por outro lado, o projeto pode requerer a instalação de novos sistemas – um sistema de comunicações remotas ou um acompanhamento integrado do progresso, por exemplo.

4. Qual a contribuição do projeto para a empresa? Essa pergunta requer reflexão nesses tempos de turbulência, assim como a necessidade de desaprender, reaprender e aprender coisas novas. Como os projetos são por natureza baseados na premissa da mudança, todos os projetos – e não apenas aqueles com um nítido investimento em aprendizagem, como os educacionais – podem ser utilizados para alavancar a aprendizagem e o crescimento individual.

Como os executivos são responsáveis pelo destino da organização, precisam avaliar e monitorar projetos em andamento para assegurar que eles estejam contribuindo para as quatro áreas críticas. Se as contribuições de um dado projeto forem concentradas, digamos, no lado financeiro, então, é necessária uma reavaliação para examinar como o projeto pode ser alavancado de modo que ele tenha um impacto mais amplo sobre a organização, trazendo maior benefício para o cliente, melhorando os processos internos e contribuindo para o processo de aprendizagem da organização. Essa reavaliação pode ser feita subjetivamente, com base em uma lista de verificação dos itens mais importantes para a avaliação e aprovação de um projeto, ou através de uma avaliação detalhada e formal, que pode ser desenvolvida especificamente para o projeto.

Ativando um Banco de Dados Corporativo

Para que as estratégias e projetos de uma organização se fundam, é necessário lidar com a questão do dinheiro, o que significa gerenciar as estimativas iniciais, os orçamentos detalhados dos projetos, as estimativas versus as despesas reais e o fluxo de caixa. Essa tarefa é idealmente cumprida através de um banco de dados corporativo integrado. de modo que a informação flua livremente do nível de projeto para o nível empresarial, e vice-versa. Existem softwares do tipo ERP (Enterprise Resource Planning que visam preencher esta necessidade.

O alinhamento estratégico de projetos também envolve uma análise global dos recursos disponíveis *versus* recursos necessários – não apenas os recursos humanos, como também os recursos financeiros e materiais. É necessário que haja um banco de dados onde constem os recursos de toda a empresa, para consulta e uso pelos projetos; mas, no entanto, a existência de um sistema que atenda bem aos projetos depende parcialmente de como a organização é estruturada para apoiar seus projetos. Se a organização conta com o forte apoio de um escritório de projetos, a tarefa da alta gerência de alinhar e fornecer suporte para projetos fica fácil. O Capítulo 5 analisa os vários tipos de escritórios de projetos e apresenta as características de cada tipo.

Planejando Projetos Estratégicos

O planejamento estratégico de projeto tem por objetivo assegurar que cada projeto desenvolva e implemente as estratégias necessárias para garantir que seus objetivos sejam atingidos, o que exige o desenvolvimento de um documento inicial do projeto, que inclua os objetivos de negócio, os objetivos do projeto, seu cronograma, o orçamento e as restrições e hipóteses que influenciem o projeto.

O GERENCIAMENTO-SURPRESA

A estrada que liga as estratégias da empresa aos projetos finalizados será retilínea e segura se as práticas descritas neste capítulo forem seguidas. Sendo as estratégias globais da empresa claras, então as estratégias gerais e as estratégias específicas do projeto, conforme descritas, são o mapa e a sinalização necessários para assegurar que os projetos estejam alinhados com as metas empresariais. A direção tranquila ao longo da estrada até o término do projeto fica garantida, desde que não haja acidentes, mau tempo, novas obras ou desvios ao longo do caminho! E é disso que trata o *gerenciamento-surpresa*. Aqui, é mostrado o caminho que parte das estratégias determinadas pela empresa e vai até as ações tomadas pelas equipes de projeto. Os objetivos estratégicos corporativos são o ponto de partida para todos os projetos que utilizem os princípios da gestão por projetos. Estando todos esses objetivos identificados, o alinhamento estratégico de projetos bem-sucedidos depende da realização das interfaces fundamentais entre esses objetivos e o cenário específico de cada projeto.

Em uma longa viagem, como umas férias através do país ou uma jornada em direção ao crescimento corporativo, seria não só ingenuidade como também descuido acreditar que a estrada a percorrer esteja livre de barreiras e de placas de "obras". Esses obstáculos indesejáveis, porém reais, precisam ser tratados rápida e eficazmente, caso contrário, o destino final nunca será alcançado no prazo. Há algumas formas de mitigar os efeitos das surpresas que surgem durante a viagem.

A primeira forma é implementar dentro do processo de planejamento estratégico uma etapa "bola de cristal", para prever surpresas que possam destruir os planos tão bem desenvolvidos. Essa previsão atenua o efeito da surpresa e permite que alternativas previamente determinadas sejam colocadas em funcionamento, ou seja, as etapas de planejamento para contingências ou "Plano B".

A segunda forma para lidar com as surpresas – especialmente surpresas estratégicas que não foram previstas antecipadamente pela "bola de cristal" – é identificar imediatamente a questão central do problema e utilizar uma abordagem estruturada de projetos para resolver o assunto, o que significa decidir quem deve fazer o quê, quando e como. Envolve o estabelecimento de prazos e de um plano de responsabilidades e comunicações para garantir que a solução vá funcionar. A questão estratégica que tiver sido atingida por uma situação-surpresa, devido à sua importância, exige uma abordagem à prova de erros, e que essa abordagem seja a de tratá-la como um projeto, com início, meio e fim, utilizando todos os truques e ferramentas que o gerenciamento de projetos tem a oferecer.

Algumas surpresas estratégicas são simples por natureza, mas nem sempre fáceis de se resolver. A Promon, importante empresa de gerenciamento de projetos na América Latina, encontrou uma dessas surpresas. Seu principal cliente, uma empresa estatal de telecomunicações no Brasil, começou a atrasar seus pagamentos, totalizando US$ 500 milhões em serviços já entregues. A causa do problema foi, em última instância, o programa de austeridade governamental. Na prática, houve vários detalhes técnicos e administrativos que tiveram de ser resolvidos para assegurar que não havia razões burocráticas justificáveis para novos atrasos nos pagamentos. A Promon montou uma equipe multidisciplinar para lidar com esse complexo desafio, envolvendo não apenas questões de fluxo de caixa, mas também de política, economia internacional e diversas manobras de prorrogação por parte do cliente. De acordo com Carlos Siffert, então presidente da Promon, "foi uma abordagem de projetos daquelas em que todas as pedras são remexidas, mas que acabou por romper o desafio e conseguir a liberação dos pagamentos".

ALINHAMENTO ESTRATÉGICO DE PROJETOS

Alinhar o portfólio de projetos da empresa de modo que suas contribuições para os objetivos da organização sejam maximizados exige uma coordenação formal para assegurar que as ações de cada projeto caminhem em forma de flecha em direção aos objetivos corporativos. Exige mais do que a velha abordagem "granada por cima do muro", em que a equipe de planejamento de negócios identifica e caracteriza o projeto e, então, o joga para o grupo de gerenciamento de projetos, desinformado e não engajado, que, se espera, complete o projeto. Como qualquer um que professe a gerência moderna dirá, todos devem "comprar" o projeto – todos devem estar a bordo antes da partida.

A abordagem de engenharia simultânea ao gerenciamento de projetos é baseada na teoria da "compra". Embora a transição estratégia corporativa-projeto seja algumas vezes negligenciada, talvez devido ao bom desempenho histórico, tanto do pessoal de planejamento de negócios como da equipe de gerenciamento de projetos, ambos os grupos fazem normalmente excelentes trabalhos em suas respectivas áreas. Imagine só o que esses talentos poderiam fazer se tivessem uma interface eficaz no momento da transição. Uma lista de verificação das perguntas que os executivos sênior e os sponsors deveriam fazer para ajudar a garantir que os projetos corporativos estejam alinhados é apresentada a seguir:

Será que a empresa está comprometida com a utilização do gerenciamento de projetos estrategicamente? Centenas de projetos estão ocorrendo na maioria das empresas em um dado momento – projetos de transformação, programas de melhoria contínua, expansões da fábrica, projetos de manutenção, de *empowerment* dos trabalhadores, de *resizing,* de terceirização e de melhoria da qualidade de vida. Os gerentes, que nos velhos tempos supervisionavam pessoas ou agiam como corretores de informações entre os níveis hierárquicos superiores e inferiores, servem agora como gerentes de projetos, ou como gerentes de gerentes de projetos. Como mudou a natureza do trabalho de um gerente, deve haver um correspondente comprometimento corporativo com a arte e a ciência do gerenciamento de projetos. As coisas mudam e as declarações de política corporativa devem refletir essas mudanças. A declaração de política de projetos poderia abordar a questão da oportunidade no tempo (como no caso da NCR) ou o uso de princípios e técnicas.

Há uma política para a preparação formal de documentos iniciais de projetos? Como os projetos são a forma pela qual as estratégias corporativas são colocadas em vigor, é fundamental que eles sejam realizados de acordo com a filosofia, estratégia e objetivos corporativos originais. Os documentos iniciais de projeto são o instrumento para fazê-lo. O documento inicial, com a participação e aprovação da alta gerência, deveria responder à pergunta básica: "De que forma o projeto contribuirá para os objetivos corporativos globais?" O documento inicial deveria também abranger tópicos como objetivos, relações com *stakeholders*, metodologias, filosofia de gerenciamento de projetos, declaração de escopo, principais interfaces e um rápido plano de gerenciamento de projetos.

Será que foi criada a sinergia entre o grupo de negócios e os responsáveis pela implementação do projeto? Para evitar a síndrome da "granada por cima do muro", é necessário haver o envolvimento antecipado do pessoal de implementação de projetos. Embora esse princípio possa ser sólido, representa na prática um desafio. Primeiro, o pessoal de planejamento de negócios pode preferir planejar sem a ajuda de outros percebidos como "externos". Há, então, uma boa probabilidade de que as pessoas certas de projeto possam não estar sentadas apenas esperando por um *brainstorming* e analisar os estágios iniciais de uma proposta de negócios. Por último, há o esforço requerido pela alta gerência e pelos sponsors para articular o relacionamento entre o pessoal de planejamento de negócios e o escritório de gerenciamento de projetos.

Como pode a alta gerência assegurar que os projetos não se afastem dos objetivos postulados em sua "constituição"? Os eventos de manutenção, programados dentro do ciclo de vida dos projetos, são uma forma de manter o projeto alinhado com os interesses corporativos. Um método clássico é a auditoria de gerenciamento de projetos, com duração de dois dias. Essa auditoria tipicamente compara a prática corrente com o plano de gerenciamento de projetos, que é o mapa para a implementação de projetos. Se a auditoria for expandida para incluir as questões do documento inicial do projeto e do patrocínio da alta gerência, isso assegurará que as perguntas do alinhamento estratégico de projetos foram abordadas. A auditoria também pode ser utilizada para identificar a necessidade de ajustes estratégicos, caso algumas das premissas originais tenham sido alteradas à medida que o projeto evoluiu.

Para as pessoas que queiram alcançar um salto quântico no desempenho da empresa, ou que apenas queiram afinar uma máquina gerencial já eficaz, manter um olho no céu durante a migração dos pássaros é um bom lembrete de como os resultados podem ser melhorados. Afinal, os projetos estratégicos dentro de uma organização são como os gansos em voo; voltamos à nossa analogia da eficácia da formação em "V" na consideração do alinhamento estratégico de projetos. O trabalho em conjunto e a proteção recíproca contra correntes adversas, tanto entre gansos como entre projetos estratégicos, criam uma sinergia que os leva eficazmente a seus destinos.

PRINCÍPIO 4

Para que a gestão por projetos seja eficaz, são necessárias mudanças na estrutura e na cultura da organização, no seu estilo gerencial e fluxo de informações.

CAPÍTULO 4

Livros de Receitas, Restaurantes e Gestão por Projetos

Como uma empresa se torna mais orientada para projetos? Como migra para a gestão por projetos? E qual é a receita para fazer essa transição?

As empresas fazem a transição de funcional para projetos de formas diferentes, com base em suas culturas e no que está acontecendo no mundo exterior. Em alguns casos, o mercado demanda uma abordagem por projetos; em outros, a pressão vem de dentro da empresa. Em qualquer caso, para que a transição seja eficaz, um *projeto* de *mudança organizacional* precisa ser desenhado e implementado. Como as organizações podem ser grandes ou pequenas, possuidoras de alta tecnologia ou não, formais ou informais, não há uma fórmula única para fazer a migração que sirva para todas as empresas.

Em empresas que não eram originalmente orientadas para projetos, por exemplo, o gerenciamento tradicional orientado para operações era suficiente para realizar o trabalho. Hoje, essas empresas exigem uma substancial mudança cultural para começar a pensar na forma de projetos. Algumas notáveis empresas multinacionais fornecem exemplos disso.

O Citibank, sob a liderança de John Reed, mudou sua estrutura tradicional para a de uma organização ágil, baseada em projetos, com o objetivo de atender a necessidades emergentes. Morris Tabaksblat, ex-presidente do conselho da Unilever, enfatizou a necessidade de projetos de reestruturação organizacional como um esforço contínuo para moldar a empresa para os novos tempos de rápidas mudanças. Esse gigante anglo-holandês de produtos de consumo também utiliza o gerenciamento de projetos em tecnologia, marketing e no desenvolvimento de produtos. John Pepper, ex-presidente da Procter & Gamble, vê um constante elenco de projetos em andamento em sua organização, incluindo uma "reengenharia constante", lançando produtos novos e melhores, assim como aperfeiçoando a tecnologia.

Em outras empresas, a transição para a gestão por projetos é uma questão de sintonia fina; não são muitas as mudanças necessárias para fazer a migração, pois essas empresas já são na realidade "alfabetizadas em projetos" em certas áreas. As etapas para a implementação da gestão por projetos continuam sendo necessárias, mas a velocidade de implementação é acelerada pela existência prévia de uma cultura baseada em projetos. Um exemplo clássico é a ABB, o conglomerado fabril que produz robôs, equipamentos de geração de energia e trens de alta velocidade. As duas respeitadas empresas europeias que se fundiram para formar a ABB (a Asea, da Suécia, e a Brown Boveri, da Suíça) já tinham estruturas tradicionais orientadas para projetos de fabricação. Quando, em 1988, Percy Bamevik revolucionou essas empresas, projetou e implementou um programa de descentralização que mais tarde lhe daria notoriedade internacional. Através da descentralização e da transferência de atribuições da alta gerência para unidades menores, Barnevik estabeleceu as bases para uma federação "multidoméstica" de empresas que gerenciassem projetos tanto global como localmente. A ABB moveu-se natural e suavemente para uma mentalidade de gestão por projetos como consequência de pressões externas de mercado e de importantes ajustes organizacionais.

É, assim, fácil ver como uma abordagem do tipo "receita de bolo" em direção a projetos nunca funcionará. Marge Combe, pioneira na disseminação da cultura de projetos na Northwestern Mutual Life, deu origem à analogia culinária quando ressaltou: "Um excelente livro de receitas não faz um grande cozinheiro. Afinal, o que estamos tentando fazer é operar um restaurante". Assim, como é preciso muito mais do que grandes receitas para fazer um grande restaurante, também é necessário muito mais do que algumas fórmulas simples para criar um ambiente para o gerenciamento de projetos de alto nível. Para tornar uma organização mais consciente e mais competente na arte e na ciência do gerenciamento de múltiplos projetos, amplas diretrizes e modelos são necessários como referência para montar um plano executável. Esses conceitos seguem em forma de fatores-chave de sucesso, de uma estrutura analítica do projeto e de uma abordagem em etapas para implementação da gestão por projetos.

FATORES-CHAVE DE SUCESSO

A atenção aos critérios de projeto da organização facilita uma transição suave e eficaz para uma empresa madura que adota a gestão por projetos. Esses critérios são os fatores-chave de sucesso para as melhores organizações em gerenciamento de projetos em empreendimentos multifuncionais:

1. Altos padrões de qualificação para os profissionais.
   - Diplomas profissionais, seja em aplicações específicas, como engenharia aeronáutica, seja em gerenciamento de projetos.

- Treinamento no universo de conhecimento do gerenciamento de projetos, conforme detalhado no Capítulo 8.
- Certificação formal como profissional de gerenciamento de projetos, por uma instituição credenciada, conforme descrito no Capítulo 10.
- Atributos e habilidades adequados em aspectos humanos.
- Experiência em projetos equivalentes ou similares.

2. Forte apoio gerencial executivo para a abordagem pelo gerenciamento de projetos, que pode ser melhorada com a demonstração do valor que se agrega à organização com o uso dessa abordagem.
3. Alto nível de autoridade e controle de projetos, desde a concepção até a conclusão.
4. Alto nível de prestígio e influência da função gerenciamento de projetos, com pessoal que seja bem remunerado, com base nas qualificações requeridas, na responsabilidade do trabalho e no desempenho.

Esses fatores-chave de sucesso devem ser levados em consideração durante o desenho e a implementação dos projetos de mudança, que têm por objetivo implementar o gerenciamento por projetos. A seleção e o treinamento precisam ter um grande papel no desenvolvimento da organização. O apoio da alta gerência assegurando a autoridade, o prestígio e a influência necessários também estão colocados nas mais altas posições da lista de critérios de projetos. Uma vez que o nível de conscientização dos principais tomadores de decisão tenha sido elevado e que a luz verde tenha sido dada para a gestão por projetos, os fatores de sucesso estarão conectados ao projeto de transformação organizacional

UMA ABORDAGEM DE ESTRUTURA ANALÍTICA DE PROJETO

Para que uma grande mudança organizacional ocorra, todas as atividades descritas na estrutura analítica de projeto apresentada na Figura 4-1 podem ser necessárias. Para um projeto de mudança menos radical, alguns itens não precisam ser realizados. No entanto, para todas as situações envolvendo mudanças em uma organização, essa estrutura analítica de projetos fornece uma abrangente lista de verificação de atividades. Para mais detalhes a respeito do papel da estrutura analítica de projetos em um gerenciamento de projetos bem-sucedido, ver o Capítulo 8.

Os principais títulos e seus conteúdos para uma abordagem estruturada para a implementação do gerenciamento por projetos são os seguintes:

- *Gerenciamento do Projeto de Mudança.* Abrange o planejamento, a administração, o controle e o gerenciamento das mudanças do projeto. O gerenciamento das mudanças inclui lidar com as mudanças do próprio projeto, o gerencia-

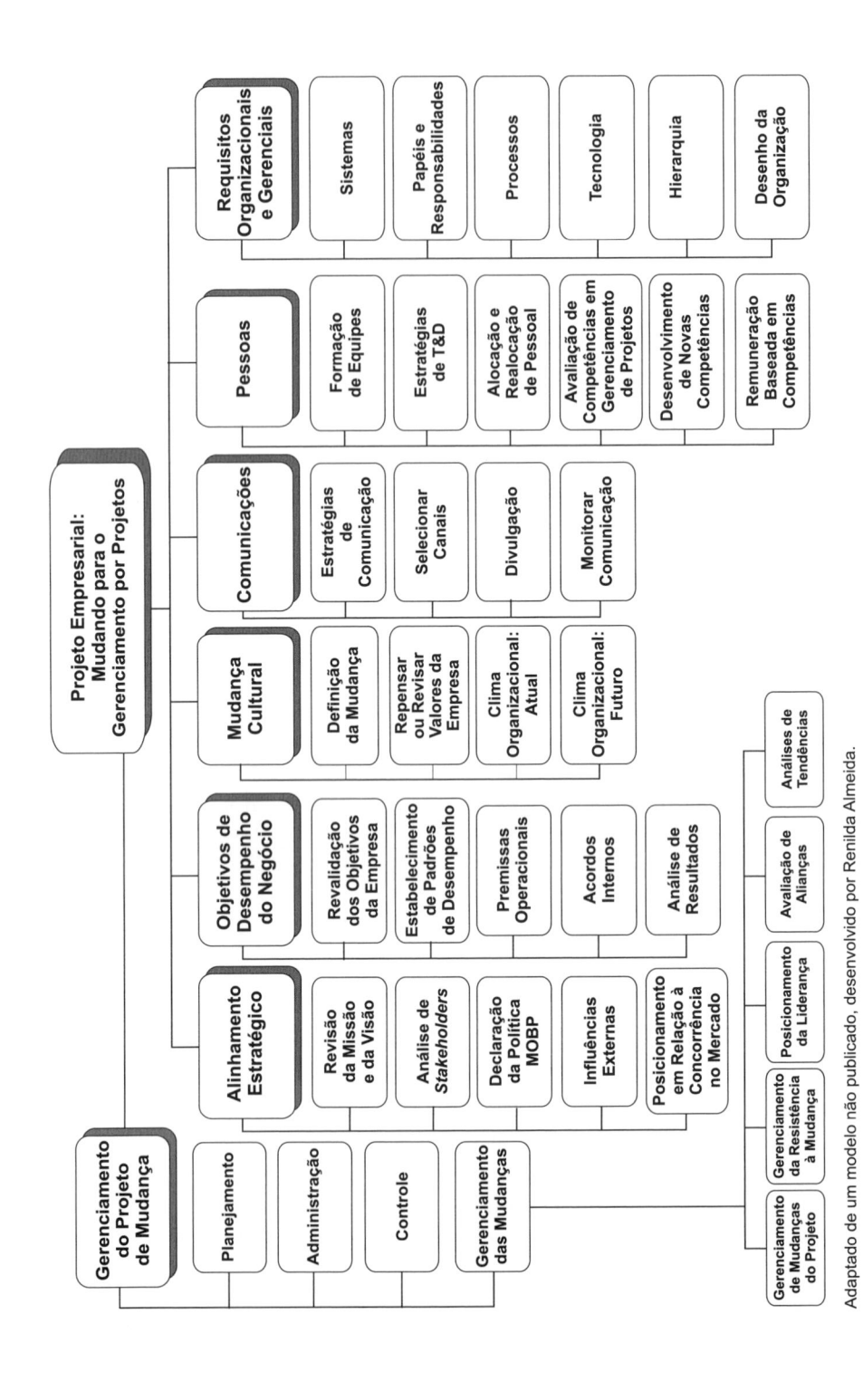

Figura 4-1. Estrutura analítica para um projeto de mudança organizacional.

Adaptado de um modelo não publicado, desenvolvido por Renilda Almeida.

mento das resistências à mudança, o posicionamento da liderança, a avaliação das alianças e a análise das tendências.
- *Alinhamento Estratégico.* Inclui a análise da missão e da visão, a análise dos *stakeholders*, a declaração da política do gerenciamento por projetos, as influências externas e o posicionamento com relação à concorrência no mercado.
- *Objetivos de Desempenho do Negócio.* Abrange a revalidação dos objetivos da empresa, o estabelecimento de padrões de desempenho, as premissas operacionais, os acordos internos e a análise de resultados.
- *Mudança Cultural.* Envolve a definição da mudança, o repensar ou reanalisar os valores da empresa e a comparação do clima organizacional atual com o clima desejado para o futuro.
- *Comunicações.* Abrange as estratégias de comunicação, a seleção de canais, a divulgação e o monitoramento das comunicações.
- *Pessoas.* Significa a montagem de equipes, as estratégias de treinamento e desenvolvimento, a alocação e realocação de pessoal, a avaliação das competências em gerenciamento de projetos, o desenvolvimento de novas competências e a remuneração baseada em competências.
- *Requisitos de Organização e Gerenciamento.* Incluem os sistemas, os papéis e responsabilidades. Processos, tecnologia, hierarquização e o desenho da organização.

Essa estrutura analítica de projeto é universal e aplicável tanto a projetos de transição para o gerenciamento de projetos empresariais quanto a qualquer outra forma de projeto de mudança organizacional. Presta-se, particularmente, a situações em que é necessária uma importante transformação e quando a resistência tende a ser grande. A abordagem clássica de decompor o projeto de transformação em seus componentes e, então, gerenciar essas partes é nada mais do que colocar em prática os ensinamentos do gerenciamento de projetos!

IMPLEMENTANDO O GERENCIAMENTO DE PROJETOS EMPRESARIAIS EM ETAPAS

Como qualquer outro projeto, a implementação de uma abordagem de gerenciamento por projetos leva tempo. Ela evolui através das fases do ciclo de vida de projeto convencional e, eventualmente, se transforma em um estado estacionário em que a organização se comporta como uma organização orientada para projetos. Há cinco estágios pelos quais uma organização deve passar para sair da concepção do conceito até se tornar uma organização madura, dinâmica e produtivamente gerenciada por projetos.

1. *"A Compra da Ideia."* Os principais *stakeholders* da organização devem ser familiarizados com o conceito de gestão por projetos e concordar em segui-lo.

Isso pode significar ter de convencer níveis mais elevados, colaterais e mais baixos da organização. Algumas das etapas para se conseguir essa "compra", necessária à iniciação do projeto, são relacionadas a seguir:

- Criar uma conscientização através da distribuição de literatura, da promoção de reuniões de *benchmarking* com empresas com interesses similares, realizando apresentações por palestrantes internos e convidados.
- Desenvolver e distribuir literatura avaliando os benefícios da mudança e outras questões de projeto pertinentes.
- Realizar sessões de breves palestras de executivos para disseminar a ideia e obter dados valiosos dos principais *stakeholders*, conforme descrito mais adiante neste capítulo.
- Desenvolver um documento inicial do projeto para a implementação da gestão por projetos na organização.

2. *Planejamento.* Os processos para gerenciar a organização por projetos e os papéis dos vários envolvidos devem ser definidos. Essa atividade envolve tomar decisões tanto a respeito da política de procedimentos como as enumeradas a seguir:

- Desenvolver e refinar a estrutura analítica de projeto para o projeto empresarial, de forma similar à mostrada na Figura 4-1.
- Definir a equipe de implementação do projeto e seu sponsor.
- Indicar a forma de escritório de projetos mais adequada para a organização: Escritório de Apoio a Projetos (PSO – *Project Support Office*), Centro de Excelência em Gerenciamento de Projetos (PMCOE – *Project Management Center of Excellence*), e Escritório de Gerenciamento de Programas (PMO – *Program Management Office*), ou alguma combinação delas, conforme descrito no Capítulo 5.

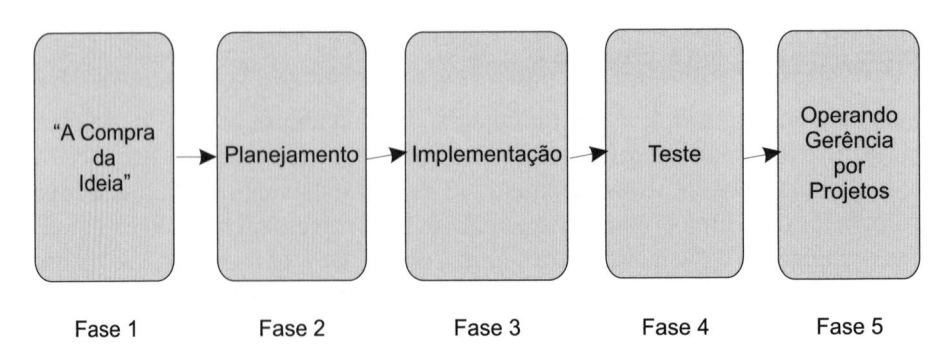

"A Compra da Ideia" → Planejamento → Implementação → Teste → Operando Gerência por Projetos

Fase 1   Fase 2   Fase 3   Fase 4   Fase 5

Figura 4-2. As fases para implementação do gerenciamento por projetos.

- Reavaliar ou definir políticas e procedimentos para o alinhamento estratégico de projetos, metodologias padronizadas, padrões de competência, maturidade organizacional em gerenciamento de projetos, sistemas de recompensa, bases de dados integradas, seleção de sponsors e equipes de projeto, comunicações, avaliações de projetos, relatórios globais e melhoria de processos.

3. *Implementação.* Os programas educacionais necessários devem ser desenvolvidos em todos os níveis da organização e os processos e procedimentos necessários devem ser instalados. Mudanças fundamentais estão acontecendo na organização e envolvem as seguintes atividades:

    - Propagar através de toda a organização a respeito de conceitos e metodologia de projetos, montagem de equipes, habilidades interpessoais, facilitação e *coaching*.
    - Iniciar o funcionamento de um conselho de prioridades de projeto que tenha poderes de autorizar ou paralisar projetos da empresa e que aprove a alocação de recursos para os projetos.
    - Instalar políticas e procedimentos; sponsors e equipes de projetos devem operar de acordo com esses processos.
    - Ter *mentores* internos para dar apoio às equipes de projeto.

4. *Testes.* Fase final do projeto de implementação, essa etapa gira em torno da pergunta: "Será que tudo está funcionando da forma que deveria para que a organização seja gerenciada por projetos?" Os pontos necessários para que isso ocorra são:

    - Fazer os ajustes organizacionais necessários, incluindo a definição do conceito de escritório de projetos.
    - Realizar uma avaliação formal da nova abordagem: destacar os benefícios conseguidos e identificar as áreas que necessitam de melhorias.
    - Assegurar que todos os sistemas de gerenciamento de projetos da empresa estejam trabalhando para a satisfação de todos os *stakeholders*.

5. *Operando a Gestão por projetos.* Todas as organizações são dinâmicas, de modo que os ajustes operacionais são inevitáveis. Novas tecnologias de comunicação ou de acompanhamento exigem mudanças periódicas. A manutenção organizacional, envolvendo programas de educação contínua e auditorias de gerenciamento, também é necessária, juntamente com os seguintes itens de ação:

    - Realizar avaliações periódicas da maturidade do gerenciamento de projetos para avaliar o quanto a empresa evoluiu em direção a uma organização totalmente projetizada (ver Capítulo 11 a respeito de modelos de maturidade).
    - Instituir um programa de melhoria contínua para garantir que o processo seja mantido atualizado.
    - Manter relações de *benchmarking* com outras organizações.

A SESSÃO PARA EXECUTIVOS

Seja a organização nova para o conceito do gerenciamento de projetos ou esteja ela simplesmente subutilizando as técnicas e ferramentas disponíveis, uma iniciativa específica fará com que as coisas se movam em direção a uma cultura de gerenciamento de projetos. Obter a atenção de convertidos potenciais ou entusiastas pode exigir o uso de métodos sutis e envolver a procura de aliados, disseminando a ideia e elaborando alguns planos. Mas também requer realizar um evento – um acontecimento especial – para destacar o tópico e deixar a ideia sedimentada. É aí que entra a *sessão executiva*. A sessão executiva é uma reunião entre o pessoal envolvido e os tomadores de decisão com duração de meio dia.

Dando Início

A sessão executiva, quando cuidadosamente articulada, responde ao desafio de reunir o apoio das pessoas para uma cultura de gerenciamento de projetos. Para fazer as coisas andarem via uma sessão executiva, é necessário:

1. *Identificar Aliados*. Ver quem mais acredita que incentivar o gerenciamento de projetos dentro da organização é uma causa válida. Identificar os principais *stakeholders* que precisam estar ao seu lado. Iniciar conversas informais e reunir ideias sobre como fazer os outros aderirem.
2. *Disseminar a Ideia*. Use informativos e fóruns internos para levantar o assunto. Aproveite todas as oportunidades para disseminá-lo. Distribua artigos e literatura que aumentarão o nível de conscientização dos principais *stakeholders*, conforme descrito anteriormente.
3. *Planejar a Sessão Executiva*. Estabeleça um objetivo para uma sessão executiva inicial com meio dia de duração – algo como: "Promova o apoio dos *stakeholders* para a criação de uma cultura de gerenciamento de projetos dentro da organização." Escreva duas a três páginas de informações resumidas com o objetivo de promover uma sessão executiva; incluir tópicos como informações básicas, metas, escopo, participantes e forma de facilitação. Incluir pré-trabalho, facilitação da própria sessão e anotações posteriores à sessão.
4. *Selecionar uma Pessoa para Articular a Sessão Executiva*. Alguém precisa orquestrar a sessão executiva – um facilitador interno, um experiente agente de mudanças de uma outra área da empresa, um professor da universidade local, ou uma pessoa externa com quem você já trabalhou ou em quem você confia.

A Sessão de Executivos Passo a Passo

Uma vez que já tenha conquistado alguns aliados e disseminado a ideia distribuindo literatura sobre o assunto, há alguns passos concretos que você precisa dar para fazer o programa andar:

1. *Um Questionário Preliminar.* Prepare duas páginas de perguntas de acordo com as seguintes linhas:
   - Em uma escala de 1 a 10, como você classifica as capacidades de sua unidade de negócios nas seguintes áreas do gerenciamento de projetos: gerenciamento do tempo do projeto, gerenciamento do custo do projeto, gerenciamento da qualidade do projeto, gerenciamento do escopo do projeto, gerenciamento das comunicações do projeto, gerenciamento dos suprimentos do projeto, gerenciamento dos recursos humanos do projeto, gerenciamento dos riscos do projeto, gerenciamento da integração do projeto?
   - Liste as três principais dificuldades encontradas no gerenciamento de projetos em sua unidade de negócios.
   - Quais são os três pontos fortes da forma atual de gerenciar os projetos de sua unidade de negócios?
   - Por que se incomodar com a melhoria da cultura de gerenciamento de projetos da organização? Que benefícios você acredita que redundariam? Qual poderia ser o lado negativo de se incentivar uma cultura de gerenciamento de projetos?
   - Comentários adicionais.

2. *O Roteiro de uma Entrevista Preliminar.* As entrevistas consistem em cinco conversas individuais de cinquenta minutos de duração entre o facilitador e executivos-chave selecionados, designados para participar da sessão. Embora as entrevistas devam seguir um formato aberto e fluir livremente, há perguntas básicas que ajudarão o facilitador a customizar a sessão. As entrevistas deveriam tocar nos seguintes tópicos:
   - Os antecedentes profissionais e o conhecimento de gerenciamento de projetos do entrevistado.
   - A percepção do entrevistado sobre a capacidade de sua unidade de negócios em gerenciamento de projetos.
   - Quais são os problemas que o entrevistado vê. O que ele vê como soluções.
   - Quem são os principais envolvidos na realização de uma mudança para uma cultura de gerenciamento de projetos.
   - Comentários e sugestões

3. *O Projeto da Sessão Executiva.* A sessão em si precisa ser delineada de modo a ter seu conteúdo distribuído em um tempo de quatro horas. A seguinte abordagem pode ser sugerida:
   - Abertura (Por que estamos aqui? O que vamos fazer? Como vamos fazê-lo?). Essa é uma análise conjunta dos resultados consolidados dos questionários, comentários sobre as leituras, e a discussão de grupo com o objetivo de criar

um consenso sobre a necessidade de um melhor gerenciamento de projetos. Há uma rápida apresentação do conceito de gestão por projetos.
- *Brainstorming* e discussão dos elementos capacitadores e inibidores para o estabelecimento do gerenciamento de projetos como uma parte da cultura da organização. A sessão se encerra com uma discussão de ideias, sugestões e possíveis próximos passos.
- Resumo das apresentações (escrito e oral) para um acompanhamento posterior à sessão. Os materiais para a avaliação devem incluir os resultados dos questionários; pontos relevantes das entrevistas; um resultado das *discussões*; os capacitadores e os inibidores; um resumo dos conceitos de gerenciamento de projetos apresentados na sessão; um resumo das ideias, sugestões e dos possíveis próximos passos; e os comentários do facilitador.

Após a sessão, lembre-se de acompanhar e continuar investindo no tópico. Uma vez que a sessão tenha sido realizada, mantenha a bola em jogo. As conclusões da sessão executiva precisam ser alimentadas e monitoradas; uma visita de acompanhamento pelo facilitador pode ser uma boa ideia, assim como a necessidade de responder à pergunta: "O que fazemos agora?"

UMA ESTRADA POTENCIALMENTE ACIDENTADA À FRENTE

O caminho para a gestão por projetos não é isento de lombadas e buracos. Algumas das fontes de acidentes potenciais que os executivos responsáveis por tornar as organizações mais orientadas para projetos são enumeradas a seguir:

- *Adaptação Pessoal de Gerenciamento Baseado em Cargos ao Gerenciamento Baseado em Projetos.* Nem todos migram rapidamente de um gerenciamento baseado em cargos para uma abordagem de projetos. Para aqueles ligados ao poder e status hierárquico, o ajuste tende a ser, no mínimo, doloroso. Alguns não se ajustam de forma alguma e deixam a organização, ou são demitidos.
- *Organizações Menos Estruturadas.* Cenários multiprojetos são desafiadores para os que estão acostumados a linhas claras de funções. Quando as organizações assumem uma forma matricial, as ambiguidades e a "nebulosidade" da situação criam insegurança entre os profissionais novos no cenário. Aqueles que não se adaptam rapidamente ao cenário precisam ser treinados ou transferidos para outros locais.
- *O Desafio do Gerenciamento de* Stakeholders. Uma abordagem de projetos exige que se assuma a responsabilidade total pelo sucesso de um projeto. Isso significa que todos os fatores que afetam os projetos devem ser gerenciados pela equipe, incluindo os *stakeholders* do projeto. O treinamento específico em gerenciamento de *stakeholders* pode ser uma necessidade em alguns projetos.

- *A Tarefa de Desenvolver Pessoal Competente em Projetos.* O gerenciamento de projetos exige uma mentalidade especial dos membros das equipes, mentalidade essa que difere bastante da mentalidade operacional tradicional. O esforço para fazer essa migração pode ser subestimado por agentes de mudança otimistas, resultando em uma mudança lenta ou ineficaz.
- *Integração Global de Projetos.* O gerenciamento de um portfólio de projetos exige um vigoroso gerenciamento de interfaces para assegurar a coerência e a direção da multiplicidade de empreendimentos em andamento. Essa tarefa exige uma atenção de alto nível e uma cultura de interfaceamento de projetos através da organização para que o gerenciamento de projetos empresariais seja eficaz.

Conforme mencionado no início deste capítulo, não há um processo do tipo livro de receitas para fazer uma organização migrar para uma postura projetizada. Algumas empresas pendem nessa direção porque "a ideia" tem sido disseminada pelos defensores de projetos. Outras organizações requerem um toque para acordar na forma de uma sessão executiva, seguida por uma campanha e um programa estruturado de implementação. Mas, independentemente da abordagem utilizada, há dois fatores-chave de sucesso que devem ser parte dos critérios de um projeto de transformação: (1) o treinamento e a educação no gerenciamento de projetos; e (2) a abordagem das questões da alta gerência com relação à autoridade, prestígio e influência. À medida que os tempos cada vez mais competitivos destacam técnicas que aumentam o resultado financeiro de uma organização, e que a alta gerência se sintoniza no poder do gerenciamento de organizações por projetos, as diretrizes e modelos aqui apresentados ganharão mais atenção e aplicação.

PRINCÍPIO 5

O escritório de projetos é a chave para assegurar que o gerenciamento de projetos seja aplicado eficazmente em toda a organização.

CAPÍTULO 5

Um "Lar" para Gerenciar por Projetos: Escritório de Projetos

Você pode pensar que é fácil, mas encontrar o local onde o gerenciamento de projetos deve residir dentro de uma organização nem sempre é tarefa simples. O gerenciamento de projetos é encontrado em locais diversos, dependendo da natureza da empresa. Alguns desses locais estão relacionados a seguir:

- Dentro do grupo de engenharia.
- Na área da tecnologia de informação.
- Em um grupo centralizado ao qual todos os projetos se reportam.
- Em um grupo que concentre o gerenciamento de projetos prioritários.
- Em um projeto específico.
- Em uma área de apoio que fornece suporte à programação e ao controle.
- Em um grupo encarregado da disseminação da ideia de gerenciamento de projetos.

Idealmente, o gerenciamento de projetos deveria permear a organização; essa é a premissa por trás da gestão por projetos. Esse ponto de vista exige que a alta administração "compre" o conceito e o assuma como uma filosofia gerencial, implicando que o gerenciamento de projetos deva cobrir todas as áreas – tudo deveria ser traduzido em projetos, desde os empreendimentos de capital e de tecnologia de informação clássicos até os projetos de marketing, melhoria contínua, metas operacionais anuais e mudança organizacional. A abordagem da gestão por projetos exige investimentos de grande escala em treinamento e desenvolvimento. E precisa também de um lar, uma fonte através da qual esse gerenciamento permeie por todas as partes da organização.

Qualquer organização com um histórico de projetos precisa de apoio para eles a partir de alguma base coerente. Um lar para o gerenciamento de projetos é necessário, para se apoiar, influenciar e direcionar esforços. Esse é um dos critérios incluídos no projeto de mudança organizacional descrito no Capítulo 4.

EM BUSCA DO ESCRITÓRIO DE PROJETOS

Há alguns "lares" clássicos para o gerenciamento de projetos; eles são algumas vezes denominados pela expressão geral "escritório de projetos", mesmo que diferenciem consideravelmente em conceito.

A Equipe de Projeto Autônoma

Alguns projetos são autônomos. Nessas situações, a função gerenciamento de projetos está localizada dentro do projeto. As práticas do gerenciamento de projetos são derivadas da experiência anterior e da prática dos líderes de projeto; não há apoio fornecido pela organização. O núcleo de liderança para a equipe autônoma de projeto (APT – *Autonomous Project Team*), no qual estão incluídos o gerente e o pessoal de apoio técnico e administrativo, é algumas vezes denominado "escritório de projetos". Todos os custos da equipe de liderança são alocados diretamente no projeto. A função desse tipo de escritório é gerenciar e realizar o projeto em toda a sua integridade. Portanto, todas as funções do gerenciamento de projetos são realizadas pela equipe designada, e a total responsabilidade pelo sucesso do projeto reside na sua liderança, conforme mostrado na Figura 5-1.

- *O que se Espera que as APTs Façam.* As APTs realizam todas as tarefas do gerenciamento de projetos: gerenciamento do tempo, gerenciamento do escopo, gerenciamento dos custos, gerenciamento da qualidade, gerenciamento de riscos, gerenciamento dos suprimentos, gerenciamento das comunicações, gerenciamento dos recursos humanos e gerenciamento da integração.
- *Como Assegurar que as APTs Sejam Bem-sucedidas.* O sucesso anda principalmente nos ombros do gerente do projeto. Se o gerente do projeto tiver experiência e se cercar das pessoas e procedimentos corretos, a probabilidade de *sucesso* é alta. Outro fator para o sucesso inclui um sponsor ou conselho consultivo com poder e influência na empresa para assegurar que os fatores externos ao contexto do projeto sejam gerenciados e interfaceados.
- *Usos Normais das APTs.* Conforme o nome demonstra, a APT trabalha bem quando o projeto não tem nenhuma grande necessidade de interfacear com o

```
                    ┌─────────────────────┐
                    │  Alta Administração │
                    └──────────┬──────────┘
              ┌────────────────┴────────────────┐
    ┌─────────┴─────────┐              ┌────────┴────────┐
    │ Gerente de Projeto│              │    Operações    │
    │        de         │              │       da        │
    │ Projetos Autônomos│              │     Empresa     │
    └─────────┬─────────┘              └─────────────────┘
              │
    ┌─────────┴─────────┐
    │  Equipe Autônoma  │
    │        de         │
    │      Projeto      │
    └───────────────────┘
```

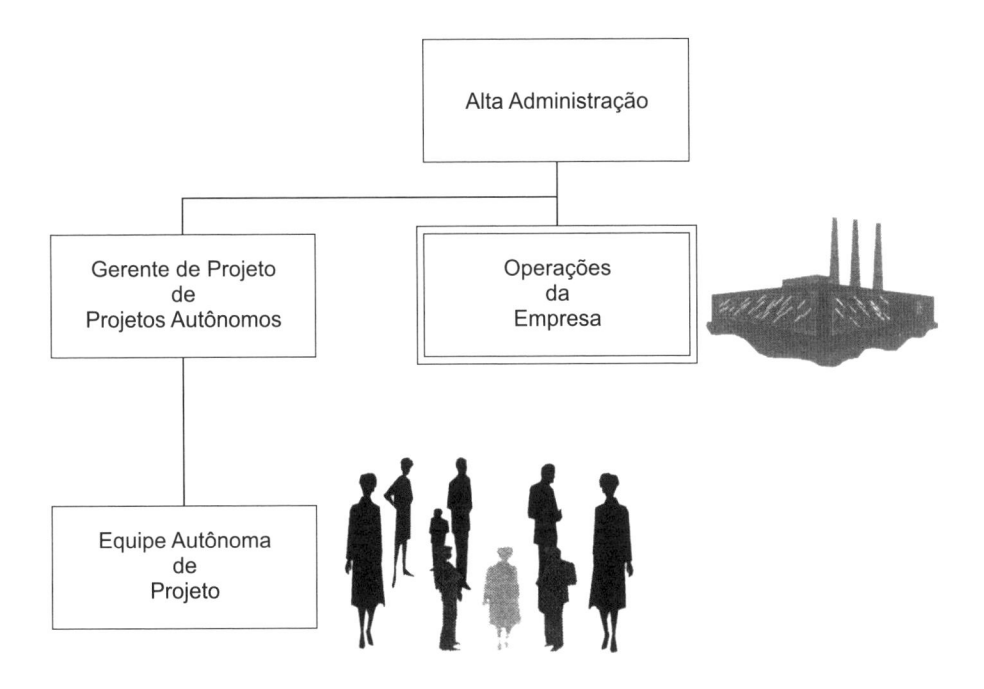

Figura 5-1. APT: equipe autônoma de projeto.

restante da organização e a empresa tem pouca experiência em projetos. Um exemplo seria uma nova fábrica sendo construída para uma empresa que raramente faz expansões de capital.

O Escritório de Apoio a Projetos

O escritório de apoio a projetos (PSO – *Project Support Office)* fornece serviços aos vários gerentes de projeto simultaneamente, conforme mostrado na Figura 5-2, embora em alguns casos apoie exclusivamente um determinado gerente. Esses escritórios fornecem apoio técnico e administrativo, ferramentas e serviços para o planejamento, programação, mudanças de escopo e gerenciamento de custos. Os recursos envolvidos (hardware, software e pessoal) são alocados nos projetos, tanto interna como externamente, dependendo da natureza e da estrutura contratual dos projetos. Algumas vezes, pessoas do escritório de apoio a projetos são emprestadas durante a fase inicial, ou mesmo ao longo de um projeto. A responsabilidade pelo sucesso do projeto não reside no PSO, mas nos gerentes que utilizam os serviços. O PSO é também conhecido por outros nomes como *escritório de projetos, escritório de gerenciamento de projetos, escritório de apoio administrativo* e *escritório de apoio técnico.*

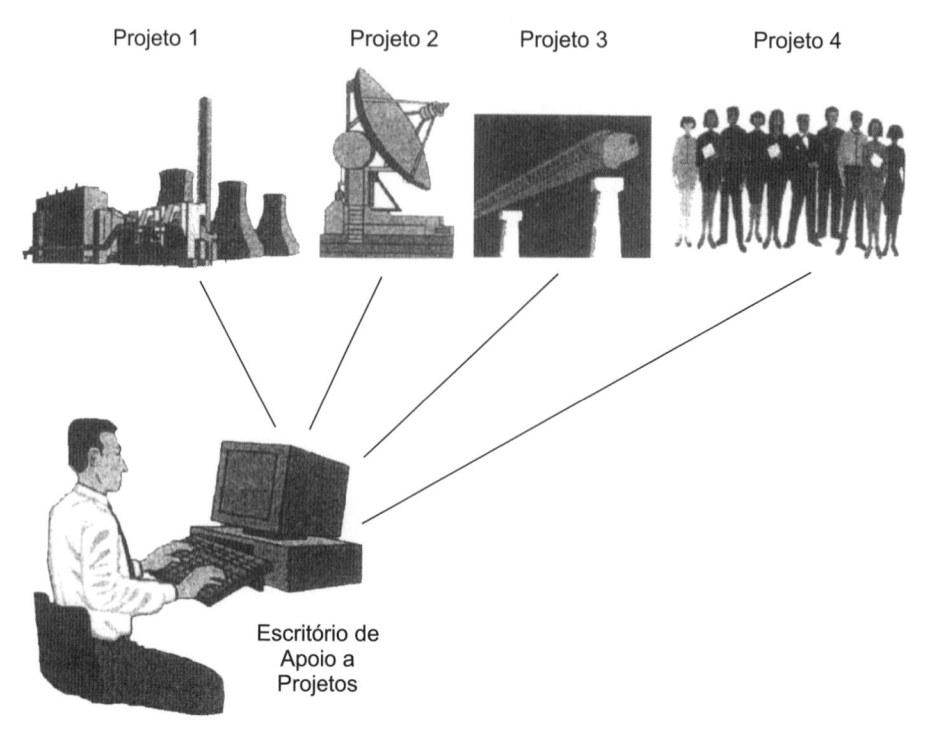

Figura 5-2. PSO: escritório de apoio a projetos.

- *O que se Espera que os PSOs Façam.* De acordo com um consenso obtido em uma reunião do *Fortune 500 Project Management Benchmarking Forum*, realizado em setembro de 1997, os PSOs podem fornecer alguns (ou todos) dos seguintes serviços: planejamento e cronograma, acompanhamento, preparação e administração do contrato, serviços administrativos e financeiros, administração do escopo das mudanças, ferramentas de gerenciamento do projeto, medidas de avaliação do projeto, gerenciamento da documentação, acompanhamento dos ativos e auditoria da situação do projeto.
- *Como Assegurar que o PSO Seja Bem-sucedido.* Existem quatro chaves para garantir o êxito de um PSO:
    1. Recursos técnicos: hardware de boa qualidade, processos e ferramentas. Equipamentos de qualidade e os softwares mais recentes são necessários para que um escritório de projetos seja eficaz.
    2. Metodologia: procedimentos coerentes explicando detalhadamente como fazer projetos. Essa metodologia precisa estar ligada a um modelo de competência em gerenciamento de projetos que seja compreendido e respeitado por todos os participantes dos projetos.

3. Interfaces: premissas organizacionais e comunicações através das diversas áreas da empresa. Como o escritório de apoio a projetos frequentemente opera em cenários matriciais, o interfaceamento se torna uma questão altamente relevante.
4. Competência: pessoas preparadas para prestar e gerenciar suporte técnico. A essência do PSO reside no desenvolvimento de pessoal de suporte que forneça as ferramentas e as informações necessárias para ter os projetos feitos no prazo e dentro do orçamento.

- *Aplicações Normais de PSOs.* Os escritórios de apoio a projetos são especialmente aplicáveis a cenários em que os projetos sejam liderados por gerentes de projetos fortes, em que exista na organização a conscientização para o gerenciamento de projetos, uma forte necessidade de documentação de apoio e de rastreamento formalizado muitos projetos acontecendo.

Centro de Excelência em Gerenciamento de Projetos

O centro de excelência em gerenciamento de projetos (PMCOE – *Project Management Center of Excellence*) é o ponto focal das experiências, mas não assume a responsabilidade pelos resultados dos projetos. Aparece como uma despesa geral de *overhead*, e não sendo alocada nos projetos. Sue Guthrie, que iniciou o centro de excelência da IBM, vê o desafio como "aumentar a competência organizacional e mudar o nível de maturidade da entidade". A tarefa do PMCOE é em grande parte de natureza missionária: disseminar a ideia, converter os incrédulos e transformar os adeptos em profissionais. O PMCOE é encarregado e responsável pelas metodologias. Ele mantém abertos os canais de informação entre os projetos e com a comunidade externa ao gerenciamento de projetos, conforme indicado na Figura 5-3. Pode ter denominações alternativas, como centro de competência em gerenciamento de projetos, centro de desenvolvimento profissional em gerenciamento de projetos, centro de processos de gerenciamento de projetos, centro de liderança em gerenciamento de projetos, centro corporativo de projetos e centro de projetos empresariais.

- *O que se Espera que os PMCOEs Façam.* O *Fortune 500 Project Management Benchmarking Forum* gerou a seguinte listagem de responsabilidades de um PMCOE, reconhecendo que o conceito de centro de excelência difere consideravelmente de empresa para empresa: treinamento, padronização de processos, consultoria interna, aumento da competência, identificação das melhores práticas, priorização de projetos, definição e padronização de ferramentas, elaboração de relatórios ou de portfólios empresariais, defesa da causa do gerenciamento de projetos e *benchmarking* do estado-da-arte.

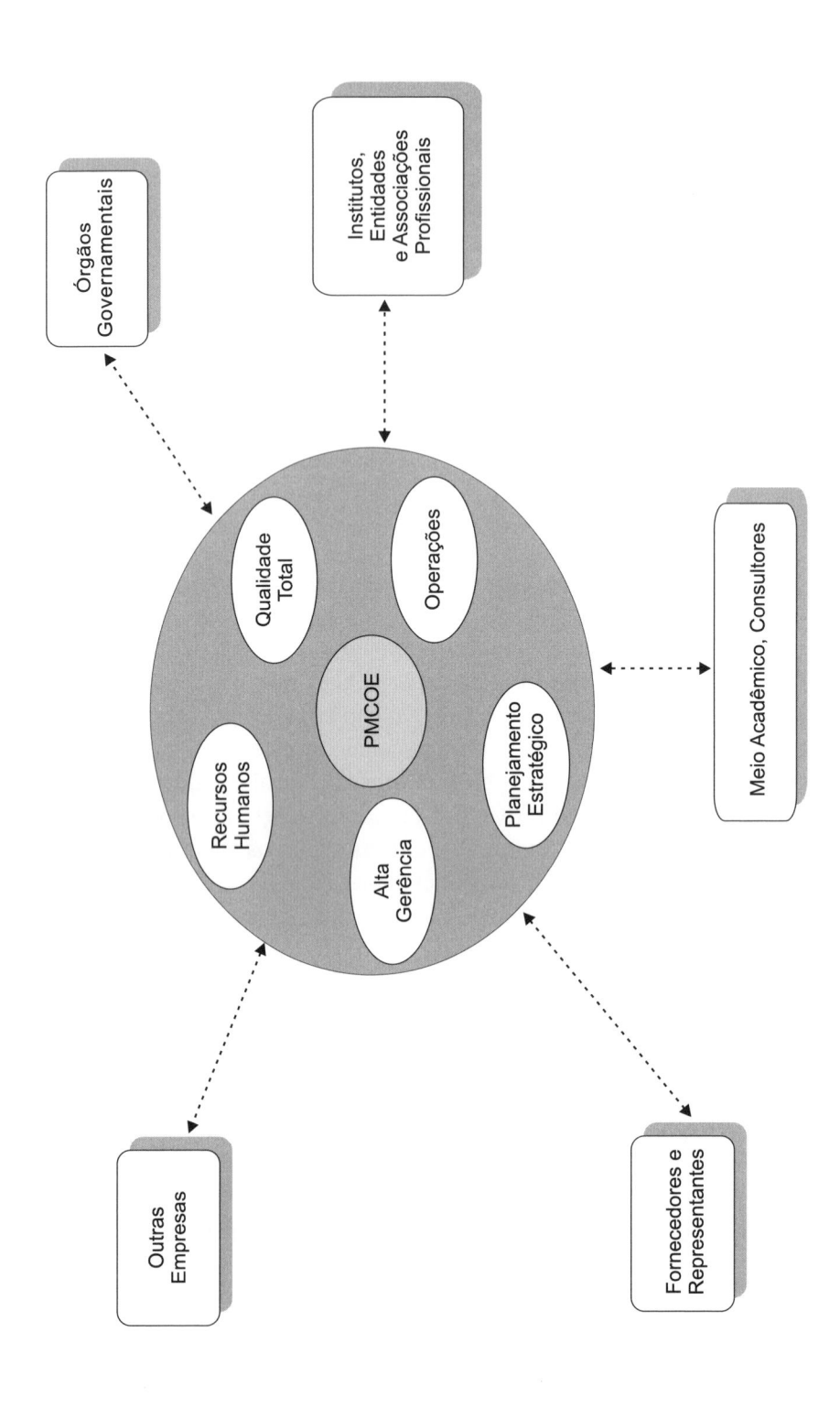

Figura 5-3. PMCOE: centro de excelência em gerenciamento de projetos.

- *Para que o PMCOE Funcione.* Algumas das principais exigências são:
  1. Patrocínio: apoio de cima. Os PMCOEs são mais eficazes quando há ressonância da alta gerência.
  2. Liderança: articular politicamente. A liderança do PMCOE não é baseada em poder, mas sim no conhecimento e na capacidade de gerenciar e influenciar os *stakeholders*.
  3. Valor adicionado: o que ele traz para os profissionais? Os PMCOEs devem ser capazes de demonstrar o benefício de se adotarem as práticas de gerenciamento de projetos que estão propondo.
  4. Desenvolvimento profissional: treinamento externo, programas *on-the-job*, *benchmarking*. Um PMCOE será bem-sucedido em uma organização apenas à medida que desenvolver gerentes de projetos, líderes e membros de equipes competentes.
  5. Estado-da-arte: experiências, fontes de informação, recursos, técnicas. Para manter a credibilidade, o PMCOE deve estar no limiar da liderança das práticas e do conhecimento do gerenciamento de projetos.

A abordagem PMCOE é particularmente adequada para corporações com responsabilidades globais, com projetos de diferentes naturezas (como sistemas de informação, marketing, engenharia e mudança organizacional) e que prefiram uma abordagem *soft* para influenciar a cultura interna.

A Superintendência de Projetos

A superintendência de projetos (PMO – *Program Management Office),* apresentada na Figura 5-4, gerencia os gerentes de projetos e é, em última instância, responsável pelos resultados dos projetos. Em grandes corporações, o PMO concentra seus esforços nos projetos prioritários, os outros são gerenciados por departamentos ou unidades, e recebem o apoio do PMO conforme necessário. O PMO, por natureza, compreende as funções do PMCOE e, em alguns casos, as do PSO. Outras denominações alternativas para o PMO são: escritório de programas de gerenciamento de projetos, escritório de programas, escritório de portfólio de projetos e gerência de portfólio de projetos.

- *O que se Espera que os PMOs Façam.* A visão do *Fortune 500 Project Management Benchmarking Forum* sobre o tipo de atividades realizadas pela PMO: designação de recursos e gerenciamento, recrutamento e desenvolvimento de gerentes de projeto, seleção e priorização de projetos, alinhamentos com as estratégias de negócio, preparação de relatórios de portfólios, metodologias e processos de gerenciamento de projetos, responsabilidade por programas ou projetos, gerenciamento de mudança de processos humanos e coordenação dos gerentes de projetos.

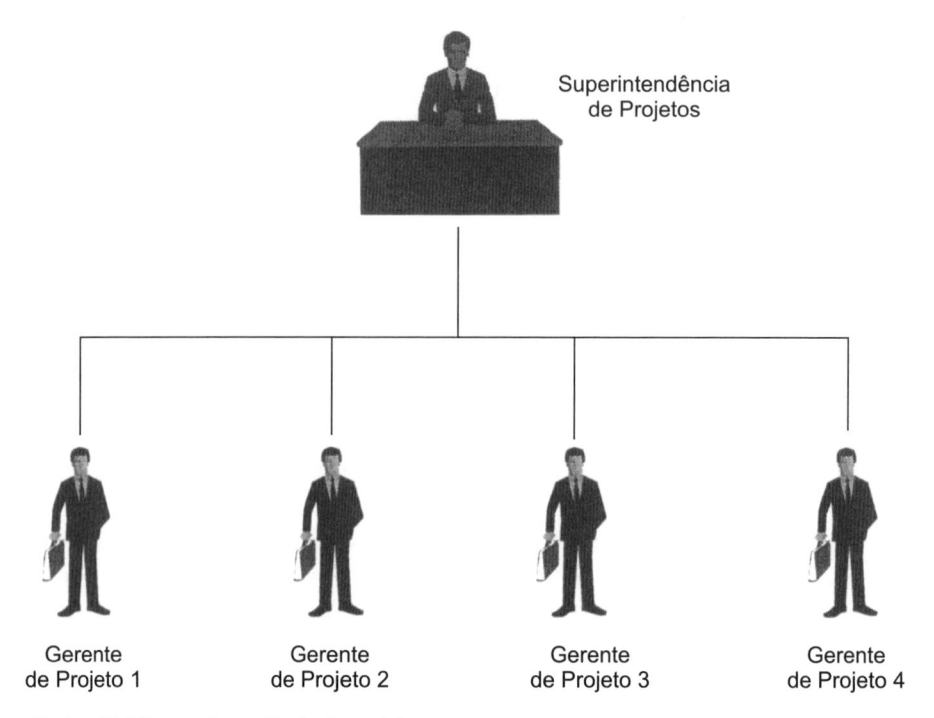

Figura 5-4. PMO: superintendência de projetos.

- *Para que um PMO Funcione*. Algumas exigências adicionais para um escritório de gerenciamento de programas bem-sucedidos são:

    1. Poder: a autoridade dentro da estrutura de poder da empresa. Os PMOs têm de ser parte da estrutura de poder da organização para serem eficazes.
    2. Prioridade corporativa: da estratégia corporativa à implementação do projeto. Parte da função PMO é determinar que projetos serão cuidados diretamente pelo PMO, quais serão entregues a terceiros e quais serão cuidados em nível de unidade.
    3. Controle em âmbito empresarial: relatórios de informações pertinentes de projetos em uma base de múltiplos projetos. Espera-se que o PMO tenha uma visão global dos resultados agregados dos projetos, assim como das tendências de projetos individuais.

Os PMOs são normalmente aplicáveis quando o gerenciamento corporativo tenha se comprometido a gerenciar empreendimentos prioritários por projetos, quando há maturidade organizacional adequada para que uma superintendência de projetos funcione eficazmente e quando não gerenciar por projetos signifique fortes consequências negativas.

Apresentamos... o CPO

Em algumas organizações, o desafio de coordenar centenas, ou mesmo milhares, de projetos complexos – muitos dos quais são interfuncionais por natureza – pode se mostrar grande demais para as variações do escritório de projetos descritas anteriormente. À medida que a tendência continue, é provável que mais empresas apelem a altos executivos para a realização de uma supervisão de alto nível de múltiplos projetos e programas importantes. No momento, a responsabilidade total e abrangente por projetos na maioria das organizações é, na melhor das hipóteses, imprecisa. Contudo, empresas orientadas para empreendimentos precisam de um facilitador executivo politicamente amadurecido, conhecedor de projetos e de sistema para cuidar e alimentar os projetos através da organização. Novos títulos podem até mesmo evoluir para esses facilitadores de projeto de alto escalão.

Entra, então, o principal executivo de projetos: CPO (*Chief Project Officer*), conforme mostrado na Figura 5-5. O que faz o CPO? Como ele deve trabalhar? Quais deveriam ser suas responsabilidades? As perguntas são numerosas e a resposta abrangente é óbvia: "Depende!" Depende do grau de maturidade da organização com respeito ao

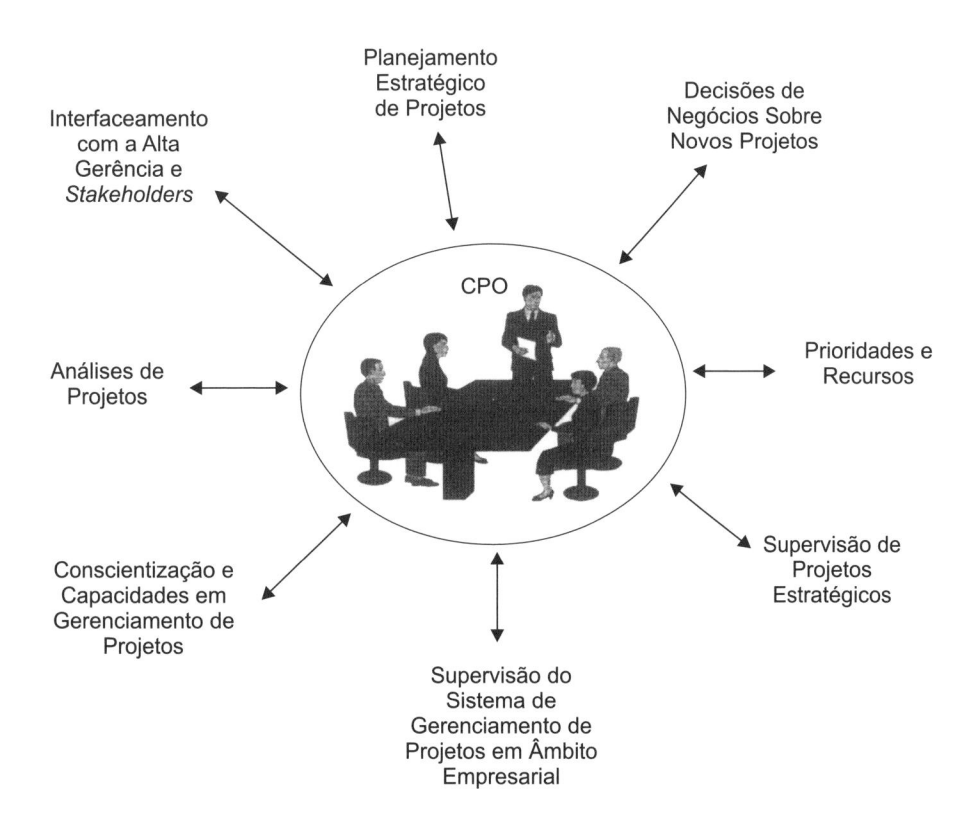

Figura 5-5. CPO: principal executivo de projetos.

gerenciamento de projetos (metodologias, experiência e apoio já existentes), o porte e a complexidade dos projetos, a convicção da alta gerência com relação ao uso da abordagem empresarial e ao gerenciamento de projetos, e a natureza da organização – seja ela orientada para projetos, como uma empresa de engenharia, ou de base funcional, como um fabricante de produtos de consumo que utiliza o gerenciamento de projetos como um meio para chegar a um fim.

O trabalho do CPO faz sentido em circunstâncias especiais: em organizações que sejam globais, orientadas para empreendimentos, multidisciplinares e que exijam os resultados de projetos múltiplos e complexos no prazo previsto. Uma das responsabilidades do CPO é cuidar e alimentar o portfólio de projetos da organização, desde o estágio de decisão de negócios à sua implementação final. Essa atividade inclui os seguintes pontos:

- Envolvimento nas decisões de negócio que resultem em novos projetos.
- Planejamento estratégico de negócios.
- Estabelecimento de prioridades e negociação de recursos para projetos.
- Supervisão da implementação de projetos estratégicos.
- Responsabilidade pelo sistema de gerenciamento de projetos em nível empresarial.
- Desenvolvimento da conscientização e da capacidade em gerenciamento de projetos através da organização.
- Avaliação periódica de projetos, incluindo a decisão de descontinuar projetos.
- Gerenciamento de *stakeholders* de alto nível, facilitação e mentoração.

Como o conceito do CPO pode funcionar em uma organização? Apresentamos, a seguir, dois exemplos em que um CPO poderia agregar valor para os objetivos estratégicos de uma empresa:

Cenário 1. Uma companhia global fornece serviços e produtos, envolvendo milhares de projetos complexos. Seu PMCOE abrange a organização em uma base global, ao passo que numerosos PSOs operam com base em critérios geográficos. O CPO supervisiona o PMCOE e trabalha através de um conselho de executivos para implementar o planejamento em âmbito empresarial e sistemas de controle que se concentrem no âmbito de projetos da corporação, em vez de em operações repetitivas baseadas em atividades.

Cenário 2. Uma organização funcional tradicional precisa migrar para uma abordagem empresarial, a fim de acelerar seus projetos de tecnologia da informação e de desenvolvimento de novos produtos. O CPO estabelece novos canais de comunicação através de um escritório de gerenciamento de projetos matricial, que inclui a função de apoio a projetos disponibilizada a gerentes de projetos em várias áreas. O CPO também estabelece um PMCOE virtual que envolve os profissionais que trabalham em vários projetos.

Outras Alternativas

No entanto, no aqui-e-agora, embora o conceito do CPO seja uma opção, é um cargo que não é necessário em todas as empresas. Não faz sentido que uma organização mude para algo drasticamente diferente até que tanto a situação como o momento sejam certos. Nem todas as organizações precisam de CPOs. Se a organização sobreviveu e prosperou por anos sem um CPO, há obviamente outras formas de lidar com as questões do gerenciamento estratégico de projetos. Quem mais dentro da organização pode assumir as funções destinadas ao CPO?

- *O Principal Executivo Operacional.* O COO *(Chief Operating Officer)* poderia muito bem dividir seu tempo entre as atividades relacionadas a processos e projetos. Embora as operações (mantendo as coisas operando) e os projetos (fazendo novas coisas) teoricamente exijam mentalidades diferentes, um COO capaz e com experiência na atividade de projetos pode exercer as duas funções.
- *O Vice-presidente de Planejamento.* Esse executivo do alto escalão pode acumular áreas de responsabilidade e assumir a supervisão da implementação de projetos e do acompanhamento empresarial, assim como a liderança estratégica de projetos. O vice-presidente de planejamento teria de ser bem versado na arte e na ciência do gerenciamento de projetos.
- *A Superintendência de Projetos.* O chefe do PMO pode assumir a função do CPO, desde que a alocação de recursos, a supervisão e o acompanhamento de projetos sejam suficientemente delegados aos gerentes de projetos e que o PMO tenha uma posição alta o suficiente na ordem corporativa das coisas.
- *O Time.* Se o time executivo for suficientemente familiarizado com o gerenciamento estratégico de projetos, então as tarefas do CPO podem ser distribuídas entre seus membros. Para, por exemplo, lidar com as necessidades de trabalhos alinhados estrategicamente, sendo realizados por equipes interfuncionais, um fabricante de automóveis poderia designar um "executivo da linha de veículos", que se reportaria a um conselho de estratégia corporativa para essas plataformas.

Existem muitas abordagens alternativas para lidar com as questões descritas para o CPO. Se houver uma resistência cultural para estabelecer essa posição, as alternativas deveriam ser examinadas detalhadamente (indicar um CPO pode não ser uma boa solução política ou prática em algumas empresas). Outros nomes podem ser utilizados para a mesma função – nomes como escritório executivo de projetos ou escritório de projetos corporativos. A Figura 5-6 compara as características das cinco opções de escritórios de projetos apresentadas neste capítulo. Raramente todas as cinco formas existem em uma determinada empresa, mas variações e combinações híbridas estão geralmente presentes.

Funções do Gerenciamento de Projetos	Equipe Autônoma de Projetos (APT)	Escritório de Apoio a Projetos (PSO)	Centro de Excelência em Gerenciamento de Projetos (PMCOE)	Escritório de Gerenciamento de Programas (PMO)	Principal Executivo de Projetos (CPO)
Prazo	executa	apoia	educa	supervisiona	responsável final
Escopo	executa	apoia	educa	supervisiona	responsável final
Custos	executa	apoia	educa	supervisiona	responsável final
Qualidade	executa	apoia	educa	supervisiona	responsável final
Riscos	executa	apoia	educa	supervisiona	responsável final
Suprimentos	executa	apoia	educa	supervisiona	responsável final
Comunicações	executa	apoia	educa	supervisiona	responsável final
Recursos humanos	executa	apoia	educa	supervisiona	responsável final
Integração	executa	apoia	educa	supervisiona	responsável final
Responsabilidade por múltiplos projetos		apoia	articula	coordena	
Consistência do gerenciamento de projetos em toda a organização		apoia	articula		responsável final
Desenvolvimento da competência em gerenciamento de projetos			articula promove	coordena	responsável final
Alinhamento das estratégias de negócios com os projetos					articula
Acompanhamento dos projetos em âmbito empresarial					executa

Figura 5-6. Cinco opções para gerenciar o gerenciamento de projetos em uma organização.

AFINAL, COMO SE IMPLEMENTA UM ESCRITÓRIO DE PROJETOS?

Depende obviamente de que tipo de escritório de projetos estamos falando. Os requisitos para um projeto autônomo e para um CPO estão em extremidades opostas de um amplo espectro. A função de apoio, o centro de excelência e o escritório de programas também diferem bastante em termos de responsabilidades e necessidades. Há, no entanto, pontos em comum quando se trata da implementação dessas diferentes formas de escritórios de projetos. Examinemos os elementos de cada tipo de escritório.

Planejamento

O planejamento é o alicerce para se fazer qualquer um dos conceitos funcionar. A primeira etapa é esboçar um documento inicial de projeto que inclua informações básicas, o objetivo para se estabelecer o escritório de projetos, as hipóteses e restrições associadas com o projeto e os resultados esperados. Há, então, a necessidade para um *walk-through* de perguntas, baseadas em experiência e conhecimento de projetos (ver Capítulo 8). Qual é o escopo proposto para o escritório de projetos e qual o escopo dos esforços necessários para fazer o escritório funcionar? E o prazo e os custos do projeto do escritório de projetos? E que normas da qualidade devem ser seguidas: a melhor dos melhores ou uma norma menos dispendiosa? Também é preciso examinar os recursos humanos que serão necessários, assim como pesquisar fornecedores ou consultores externos. Um plano de comunicações deveria ser estabelecido para a implementação do projeto e, também, para a fase pós-implementação. Os riscos incorridos na implementação de um escritório de projetos também precisam ser considerados. Depois que esses pontos básicos do gerenciamento de um projeto tenham sido cumpridos, o escritório de projetos está, teoricamente, pronto para funcionar. Há, no entanto, pontos específicos que precisam de atenção especial ao se planejar um escritório de projetos.

Hardware, Software e Interconectividade

Os computadores e periféricos precisam ser especificados para atender às necessidades previstas de armazenamento e processamento de dados numéricos e texto, emissão de relatórios, sua forma de apresentação. O número de estações de trabalho também é um fator, assim como a compatibilidade com outros equipamentos da empresa. O acesso remoto a dados e a interconectividade dentro da empresa e com o cliente também são questões relevantes. Todas essas decisões precisam ser coordenadas com o pessoal de tecnologia da informação da empresa. A única exceção para uma situação isolada com respeito a hardware, software e interconectividade seria a da APT trabalhando em um projeto completamente independente. Mesmo nesse caso, uma análise antecipada da compatibilidade é recomendada, para evitar dores de cabeça mais adiante. O PSO que dá apoio a vários projetos e, da mesma forma, o PMO, que tem uma responsabilidade formal por um grupo de projetos, precisam ser projetados para as capacidades de acompanhamento e emissão de relatórios de múltiplos projetos. O PMCOE e o CPO têm preocupações que permeiam por toda a empresa, de modo que a tecnologia de informação que seja sensível às necessidades de gerenciamento de projetos em âmbito empresarial é o principal motor, tanto para o centro de excelência como para o principal executivo de projetos.

Metodologia e Procedimentos

Para realizar qualquer tipo de atividade de projeto, é necessário haver convergência sobre como as coisas serão feitas, ou seja, é necessário o desenvolvimento de um mapa comum para levar o projeto a seu término – uma metodologia de gerenciamento de projetos que detalhe claramente as etapas a serem seguidas para o desenvolvimento e a implementação de um projeto. Uma sequência típica de uma metodologia de projetos iniciada após a aprovação do mesmo é: desenvolver o documento inicial do projeto, reunir informações iniciais e fazer o *benchmarking* com outros projetos, desenvolver o plano de gerenciamento do projeto, definir as atividades da estrutura de decomposição do trabalho, estabelecer relações entre as atividades em uma rede de precedência, estimar o prazo e os recursos, realizar as atividades, acompanhar o progresso, tomar ações corretivas e realizar as funções de avaliação e melhorias.

As metodologias variam muito de indústria para indústria e de empresa para empresa. As metodologias de desenvolvimento de produtos no Japão, por exemplo, são bastante diferentes das metodologias de desenvolvimento de softwares nos EUA. Empresas globais, como a IBM, que têm uma ampla gama de projetos, como o desenvolvimento de produtos, os serviços de rede, a fabricação e a integração de sistemas de tecnologia da informação, deparam-se com o desafio da criação de uma metodologia comum que atenda às necessidades de todos os usuários dos projetos. Estando a metodologia em funcionamento, ela tem de ser documentada na forma de procedimentos. Os procedimentos são detalhados em instruções "como fazer", descrevendo as etapas da metodologia. Com exceção da APT, em que uma metodologia *ad hoc* funcionará, os outros tipos de escritórios de projeto exigem uma metodologia padronizada de projetos, de modo que as pessoas e os sistemas possam falar uma língua comum através de um cenário empresarial de múltiplos projetos.

As Pessoas, o Poder e a Política

Os aspectos técnicos descritos nas duas seções anteriores representam apenas parte do desafio de montagem de um escritório de projetos. O outro lado da tarefa envolve as pessoas e os métodos necessários para que elas trabalhem em convergência – para fazê-las prosseguirem juntas e em cooperação em direção ao alvo, como os gansos em migração, o que exige um gerenciamento de *stakeholders* habilidoso e diligente, conforme descrito no Capítulo 6. Significa também desenvolver um plano detalhado dos *stakeholders*, para assegurar que os interesses e opiniões de todos os participantes ligados ao projeto sejam cuidados e alimentados. A APT e o PSO são razoavelmente imunes a grandes pressões organizacionais. O PMO, o PMCOE e o CPO estão bem no meio da política empresarial. Assim, as questões de pessoal, que envolvem poder e política, tanto dentro dos projetos como em toda a empresa, provavelmente determinarão o sucesso ou o fracasso do escritório de projetos.

LAR, DOCE LAR

Esse caleidoscópio de abordagens para conduzir projetos dentro de organizações foi apresentado por uma razão. O gerenciamento de projetos originalmente apareceu em empresas como uma disciplina *ad hoc*; raramente era algo que traspassava as fronteiras do projeto. À medida que a mudança traz os projetos virtualmente para todas as áreas de uma empresa, cresce a pressão para estabelecer um escritório, ou um lar, para o gerenciamento de projetos.

O lar do gerenciamento de projetos também precisa ser abrangente e acolhedor. As ideias descritas aqui retratam caminhos contrastantes, porém complementares, para lidar com esse desafio. A APT, o PSO, o PMO, o PMCOE e o CPO são soluções elegantes, mas não são soluções customizadas; questões de cultura organizacional, de maturidade do gerenciamento de projetos e do mix de projetos precisam ser levadas em consideração antes que um projeto final possa ser aprovado. Espera-se que, uma vez projetada e construída, a residência do gerenciamento de projetos selecionada mostre-se um lar sólido, produtivo e harmonioso.

PRINCÍPIO 6

Em um cenário de gestão por projetos, o gerenciamento de *stakeholders* é um imperativo para se gerar sinergia e minimizar o conflito entre os principais envolvidos.

CAPÍTULO 6

O Pessoal que "Segura o Bife": Um Modelo para Lidar com o Pessoal Envolvido

Um estudante meu tentou uma vez traduzir o termo "stakeholder" literalmente e, confundindo *stake* (risco, aposta, interesse) com *steak* (filé), chegou espantosamente perto quando arriscou: "E o pessoal que segura o bife?" Todos aqueles que de alguma forma têm interesse em um projeto (e que às vezes terminam com um "bife") são *stakeholders*. Há pessoas ou partes que são positiva ou negativamente influenciadas pelas atividades ou pelos resultados finais de um projeto ou programa: elas têm algo a ganhar ou perder com o sucesso ou não do projeto. Essas partes incluem os protagonistas e defensores do projeto, os participantes no projeto e partes externas. Incluem, também, as pessoas que trabalham nos projetos, aquelas que os influenciam e outras que, em última instância, são afetadas por eles. Em um cenário empresarial, os *stakeholders* são aquelas pessoas que ganham ou perdem ao apoiar ou não a abordagem da gestão por projetos.

GERENCIANDO TODOS OS *STAKEHOLDERS* PELA ORGANIZAÇÃO

O gerenciamento de *stakeholders* é a base da gestão por projetos. É o lubrificante que faz as engrenagens da gestão por projetos girar. Ela trata das assim chamadas questões *soft* de interfaceamento, que envolvem aspectos de poder, política e influência. Interesses especiais, agendas ocultas e conflitos interpessoais também entram em jogo no gerenciamento de *stakeholders*.

Há dois cenários principais para o gerenciamento de *stakeholders* que surgem em organizações que empreendem a gestão por projetos. O primeiro envolve a implementação da gestão por projetos em si, quando acontece uma mudança na mentalidade organizacional, o que requer uma abordagem dos *stakeholders* desde a fase inicial, que focalize as questões singulares da implementação do projeto de mudança organizacional. O segundo é o cenário de *manutenção*, em que já reine uma filosofia empresarial de projetos e os *stakeholders* têm de ser gerenciados para manter a organização viva e produtiva. Essas assim chamadas questões humanas, ou *soft* (e que frequentemente envolvem alguma ação *hard*), estão presentes em ambas as situações.

Poder

Consta que Henry Kissinger teria dito que "o poder é o maior dos afrodisíacos", quando foi secretário de Estado dos EUA, o que sugere que o poder tem uma atração quase sensual; as pessoas são atraídas para o poder por uma força magnética, quase erótica. Verdade ou não, o fato é que o poder é necessário para que os executivos e outros importantes participantes de projeto consigam fazer seu trabalho. Sem o poder, é difícil conseguir que as coisas sejam feitas. O poder fornece a energia para se tomar iniciativas, traçar planos e acompanhar resultados. Do ponto de vista de uma empresa, a atração que as pessoas sentem pelo poder é uma influência saudável, pois, quando o poder é adequadamente utilizado, faz o empreendimento se deslocar na direção certa. As formas predominantes de poder para o gerenciamento de projetos empresariais estão enumeradas a seguir:

- *Formal.* Originado do poder da posição, o poder formal indica que o participante recebeu algum documento constitucional para executar um trabalho. Um escopo de trabalho está associado com essa tarefa, que deve ser realizada dentro da cultura e dos valores da empresa. O poder formal é a forma mais fácil de ver e compreender.
- *Relacionamento.* "O importante não é o que você sabe, mas quem você conhece", diz o velho ditado. O acesso é uma forma de poder, seja através de relações de sangue, de uma rede de velhos amigos, seja de conhecimentos oriundos da comunidade ou da Igreja. O poder do relacionamento abre portas.
- *Baseado em Conhecimento.* O poder e a autoridade andam de mãos dadas. Embora a autoridade possa ser de natureza formal, pode também ser calcada no conhecimento. Vencedores de Prêmios Nobel, por exemplo, nem sempre são dotados de poder formal, mas o reconhecimento de seu conhecimento os torna autoridades, que por sua vez se transforma em poder.
- *Competência.* O poder da competência transcende o do conhecimento, pois a pessoa é reconhecida como alguém que consegue fazer coisas. O poder originado da competência emerge tanto do conhecimento técnico como do comportamental, assim como de habilidades políticas.

O cultivo de um único ou de uma combinação desses fatores de poder aumenta consideravelmente o poder potencial dos executivos e de outros participantes importantes em um empreendimento. Do ponto de vista do gerenciamento de *stakeholders*, é aconselhável estabelecer uma base firme de poder e até mesmo brandir o poder quando necessário, desde que a ética e os sentimentos das pessoas sejam respeitados. É necessário, para se conseguir que as coisas sejam feitas, particularmente em uma ampla teia de agentes de poder que exercitam sua influência por toda a empresa. Algumas dicas sobre como os executivos e outros participantes podem subir na escada do poder são, assim, apresentadas:

1. *Compreenda sua Organização.* Todas as organizações têm uma cultura básica. Têm tradições e uma história. Mesmo que sejam necessárias importantes mudanças, a compreensão da essência de uma organização é fundamental para formar uma empresa orientada por projetos.
2. *Refine suas Habilidades Interpessoais.* Para que a gestão por projetos funcione, tanto os altos executivos como os membros das equipes de projeto devem ter altos níveis de quociente emocional nas habilidades comportamentais e políticas necessárias para lidar inteligentemente com os fatores de poder.
3. *Construa sua Imagem.* Assim como os produtos precisam ter seu marketing para transmitir uma imagem, você e outros participantes-chave de um cenário projetizado precisam manter suas imagens apuradas. Chame isso de automarketing, encher a própria bola, ou de qualquer outra coisa, mas sua imagem pessoal como um participante competente e articulado de um projeto merece ser constantemente cultivada.
4. *Desenvolva e Cultive Aliados.* A gestão por projetos é como um esporte coletivo. Ações individuais se tornam significativas apenas dentro do contexto de uma série de ações. Assim como no vôlei, em que um jogador recebe a bola, um segundo a prepara para que o terceiro jogador corte, os participantes em organizações projetizadas precisam do suporte de seus colegas de equipe.

Política

A política tem sido descrita em círculos governamentais como a "arte do possível". O possível em empresas depende da política e da arte de conciliar diferentes interesses e opiniões entre as pessoas que compõem a rede de poder dentro da organização. Os executivos precisam, portanto, agir politicamente para influenciar o processo de tomada de decisões de modo a gerar decisões consistentes com seus interesses e opiniões – e que sejam ao mesmo tempo possíveis. A chave para a política reside na compreensão de que os fatos não são o fator importante na tomada de decisões políticas. Os interesses em jogo são muito mais importantes, como, por exemplo, interesses departamentais ou setoriais, interesses derivados do poder, interesses econômicos e financeiros e agendas pessoais. E o mais importante são as opiniões das pessoas, formadas seja por quais razões históricas, culturais ou psicológicas, são a essência de tudo que é político. Ao se gerenciar em um cenário empresarial, as técnicas recomendadas para um lobby bem-sucedido em favor de uma dada causa são as enumeradas abaixo:

1. Plante sementes de ação fazendo casualmente observações sobre questões, circulando artigos, ou citando terceiras partes.
2. Não force a questão; dê tempo às pessoas para absorver e processar novas ideias e questões.
3. Envolva outras pessoas, pois a política, por natureza, inclui e afeta grupos de pessoas.
4. Dê detalhes que suportem sua causa à medida que surjam as discussões.
5. Inclua as sugestões de outros e negocie quaisquer detalhes que envolvam os interesses de todos.

Influência

Em um cenário empresarial, a influência está intimamente relacionada com a competência. Quanto maior o nível de competência técnica e comportamental, maior o nível de influência. Devido ao grande número de relacionamentos em rede e matriciais em um cenário empresarial, o poder e a política têm de ser controlados de uma forma sutil, utilizando diferentes formas de influência. As hipóteses para um eficaz gerenciamento de influências são apresentadas a seguir:

1. A maioria dos executivos possui a experiência e o conhecimento básicos necessários para exercer o gerenciamento de influências, embora não utilize totalmente esse potencial.
2. Uma das formas mais fáceis de influenciar os outros é dar-lhes um retorno positivo, desde que o retorno seja oportuno, relevante e sincero.
3. A arte de ouvir, embora seja uma postura aparentemente passiva, é uma técnica poderosa para influenciar os outros, pois cria uma ligação que inevitavelmente pagará dividendos em termos de relacionamentos e boa vontade.
4. A abordagem clássica de "diferentes abordagens para diferentes pessoas" continua a ser válida quando se trata de influenciar terceiros. Isso significa adaptar seu comportamento para pessoas com características diferentes de modo que cada pessoa receba um tratamento personalizado.
5. O gerenciamento de interfaces, ou a construção de pontes para comunicação e conciliação de interesses entre os *stakeholders* na empresa, é uma atividade-chave em organizações projetizadas.
6. Relacionamentos multidirecionais entre executivos e importantes participantes dos projetos, envolvendo comunicações verticais, horizontais e diagonais são o padrão em organizações que são gerenciadas por meio de projetos.

7. O gerenciamento de conflitos faz parte do trabalho do executivo em qualquer organização; e em organizações gerenciadas por projetos, a propensão para o conflito é ainda maior, devido aos múltiplos relacionamentos.

GERENCIAMENTO ESTRUTURADO DOS *STAKEHOLDERS*

As questões de poder, política e influência envolvidas no gerenciamento de múltiplos projetos podem ser examinadas utilizando-se um formato estruturado. Um plano de gerenciamento de *stakeholders* mapeia uma forma estruturada para influenciar cada participante. A palavra-chave é *estruturado*, em vez de se utilizar uma abordagem puramente intuitiva. Embora os *stakeholders*, de alguma forma, tenham sempre sido gerenciados, o gerenciamento estruturado de *stakeholders* permite o planejamento abrangente, em etapas, do que precisa ser feito para influenciar os realizadores e formadores de opinião.

Lidar com *stakeholders* de uma forma customizada e baseada em necessidades aumenta as chances de um percurso suave em um ambiente de projetos. Inversamente, a falta de um rumo sistemático ao se lidar tanto com os tomadores de decisão óbvios como com os formadores de opinião nos bastidores é um convite aberto ao desastre: mais cedo ou mais tarde, um interessado dissidente dará um chute de impacto. No mínimo, sobra como solução para essa situação o acompanhamento, o retrabalho e o gerenciamento de mágoas.

Quem são os *Stakeholders* Afinal?

O primeiro lançamento do homem à Lua, em 1969, tinha vários *stakeholders*, incluindo o presidente dos EUA, o Congresso, os russos, a imprensa e, é claro, a Nasa.

Certamente, o astronauta Neil Armstrong se sentiu um importante *stakeholder* no Projeto Apollo. Algumas pessoas têm interesses maiores do que outras, assim como o comprometimento de um porco em um prato de presunto com ovos é sem dúvida maior do que o de uma galinha. O folclore diz que o astronauta da Nasa acrescentou as palavras "e o traremos em segurança de volta para a Terra" ao objetivo original pretendido do Projeto Apollo: "Antes do final desta década colocaremos um homem na Lua." Alguns *stakeholders* que possuem diferentes interesses são apresentados a seguir:

- *Campeões de Projetos*. Os campeões são responsáveis pela existência dos projetos. São aqueles que iniciam o movimento e têm, em última instância, interesse em ver o projeto chegar a seu estágio operacional. Eles moldam a forma pela qual uma organização percebe e gerencia seus projetos. Esses campeões determinam em que extensão a empresa está preparada para gerenciar múltiplos projetos. Exemplos desses campeões de causas são investidores, patrocinadores de projetos, supervisores da alta gerência, clientes (externos ou internos) e políticos (locais, estaduais e federais).

- *Participantes dos Projetos.* Esse grupo realiza o trabalho de projeto. Do ponto de vista da gestão por projetos, esses *stakeholders* merecem atenção especial, pois são eles que trazem o troféu para casa. O papel dos membros da equipe de projeto é relacionado ao projeto em si; eles não estão geralmente envolvidos nas fases conceituais e provavelmente não o acompanharão nas fases operacionais. Alguns desses participantes-chave são gerentes de projetos, membros das equipes, fornecedores, subcontratados, especialistas, agências reguladoras e consultores.
- *Externos.* Essas partes, embora teoricamente não estejam envolvidas, são passíveis de se envolver se tudo não correr bem, do ponto de vista delas. Em outras palavras, são afetadas pelo projeto à medida que este se desdobra, ou pelos resultados finais do projeto uma vez implementado. Podem também influenciar o andamento de um projeto. Algumas dessas influências externas podem não ser gerenciáveis pela equipe designada para o projeto; nesses casos, é necessário apoio de alguma outra parte da organização. Exemplos de *stakeholders* externos são ambientalistas, líderes comunitários, grupos sociais, a mídia (imprensa, TV etc.) e as famílias dos membros das equipes.

Quais são as Etapas do Gerenciamento dos *Stakeholders*?

Embora a intuição seja importante ao se lidar com stakeholders, recomenda-se uma supervisão geral dos passos para assegurar que todas as questões sejam levadas em consideração, conforme mostrado na Figura 6-1. A figura mostra a sequência sugerida de atividades, conforme descrito adiante, com o objetivo de assegurar que se esteja lidando adequadamente com os stakeholders.

1. *Identifique e reúna informações preliminares a respeito dos* stakeholders. Faça uma lista de todos que aleguem interesses, de qualquer espécie, a uma parte dos resultados do projeto. No caso do projeto de implementação da gestão por projetos, quem são os campeões, os participantes do projeto e os *stakeholders* externos? Lembre-se de que os stakeholders devem ser identificados como pessoas – com nomes e rostos – em vez de como departamentos ou grupos. Não se esqueça de incluir as seguintes informações:

   Nomes.
   Antecedentes profissionais.
   Papel do indivíduo.
   Circunstâncias especiais.
   Experiências passadas.

2. *Analise o comportamento provável de cada stakeholder e seu provável impacto.* Em que extensão os *stakeholders* têm impacto sobre um projeto? E em que

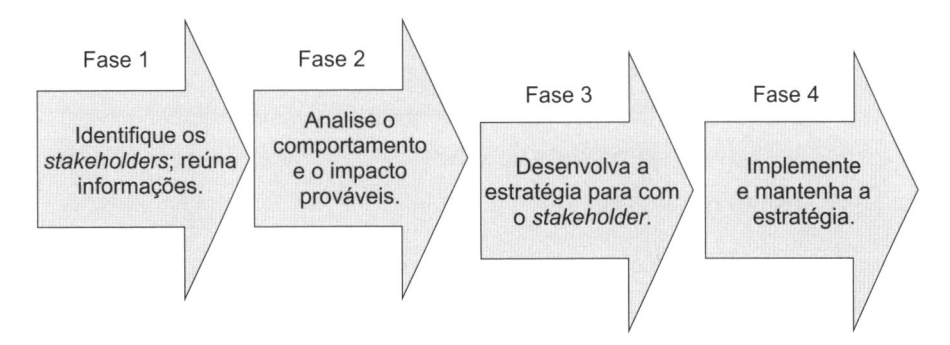

```
┌─────────────┐   ┌─────────────┐
│   Fase 1    │   │   Fase 2    │   ┌─────────────┐   ┌─────────────┐
│             │   │             │   │   Fase 3    │   │   Fase 4    │
│ Identifique │   │  Analise o  │   │             │   │             │
│     os      │   │comportamento│   │ Desenvolva a│   │  Implemente │
│stakeholders;│   │  e o impacto│   │estratégia para com│ e mantenha a│
│    reúna    │   │  prováveis. │   │o stakeholder.│   │ estratégia. │
│ informações.│   │             │   │             │   │             │
└─────────────┘   └─────────────┘   └─────────────┘   └─────────────┘
```

Figura 6-1. Abordagem de quatro etapas para o gerenciamento dos *stakeholders*.

extensão pode seu comportamento ser influenciado? Uma forma simples de classificar os *stakeholders* é:

A = *stakeholders* que podem ser fortemente influenciados.
B = *stakeholders* que podem ser moderadamente influenciados.
C = *stakeholders* que podem ser muito pouco influenciados.

Os *stakeholders* também podem ser classificados de acordo com seu grau de impacto no projeto. Por exemplo:

D = *stakeholders* que têm forte impacto no projeto.
E = *stakeholders* que têm impacto médio no projeto.
F = *stakeholders* que têm fraco impacto no projeto.

3. *Desenvolva estratégias para os* stakeholders. Os *stakeholders* são do jeito que são – exceto quando são diferentes! Assim como em esportes coletivos, é necessário pessoas com características singulares, cada uma tendo um papel diferente, para gerenciar uma organização orientada por projetos. Todas as equipes profissionais, sejam elas de futebol americano, basquete, futebol, ou criquete, têm participantes em campo (os jogadores) e fora do campo. Os participantes fora do campo são os proprietários, gerentes, patrocinadores, técnicos, torcedores, atletas e grupos de apoio. As organizações que gerenciam por projetos têm um elenco similar, e todas as partes têm de fazer sua parte para que as metas da organização sejam atingidas. Um plano precisa ser desenvolvido para explicar detalhadamente como cada *stakeholder* deve ser gerenciado.

Para entender como lidar com *stakeholders*, faça-se as seguintes perguntas:

1. Quais são os objetivos ou posições declarados do *stakeholder* com referência ao projeto?

2. Qual é, provavelmente, a "agenda oculta"?
3. Que influências são exercidas sobre o *stakeholder*?
4. Quem é a melhor pessoa para abordar esse *stakeholder*?
5. Que tática deveria ser utilizada?
6. Qual é o melhor momento?

As respostas a essas perguntas fornecem os dados para o desenvolvimento de uma abordagem específica para cada *stakeholder* de projeto.

4. *Implemente e mantenha as estratégias.* Essa fase requer a realização das atividades planejadas na etapa anterior, por meio de um plano de *implementação* de gerenciamento de *stakeholders*, que seleciona as ações específicas, as partes responsáveis e as datas para a conclusão das ações. Esse plano deve então ser ajustado e retrabalhado conforme necessário. Para começar, no início, as estratégias para com os *stakeholders* são implementadas de acordo com sua relativa importância. Deve haver, por exemplo, uma grande ênfase de um pequeno número de *stakeholders* que tenha um forte impacto, esforços normais direcionados para um grupo intermediário e atenção moderada para os *stakeholders* que se considera como tendo um impacto menor.

Envolvendo os *Stakeholders*: Uma Tarefa Difícil

Um banco de propriedade de uma empresa europeia fabricante de automóveis deparou-se com o desafio de alinhamento de *stakeholder* quando vários projetos estavam acontecendo na empresa simultaneamente. O calcanhar-de-aquiles do banco era um projeto de aprovação centralizada de crédito que tinha por objetivo acelerar o processamento e eliminar a burocracia nas concessionárias de automóveis, onde tradicionalmente as solicitações de crédito eram negociadas. O projeto era uma fonte de grandes conflitos entre o pessoal de tecnologia de informação, que estava gerenciando o esforço, e a alta gerência, que estava exercendo uma forte pressão para colocar o sistema, com cronograma bastante atrasado, em funcionamento. O chefe do treinamento percebeu a necessidade de melhor desempenho de projetos e organizou cursos sobre os elementos básicos do gerenciamento de projetos. Esses cursos, no entanto, não foram realizados, porque o grupo da qualidade do banco convenceu-se de que o momento era adequado para introduzir o ponto de vista da gestão por projetos para operar a organização – mas precisava de um sinal verde da alta gerência para conseguir. A alta gerência não dava o "de acordo", pois os executivos não estavam de acordo para as necessidades de uma abordagem estratégica para lidar com projetos. O pessoal de tecnologia da informação, que era tecnicamente competente, tinha pouco ou nenhum treinamento sobre como realizar projetos. Ninguém, em qualquer nível, havia levado em consideração o fato de que a nova estrutura encolheria substancialmente as funções de dezenas de pessoas e viraria de cabeça para baixo o equilíbrio de poder dentro do banco. Essa situação é um retrato clássico de *stakeholders* não alinhados. Cada um tinha uma percepção diferente de quais eram os problemas e do que precisava ser feito.

Como a responsabilidade pelo gerenciamento de *stakeholders* recai sobre quem tem maior conscientização da necessidade de gestão por projetos, no exemplo do banco, o grupo da qualidade carregou a bandeira de influenciar os *stakeholders* a "comprarem" a filosofia de gestão por projetos. Uma vez conseguido o comprometimento dos *stakeholders* – e após uma "palestra de conscientização" ministrada por um especialista externo –, o grupo da qualidade começou a fazer progressos para mudar a organização para um formato de gestão por projetos. Esse exemplo ilustra os dois princípios apresentados antes: primeiro, analise quem são os *stakeholders* e quais seus interesses; em seguida, introduza sua nova abordagem para o gerenciamento de forma que seja sensível aos interesses e preocupações de todos os *stakeholders*.

Promovendo o Gerenciamento de Projetos Entre *Stakeholders* na Empresa

A conscientização é a primeira barreira no desenvolvimento de qualquer projeto para transformar uma organização. É necessário conseguir a atenção das pessoas. Elas têm de ouvir a oportunidade batendo em sua porta – uma oportunidade para disseminar o lema "faster, cheaper and better" (mais rápido, mais barato e melhor) ao longo da organização, juntamente com as ferramentas que a fazem acontecer. Essas pessoas poderiam ser a alta gerência, a média gerência, ou agentes de mudança organizacional ou facilitadores internos. Isso não importa, pois o problema de conquistar as pessoas é o mesmo. Como é necessária a participação para que qualquer coisa funcione, vários movimentos articulados podem disseminar o espírito do gerenciamento de projetos por toda a empresa.

Uma outra visão é a teoria da evolução para promover uma causa. Tom Peters vê a questão da seguinte forma: "Como você 'vende' esse conceito para seus 'chefes'? Não o faça!" Em vez disso, diz ele, os resultados positivos obtidos através do gerenciamento de projetos devem percolar através do sistema e fazer seu próprio marketing. O marketing de terceiros, então, seja via cliente externo seja interno, é uma forma de deixar que os chefes saibam que um grande trabalho está sendo feito por meio da aplicação diligente do gerenciamento de projetos.

Se a abordagem de Peters soa um pouco simplista, há outras formas proativas de promover o gerenciamento de projetos entre os *stakeholders* na empresa. Uma forma é comparar o desempenho com outras empresas ou participar em grupos de benchmark para ver que práticas predominam e são eficazes. Os números são uma outra forma de fazê-lo; mostrar as economias potenciais do gerenciamento de projetos certamente sensibilizará até mesmo o mais resistente dos executivos corporativos.

NINGUÉM MAIS SEGURA O BIFE

O gerenciamento bem-sucedido dos *stakeholders* exige uma abordagem estruturada para lidar com as várias partes que têm real interesse no projeto, o que significa que os campeões, os participantes e os *stakeholders* externos precisam ser gerenciados utilizando-se as etapas descritas em um plano de implementação. Assim, o gerenciamento de *stakeholders* tem dois papéis distintos. Primeiro, para instalar um projeto de gerenciamento de projetos empresariais, os *stakeholders* têm de ser gerenciados durante toda a fase de implementação. Em segundo lugar, uma vez que o conceito tenha sido implementado, os executivos da empresa devem assegurar que o conceito do envolvido seja parte de todos os projetos da empresa.

PARTE II

COMO JOGAR

PRINCÍPIO 7

Um dos principais papéis de executivos, sponsors e gerentes é fazer perguntas certas na hora certa durante o ciclo de vida do projeto.

CAPÍTULO 7

A Arte de Fazer Perguntas: Dicas para a Sobrevivência de Executivos

Os executivos, percebam eles ou não, são gerentes de programas. Devido às suas posições, são responsáveis por vários projetos inter-relacionados, estratégicos ou de outros tipos. Em última instância, eles têm a responsabilidade pelo sucesso de diversos projetos até um destino final e consistente com as metas estratégicas da organização, o que significa fornecer direção e orientação, assegurando que os projetos se mantenham dentro das estratégias e propósitos da empresa. Para fazer tudo isso, eles precisam ter algum conhecimento e experiência em projetos.

A maioria dos altos executivos sobe na empresa através de uma carreira em uma área que não a de gerenciamento de projetos. Produção, finanças, marketing e operações são trampolins comuns para os altos escalões. Qualquer experiência em gerenciamento de projetos foi provavelmente fruto de se ter sido a pessoa certa no lugar certo. O gerenciamento de projetos tem sido até chamado de "profissão acidental" por esta razão: até recentemente, as possibilidades de carreira em gerenciamento de projetos não existiam na maioria das empresas.

Assim, a jornada até o topo deixa alguns altos executivos sem experiência de projetos. Para esses executivos competentes em outros assuntos, a falta de visão e experiência em gerenciamento de projetos pode se tornar uma séria deficiência em algum instante. Os executivos com alguma experiência, mas sem treinamento formal, também estão em desvantagem. E mesmo os executivos cujas carreiras tenham passado pelas trincheiras e pelas salas de aula do gerenciamento de projetos se descobrirão com algum passivo se não se atualizarem com os novos desenvolvimentos. Este capítulo fornece dicas para a sobrevivência dos executivos nesse mundo de gerenciamento de projetos de prazos curtos. É delineado para dar uma arrancada nos participantes do projeto ao longo da trilha até a conclusão. O Capítulo 8 também é recomendado aos executivos com menor experiência, para uma recordação dos fundamentos básicos, assim como o Capítulo 9, sobre Educação.

Perspicácia Executiva

Os executivos se depararão cada vez mais com um desafio peculiar: serão, em última instância, responsáveis pelo sucesso ou fracasso dos projetos, embora raramente tenham autoridade para dirigir como esses projetos serão feitos e em que prazo. Apesar de os altos executivos, teoricamente, possuírem o poder, em nossa era moderna, o poder é mais intimamente ligado à articulação habilidosa e às influências do que a ordens e obediências. A ordem de um comandante de navio para mudar o curso, por exemplo, é obedecida – não instantaneamente – mas muitos minutos depois, quando o movimento do navio é vencido pela força de seus motores e pelo mecanismo de pilotagem. Se, mesmo em cenários de ordem-e-obediência, a natureza resiste à autoridade, imagine o desafio quando o poder é baseado na competência, em habilidades políticas e em comunicações.

No entanto, mesmo um executivo não iniciado pode parecer astuto perguntando oportunamente coisas inteligentes. O executivo parcialmente experiente, é claro, também pode aprender a fazer as perguntas certas, assim como os executivos bem versados na prática de gerenciar projetos. Nunca se erra fazendo as perguntas que os repórteres costumam fazer quando se preparam para histórias: quem? quando? onde? por quê? o quê? e como? Essas palavras são indicadas tanto para autoquestionamento quanto para perguntar aos gerentes de projetos e às equipes de projeto. São perguntas eficazes durante todas as fases do gerenciamento de projetos, embora cada fase também tenha questões que exijam perguntas específicas. A matriz apresentada na Figura 7-1 ilustra o momento certo para perguntar e o foco adequado para as perguntas. Essa matriz serve como uma "cola" e destina-se a ajudar a formular perguntas oportunas e incisivas aos gerentes de projeto e às equipes em cada fase do projeto.

É importante que as sessões de perguntas e respostas tenham um formato pragmático. Em outras palavras, todas as respostas devem ser documentadas em forma de relatório ou de gráfico e analisadas em conjunto. Exemplos de perguntas que os altos executivos precisam fazer à equipe de projetos durante cada uma das fases do projeto são apresentadas adiante. Perguntas adicionais podem ser extraídas da própria metodologia de projetos da organização e da literatura sobre gerenciamento de projetos e organizações profissionais.

Fase Pré-Projeto
1. O projeto atende às normas da empresa em termos de lucratividade ou retorno sobre o investimento?
2. O projeto é congruente com os planos estratégicos da organização?

Área do Gerenciamento de Projetos	Pré-Projeto de Viabilidade, Aprovação	Fase I Conceitual: Pré-Projeto, Partida	Fase II Planejamento: Planos Detalhados	Fase III Implementação, Progresso, Revisões	Fase IV Final Transição para Operações	Avaliação Pós-Projeto
Integração	CP	CP	CP	IP	SR	SR
Escopo	CP	CP	CP	IP	SR	SR
Prazo	CP	CP	CP	IP	SR	SR
Custos	CP	CP	CP	IP	SR	SR
Qualidade	CP	CP	CP	IP	SR	SR
Comunicações	CP	CP	CP	IP	SR	SR
Recursos humanos	CP	CP	CP	IP	SR	SR
Contratos/Suprimentos	CP	CP	CP	IP	SR	SR
Riscos	CP	CP	CP	IP	SR	SR

CP: Perguntas conceituais e sobre planejamento.
IP: Perguntas sobre implementação e progresso.
SR: Perguntas de síntese e revisão.

Figura 7-1. Tipos de perguntas a fazer sobre áreas específicas do gerenciamento de projetos ao longo do ciclo de vida dos projetos.

3. Há recursos disponíveis para desenvolver o projeto?
4. As premissas e os números utilizados no estudo de viabilidade são válidos?

Fase Conceitual
1. Há um documento inicial que defina a missão e os objetivos principais do projeto?
2. O escopo global do projeto está claramente definido?
3. Todas as informações para a continuidade do projeto estão disponíveis e organizadas?
4. As hipóteses de projeto foram validadas?
5. Os requisitos do cliente foram formalmente confirmados?
6. Houve uma avaliação preliminar de risco?
7. Os principais *stakeholders* estão envolvidos?
8. E o gerente do projeto? Ele precisa de mais apoio? De treinamento *on-the-job?* Ou poderia utilizar orientação adicional durante uma dada fase?
9. Uma partida formal do projeto foi planejada? Que formato segue a reunião ou o workshop planejado?

Fase de Planejamento
1. Foi desenvolvido um plano de garantia de qualidade?
2. Estão implementadas as metodologias de gerenciamento de projeto e as estratégias de implementação?
3. Foram identificados e quantificados os riscos do projeto e identificadas as respostas aos riscos?
4. Estão implementados os sistemas para o gerenciamento de documentos, para a programação e acompanhamento das atividades, para o gerenciamento de suprimentos, para estimativas, orçamentação e controle de custos?
5. Os sistemas foram depurados e a equipe tem competência para operá-los?
6. Foi desenvolvido um plano de projeto geral e detalhado tecnicamente orientado (o que deve ser feito no projeto e como o trabalho será realizado)?
7. Foi desenvolvido um plano de gerenciamento de projetos (como o projeto será gerenciado)?
8. Há um plano de gerenciamento de *stakeholders*?
9. As declarações de trabalho (SOW – *statements of work)* foram escritas para os pacotes de trabalho?
10. Foi desenvolvido o plano de comunicações de projeto?
11. Foram desenvolvidos os critérios para reuniões e relatórios?

Fase de Implementação
1. As reuniões regulares de acompanhamento estão acontecendo?
2. As mudanças no projeto estão sendo formalmente gerenciadas?
3. A tomada de decisões é proativa e orientada para soluções?

Fase Final
1. Foram desenvolvidos e estão implementados os procedimentos de encerramento do projeto?
2. Foi preparado e está sendo seguido um plano de transação (da conclusão do projeto para a fase operacional)?

Fase Pós-Projeto
1. O que foi feito corretamente no projeto e o que precisa ser aperfeiçoado para o próximo?
2. Qual a avaliação do projeto em relação a outros projetos comparáveis dentro ou fora da empresa?
3. Que lições precisam ser compartilhadas com outras pessoas da empresa?
4. Como os resultados do projeto podem ser utilizados para fins promocionais e de marketing?

Perguntas Vindas do Conjunto de Conhecimento em Gerenciamento de Projetos

Uma abordagem alternativa é fazer perguntas originadas do universo de conhecimento. Perguntas-chave são selecionadas de cada uma das áreas, para serem feitas na época na partida formal do projeto ou durante revisões feitas ao longo da sua duração. Uma lista de exemplos de perguntas, que utilizam uma lógica de universo de conhecimento, a serem feitas durante o projeto quando o envolvimento executivo é crítico, é apresentada a seguir: na partidas do projeto (p) e nas revisões periódicas (r).

Integração
1. O termo de abertura *(project charter)* e os planos detalhados de projeto refletem o trabalho que precisa ser realizado? (p)
2. Os planos de projeto estão sendo acompanhados (realizado *versus* programado) e todas as alterações estão sendo registradas ou monitoradas? (r)

Escopo
1. Há uma declaração de escopo de projeto, uma estrutura analítica do trabalho e um procedimento para alterações de escopo acordados? (p)

2. Todas as mudanças de escopo foram revisadas e as atividades de mais baixo nível na estrutura analítica do projeto foram totalmente detalhadas? (r)

Prazo

1. Existe um cronograma-mestre com marcos claros quanto ao que deve ser realizado e até quando? (p)
2. O cronograma está atualizado, mostrando o progresso real *versus* o programado, e estão sendo feitos os esforços adequados para gerenciar os itens do caminho crítico? (r)

Custos

1. Estão documentadas todas as hipóteses para determinação dos custos e estimativas de necessidades de recursos, e o orçamento preliminar do projeto foi baseado em um plano de recursos? (p)
2. Há um relatório de custos atualizado que assinala potenciais excedentes de custos e que faz distinções entre trabalhos previstos e trabalhos fora do escopo? (r)

Qualidade

1. A documentação de projeto foi analisada pela equipe de projeto e pelo cliente e foi conseguido um acordo em relação aos padrões de qualidade? (p)
2. Têm sido realizadas as revisões periódicas de projetos, e as questões de qualidade têm sido tratadas em termos de qualidade técnica e de satisfação do cliente? (r)

Comunicações

1. O plano de comunicações do projeto foi desenvolvido mostrando como as informações serão gerenciadas durante o projeto? (p)
2. As informações estão fluindo de acordo com o plano de comunicações? Quais desafios de projeto atuais podem ser atribuídos aos problemas de comunicação? (r)

Recursos Humanos

1. Foram desenvolvidos o mapa de mobilização do pessoal e uma matriz de responsabilidade dos membros da equipe, assim como provisões para se treinar uma equipe produtiva? (p)
2. Como está a equipe se desempenhando com referência às expectativas? O que é necessário para melhorar o desempenho do ponto de vista dos recursos humanos? (r)

Contratos/Suprimento
1. Foi desenvolvido um plano de contratação que defina o escopo e as condições básicas para os itens fornecidos por terceiros? (p)
2. Foram feitas alterações em relação ao escopo original contratado? Foram documentadas? Que outras alterações podem acontecer? (r)

Riscos
1. Foi desenvolvido um plano de riscos que identifica, quantifica e prevê uma resposta viável aos prováveis riscos? (r)
2. Que alterações surgiram que afetam os riscos conforme originalmente avaliados? Como os riscos estão sendo controlados? (r)

UM GUIA PRÁTICO PARA O EXECUTIVO

Perguntas bem-feitas asseguram que os executivos focalizem as questões críticas. No entanto, as perguntas, por si só, não são suficientes para assegurar que os projetos sejam bem-sucedidos. Alguns elementos básicos têm de estar em funcionamento para garantir um final feliz. Para o executivo ocupado, eis um guia resumido a fim de assegurar que os projetos sejam feitos de maneira certa. Se estas cinco ações executivas forem tomadas, a probabilidade de sucesso aumenta significativamente:

1. *Assegure um Forte Patrocínio Executivo.* O patrocínio executivo significa o acompanhamento e nutrição do projeto de um ponto de vista estratégico: assegure que os alicerces para o gerenciamento de um projeto estejam implementados. Envolve, também, um alinhamento estratégico contínuo do projeto com os objetivos mais abrangentes dos negócios da organização, conforme descrito no Capítulo 3.
2. *Monte o Projeto com o Gerente e a Equipe Certos.* Se o projeto for equipado com as pessoas certas, a maioria das questões será cuidada por elas mesmas. Um veterano gerente de projetos sabe cuidar das questões de projeto que precisam ser tratadas.
3. *Defenda a Causa do Alinhamento da Equipe de Projeto.* A formação de uma equipe acontece através de uma liderança inspirada, workshops de partida do projeto, sessões de planejamento, programas de integração de equipe e treinamento *on-the-job*.
4. *Assegure-se do Funcionamento de Metodologia de Gerenciamento e de Apoio ao Projeto.* Para que a equipe-chave do projeto trabalhe eficazmente, os membros da equipe precisam de uma metodologia coerente com a cultura da empresa e com as necessidades do projeto e, também, de apoio pessoal a quem recorrer em caso de necessidade de ajuda na programação e administração do projeto.

5. *Faça Perguntas.* Faça as perguntas certas, no momento certo. A EDS, o gigante de consultoria em tecnologia de informação, sediada no Texas, institucionalizou o processo de fazer perguntas. A empresa tem uma listagem de perguntas sugeridas que os executivos devem fazer na época da aprovação do projeto e durante as revisões do mesmo.

PROMOVENDO A GESTÃO POR PROJETOS

Para o executivo que esteja buscando promover a causa do gerenciamento por projetos na empresa, um bom começo é seguir o formato de perguntas e sugestões dado anteriormente. Afinal, estabelecer o exemplo certo é um longo caminho em direção à criação de uma cultura projetizada. O envolvimento dos executivos, através da articulação habilidosa e da formulação de perguntas inteligentes, dá o tom de uma forte cultura de gerenciamento de projetos.

No entanto, para assegurar a mudança cultural para o gerenciamento por projetos, é necessário muito mais do que articulação e formulação de perguntas inteligentes. A gestão de uma organização por projetos exige uma substancial mudança cultural, conforme discutido no Capítulo 5. Um projeto de transformação bem abrangente precisa ser desenvolvido para que se nutra uma mentalidade de gerenciamento por projetos.

Patrocínio: Uma Responsabilidade-chave do Executivo

Embora os sponsors do projeto sejam formalmente designados para projetos específicos, conforme detalhado no Capítulo 2, em um sentido mais amplo, todos os executivos da empresa são sponsors de projetos, independentemente de qual seja seu relacionamento formal em relação aos dados projetos. Projetos bem-sucedidos são do interesse da empresa, e, assim, todos eles merecem apoio, ajuda e orientação. Esse papel de patrocínio geral é similar ao da facilitação executiva, em que o papel dos executivos é afastar as barreiras e facilitar o trabalho dos outros em geral.

A American Express é uma organização que leva a sério o apoio dos altos escalões aos projetos. "Se seu projeto fracassa, nossa empresa fracassa" é a forma pela qual os executivos da American Express percebem sua relação de cumplicidade com os gerentes de projeto. Esse relacionamento é reforçado por uma postura "não deixaremos você fracassar", de acordo com Kathy Mayer, vice-presidente de Marketing e Desenvolvimento de Negócios Interativos. Os papéis da alta gerência da American Express, de acordo com Mayer, incluem: (1) comunicar claramente as necessidades do projeto no contexto da direção estratégica; (2) assegurar o total alinhamento ao longo das linhas funcionais; (3) assegurar o acesso e a responsabilidade da alta gerência à equipe de projeto; e (4) endossar o sucesso a todas as iniciativas estratégicas. O forte envolvimento no trabalho de projetos é claramente uma parte do perfil do trabalho dos executivos da American Express. Conforme Mayer coloca, "os altos gerentes não serão altos gerentes por longo tempo se não estiverem a par do gerenciamento de projetos".

Dando o Melhor Exemplo

Se os executivos quiserem que seu pessoal de projeto se aperfeiçoe na prática do gerenciamento de projetos, então, precisam mostrar o caminho. Na AT&T e na Lucent Technologies, centenas de executivos e profissionais são certificados como profissionais de gerenciamento de projetos. Esse programa foi inicialmente lançado por Dan Ono, da Lucent Technologies, que influenciou a gerência da AT&T a investir pesadamente no programa. (A certificação formal é um fator altamente considerado para a promoção na AT&T, assim como na Lucent Technologies. São centenas de profissionais de gerenciamento de projetos tanto na AT&T como na Lucent.) Há benefícios indiretos para os executivos que prestam exames de certificação profissional. O primeiro é a expansão do conhecimento. E uma maior produtividade gerencial vem como resultado natural dessa maior aprendizagem. Um bônus final é a maior empregabilidade, significando maior valor para a corporação e no mercado de trabalho.

UMA AUTOAVALIAÇÃO PARA EXECUTIVOS

Além de disparar perguntas para outros participantes do projeto, os executivos precisam ser alvo de algumas poucas perguntas reflexivas. Se você é executivo, ou pretende ser um, segue uma lista de verificação para ajudá-lo a se autoavaliar em termos de apoio, ajuda e orientação aos projetos sob seu controle:

O *que Você* Sabe e o *que Você Tem Feito*

1. Em uma escala de 1 a 10, onde você coloca seu conhecimento sobre os conceitos básicos do gerenciamento de projetos? (Ver resumo no Capítulo 8.)
2. Você alguma vez já gerenciou formalmente um projeto, com o cargo de gerente de projeto ou equivalente?
3. Você já desenvolveu algum termo de abertura *(project charter)* de projeto?
4. Você sabe como desenvolver uma estrutura analítica? Um diagrama de precedências?
5. Você sabe como planejar uma reunião de partida de projeto?
6. Você já atuou formalmente como sponsor de um projeto?
7. Você teve algum treinamento formal em gerenciamento de projetos?
8. Você já foi responsável por articular programas de formação de equipe para um projeto?

Se você coloca sua nota como inferior a seis em termos de conhecimento de gerenciamento de projetos, e se as respostas negativas superam as respostas afirmativas nas demais perguntas, está claramente na hora de você se atualizar com a teoria e a prática do gerenciamento de projetos. Para fazê-lo, um sólido comprometimento é necessário.

Uma lista de perguntas que o ajudarão a avaliar seu grau de comprometimento com a melhoria é apresentada a seguir:

1. Que grau de aperfeiçoamento em gerenciamento de projetos você gostaria de atingir? Descreva-o.
2. O que você acha que precisa fazer para melhorar? Faça uma lista.
3. Quanto tempo você gostaria de gastar para atingir os níveis de conhecimento e competência desejados?
4. Como você pode avaliar seu progresso e seu nível de realização?
5. Quem será seu mentor para dar-lhe apoio no desenvolvimento de seu comprometimento?

SUA EDUCAÇÃO CONTINUADA EM GERENCIAR PROJETOS

Não deve ser uma surpresa se você ainda não estiver na velocidade máxima na arte e na ciência de gerenciamento de projetos, pois muitos gerentes e executivos seguiram carreiras que não visam técnicas de projetos. Estar abaixo do par no assunto não é motivo para desespero – desde que você tenha um comprometimento firme com o aprendizado dos elementos básicos do gerenciamento de projetos e perceba o papel dos altos executivos em torná-lo uma poderosa ferramenta para atingir as metas da empresa.

Para um executivo, estar sem o conhecimento básico de gerenciamento de projetos é algo similar a não saber utilizar um computador pessoal. Em ambos os casos, é possível sobreviver no mundo dos negócios, embora as probabilidades contrárias sejam cada vez maiores. Para aqueles que começam a entrar em contato com o assunto, uma rápida leitura deste livro e o domínio da arte de fazer perguntas astutas fornecerão uma arrancada em direção a se atingir um novo nível de eficácia através da aplicação do gerenciamento de projetos.

PRINCÍPIO 8

Para tornar organizações eficazes no gerenciamento e no apoio a projetos múltiplos e acelerados, é preciso que os altos executivos e gerentes conheçam os fundamentos do gerenciamento de projetos isolados.

CAPÍTULO 8

O Gerenciamento de Projetos, os Elefantes e a NBA

A tarefa do gerenciamento de projetos pode ser vista de diferentes ângulos. As variações são sutis embora substanciais: se admitirmos que tudo relacionado a projetos é parte de um grande todo, há uma analogia na história do elefante e dos três cegos. Os três cegos foram levados a um elefante e perguntados sobre o que era aquele objeto. O primeiro apalpou o flanco do enorme animal e disse: "Isso é um muro". O seguinte agarrou a tromba e afirmou: "Isso é um tubo". O terceiro segurou a cauda e gritou: "Isso é uma cobra". Cada um deles concebeu uma imagem mental de algo que era, na realidade, muito maior do que sua percepção individual.

O campo do gerenciamento de projetos que agora floresce também abrange um espectro mais amplo de aplicações do que o percebido pela maioria das pessoas. As aplicações incluem qualquer coisa que tenha início, meio e fim. Apesar dessa ampla gama de tipos de projeto, a natureza finita de um projeto é uma linha comum que os une. E essa linha finita é o que torna uma abordagem comum de gerenciamento de projetos viável para todos os tipos de projetos. Embora os projetos múltiplos sejam o principal assunto deste livro, cada projeto deve manter-se fiel aos elementos básicos do gerenciamento de projetos individuais para ser concluído com sucesso.

O gerenciamento de múltiplos projetos dentro de uma organização, sob qualquer um dos nomes apresentados no Capítulo 2, é equivalente a competir eternamente pelo campeonato da NBA, em que cada jogo de basquete é uma batalha pela liderança. É um esforço concentrado, que depende de uma combinação de pequenos sucessos individuais para atingir essa meta: cada projeto tem de ser finalizado no prazo, dentro do orçamento e satisfazendo o cliente. Para que isso aconteça, os participantes devem dominar os elementos básicos; precisam saber como gerenciar projetos, um por um. Assim como o drible, os arremessos, as assistências e os rebotes são os elementos básicos do basquete, os elementos fundamentais do gerenciamento de projetos, tais como o gerenciamento dos *stakeholders*, o alinhamento geral de projetos e os escritórios de projetos são os elementos do gerenciamento de múltiplos projetos.

Gerenciar um único projeto é como jogar um jogo de basquete. A ação é dinâmica, desafiadora, estressante e excitante – e o objetivo é vencer. Em ambos os casos, vencer depende do domínio dos fundamentos pela equipe. Nem mesmo a mais brilhante estratégia pode ser bem-sucedida se os jogadores não tiverem as habilidades básicas. O que é apresentado a seguir é uma visão geral do que os participantes da empresa precisam saber para gerenciar um projeto com sucesso. Caso você conheça bem o gerenciamento de projetos, pule o resto deste capítulo. Mas se você precisa relembrar os elementos básicos, ou quiser confirmar sua compreensão, leia-o.

INTRODUÇÃO AO GERENCIAMENTO DE PROJETOS

Um projeto é um esforço temporário empreendido para criar um produto ou serviço único, de acordo com o *Guide to the Project Management Body of Knowledge,* do Project Management Institute.

O gerenciamento de projetos é a aplicação do conhecimento, habilidades, ferramentas e técnicas das atividades de projeto de modo a atender ou exceder às necessidades e expectativas dos *stakeholders*. Observe que essa definição se refere ao gerenciamento de projetos isolados.

Os projetos são desenvolvidos dentro de um intervalo de tempo conhecido como "ciclo de vida de projetos". Como os projetos, da mesma forma que as pessoas, são por definição finitos, eles são projetados para serem concebidos e finalizados. Os projetos também vivem uma vida e passam por fases distintas durante seu tempo de vida. Um exemplo de um ciclo de vida é apresentado na Figura 8-1.

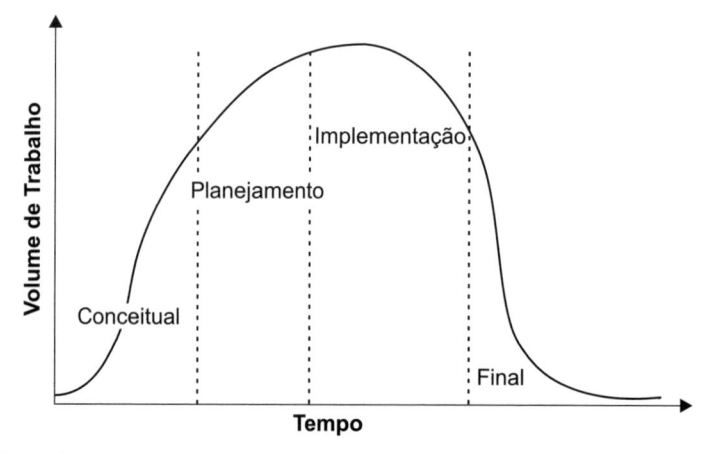

Figura 8-1. Exemplo de um ciclo de vida de projeto.

Um Modelo para Visualizar o Gerenciamento de Projetos

No início dos anos 1990, o *gerenciamento* do *ciclo de vida de projetos* era o modelo utilizado para explicar o que era o gerenciamento de projetos. Em meados dessa mesma década, foi introduzida a abordagem do universo de conhecimento, em grande parte devido à popularidade do *Guide to the Project Management Body of Knowledge* (PMBOK), publicado pelo Project Management Institute.

O modelo PMBOK decompõe a estrutura do gerenciamento do projeto em áreas essenciais do gerenciamento de projetos, processos principais e auxiliares. Neste resumo, o Guia PMBOK é a referência básica.

As pessoas são tanto a causa como são afetadas por tudo que acontece em um projeto. Qualquer um que seja positiva ou negativamente impactado por um projeto é denominado *stakeholder*. Os *stakeholders* incluem partes externas como clientes ou usuários finais do produto do projeto e todos os que fornecem partes do projeto, ao passo que os *stakeholders* internos são partes como os membros da equipe de projeto e os vários departamentos funcionais, cujo trabalho pode ser afetado por estar ligado ao projeto. (Esse tópico é discutido em detalhe no Capítulo 6.)

O desenvolvimento da correta organização para projetos depende da cultura da empresa, do porte e da prioridade dos projetos, de experiências passadas e das opiniões dos *stakeholders*. As formas clássicas de organização são as seguintes:

- *Organização Funcional* ou *Hierarquia*. Essas organizações são organizadas por uma lógica geográfica, de produtos ou de especialidades e obedecem a canais formais de comunicação, que são controlados por gerentes funcionais. Os gerentes de projetos ou não existem ou funcionam como coordenadores a partir de uma fraca base de poder.

- *Organização Matricial* ou *Interfuncional*. A estrutura matricial maximiza o potencial de alocação de recursos humanos designando pessoas para múltiplos projetos, quando viável, e fornecendo supervisões gerencial e técnica separadas para cada projeto. Nesse cenário, o poder organizacional é compartilhado pelos gerentes funcionais e pelos gerentes de projetos.

- *Força-tarefa* ou *Organização de Projetos*. Essa organização é como uma unidade separada que funciona independentemente da empresa. O gerente do projeto recebe uma tarefa e tem a autoridade para tomar as decisões necessárias.

Além de precisar de habilidades específicas de projeto, a administração de um projeto exige atributos gerenciais gerais, tais como liderança, capacidade de solução de problemas e gerenciamento de influências. Habilidades em finanças, formação de equipes, produção, autogerenciamento, estratégias de planejamento operacional e de marketing são outras competências necessárias. Em outras palavras, quanto mais habilidades gerenciais tiverem os participantes – tanto gerais como específicas de projetos –, maior a probabilidade de completar projetos com sucesso.

Tendências sociológicas e econômicas também afetam o destino dos projetos. Essas tendências incluem normas e regulamentações, globalização e influências culturais. Se um dado projeto for realizado dentro de um contexto sensível a qualquer uma dessas influências, atenções específicas precisam ser focalizadas no fator influente, ou esforços gerenciais bem-intencionados serão perdidos.

AS PEÇAS BÁSICAS DO QUEBRA-CABEÇA DO PROJETO

A essência do gerenciamento de projetos costumava ser representada por um triângulo, que mostrava a necessidade de se gerenciarem o prazo, o custo e a qualidade, conforme mostrado na Figura 8-2. Essas áreas essenciais foram expandidas para um quadrado, tendo o gerenciamento do escopo assumido um vértice próprio porque o escopo está fortemente relacionado aos outros três tópicos. Escopo-prazo-custo-qualidade são as áreas essenciais para realizar o básico do gerenciamento de projetos, conforme mostrado na Figura 8-3.

Gerenciamento do Escopo do Projeto

Gerenciar o *escopo* significa definir e controlar o que está ou não incluído no projeto e nos respectivos pacotes de trabalho necessários para completar o projeto. O gerenciamento do escopo consiste de:

- *Iniciação.* Definir as hipóteses e restrições básicas, designar um gerente de projeto, estabelecer um documento inicial de projeto.
- *Planejamento do Escopo.* Desenvolver a declaração global de escopo de projeto e um plano para o gerenciamento do escopo ao longo do projeto.

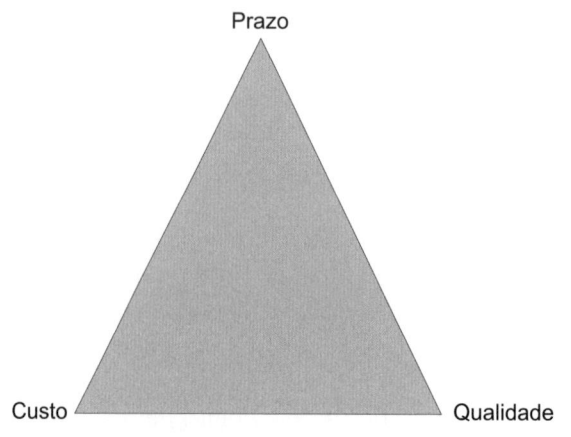

Figura 8-2. A tríade clássica da gerência de projetos.

```
        Prazo                    Escopo
        ┌─────────────────────────┐
        │                         │
        │                         │
        │                         │
        │                         │
        │                         │
        │                         │
        │                         │
        └─────────────────────────┘
        Custo                    Qualidade
```

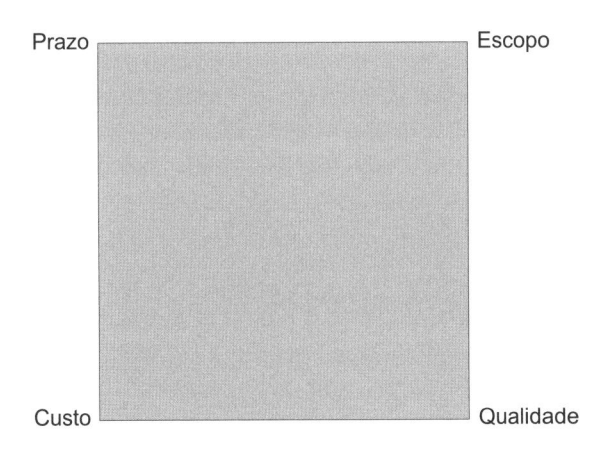

Figura 8-3. O gerenciamento do escopo está integralmente relacionado ao prazo, ao custo e à qualidade.

- *Definição do Escopo.* Desenvolver uma estrutura analítica de projetos (WBS – *Work Breakdown Structure*), identificando os pacotes de trabalho necessários para desenvolver o projeto, conforme mostrado na Figura 8-4.
- *Verificação de Escopo.* Atestar formalmente, através do cliente ou usuário, que o escopo do trabalho foi realizado.
- *Controle de Alterações de Escopo.* Documentar as alterações de escopo, ações corretivas e lições aprendidas para futuros projetos.

Gerenciar o escopo significa definir e controlar o que está ou não incluído no projeto e nos respectivos pacotes de trabalho necessários para completar o projeto.

O gerenciamento do escopo é o alicerce para outras habilidades essenciais do gerenciamento de projetos. Uma vez que o escopo global do projeto tenha sido definido e traduzido em pacotes de trabalho pela estrutura analítica de projetos, o prazo, o custo e a qualidade podem ser gerenciados a partir de uma sólida base comum.

Gerenciamento do Tempo do Projeto

O foco do gerenciamento do tempo do projeto é assegurar a sua conclusão dentro do prazo previsto. Ele se inicia a partir da data gerada na fase do gerenciamento do escopo e abrange as seguintes atividades:

- *Definição de Atividades.* Refinar a estrutura analítica de projetos e fazer listas auxiliares de todas as atividades a serem realizadas.
- *Sequenciamento de Atividades.* Colocar as atividades em uma sequência lógica utilizando método de diagramação de precedências (PDM – *Precedence Dia-*

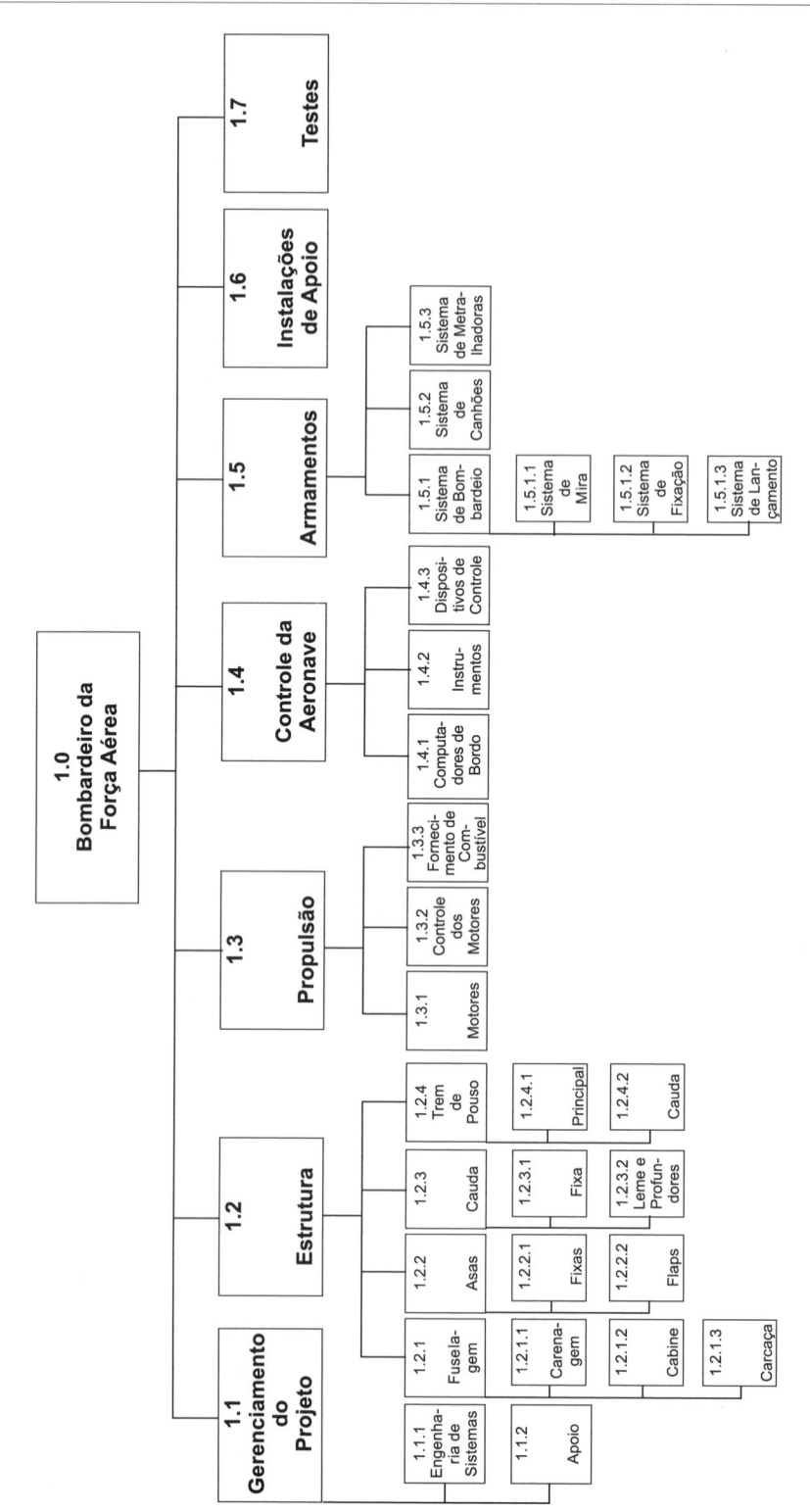

Figura 8-4. Exemplo de estrutura analítica de projetos.

- 1.0 Bombardeiro da Força Aérea
  - 1.1 Gerenciamento do Projeto
    - 1.1.1 Engenharia de Sistemas
    - 1.1.2 Apoio
  - 1.2 Estrutura
    - 1.2.1 Fuselagem
      - 1.2.1.1 Carenagem
      - 1.2.1.2 Cabine
      - 1.2.1.3 Carcaça
    - 1.2.2 Asas
      - 1.2.2.1 Fixas
      - 1.2.2.2 Flaps
    - 1.2.3 Cauda
      - 1.2.3.1 Fixa
      - 1.2.3.2 Leme e Profundores
    - 1.2.4 Trem de Pouso
      - 1.2.4.1 Principal
      - 1.2.4.2 Cauda
  - 1.3 Propulsão
    - 1.3.1 Motores
    - 1.3.2 Controle dos Motores
    - 1.3.3 Fornecimento de Combustível
  - 1.4 Controle da Aeronave
    - 1.4.1 Computadores de Bordo
    - 1.4.2 Instrumentos
    - 1.4.3 Dispositivos de Controle
  - 1.5 Armamentos
    - 1.5.1 Sistema de Bombardeio
      - 1.5.1.1 Sistema de Mira
      - 1.5.1.2 Sistema de Fixação
      - 1.5.1.3 Sistema de Lançamento
    - 1.5.2 Sistema de Canhões
    - 1.5.3 Sistema de Metralhadoras
  - 1.6 Instalações de Apoio
  - 1.7 Testes

gramming Method, ou variações como PERT ou CPM). Essas redes mapeiam o fluxo lógico de atividades e mostram caminhos paralelos para trabalhos simultâneos. Ver Figuras 8-5 e 8-6.

- *Estimativa da Duração das Atividades.* Definir um tempo de duração para cada atividade, com base em estimativas realistas, preferencialmente utilizando dados históricos como referência.
- *Desenvolvimento do Cronograma.* Estabelecer um cronograma do projeto (normalmente sob a forma de gráfico de barras, utilizando softwares apropriados de controle de gerenciamento de projeto), juntamente com critérios para o gerenciamento do próprio cronograma e atualizações da alocação de recursos que possam alterá-lo.
- *Controle do Cronograma.* Realizar atualizações periódicas e tomar ações corretivas.

A Figura 8-5 mostra o método do diagrama de precedências, PDM (também referido às vezes como PERT ou CPM), utilizado para dispor as atividades em uma sequência lógica.

A Figura 8-6 apresenta um diagrama de precedência para um projeto de construção civil, mapeando o fluxo lógico de atividades, e mostra caminhos paralelos para trabalhos simultâneos.

O gerenciamento do tempo em projetos é tão básico para o conceito do gerenciamento de projetos, que os termos às vezes parecem sinônimos, assim como softwares de controle de cronograma são vistos como sendo mais do que uma simples ferramenta

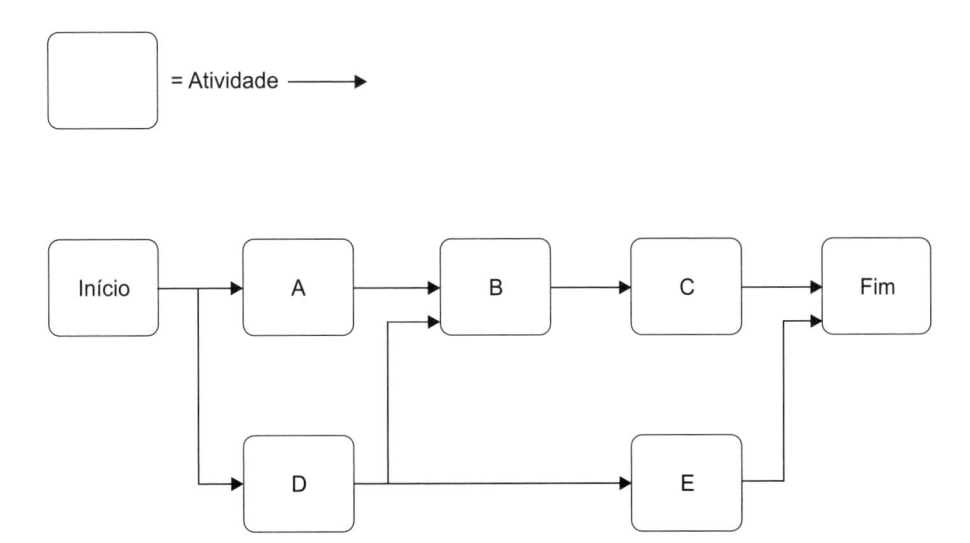

Figura 8-5. PDM: Precedence Diagram Method.

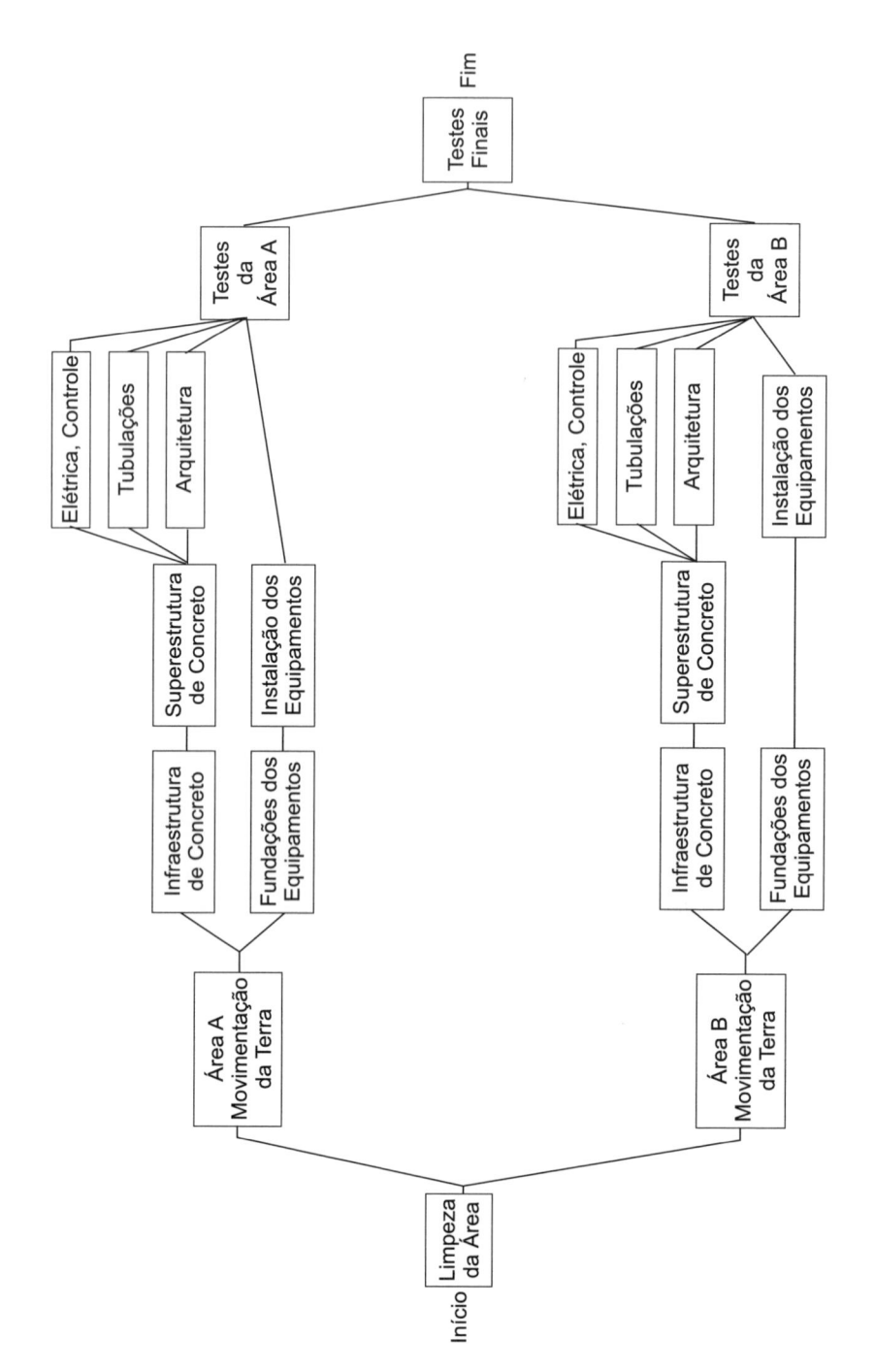

Figura 8-6. Rede PDM simplificada para projetos de construção civil.

do esforço de gerenciamento global. Na realidade, o gerenciamento do tempo em um projeto é uma das tarefas mais importantes. No entanto, nenhuma área do gerenciamento de projetos é isolada. Há outras áreas que interfaceiam e influenciam no cronograma.

Gerenciamento dos Custos do Projeto

O principal foco do gerenciamento de custos de projetos é o custo dos recursos necessários para completar as atividades de projeto, o que inclui tarefas como planejamento, estimativas, orçamentação e controle. Dados de custos são apresentados de forma gráfica, conforme mostrado na Figura 8-7. Algumas tarefas relacionadas aos custos envolvem:

- *Planejamento de Recursos.* Identificar e formalizar exigências de recursos (monetários, humanos, materiais, equipamentos, intelectuais) para os pacotes de trabalho do projeto.
- *Estimativa de Custos.* Traduzir as necessidades de recursos em custos estimados para cada pacote de trabalho e estabelecer um plano de gerenciamento de custos.
- *Orçamentação de Custos.* Estabelecer um orçamento baseado nas estimativas.
- *Controle de Custos.* Publicar relatórios periódicos sobre a variação dos custos, atualizar as estimativas e orçamentos, tomar ações corretivas.

Em alguns casos, a gerência de custos é feita a partir de um sistema integrado; em outros, o controle é feito exclusivamente dentro do ambiente do projeto em questão. A forma de se gerenciar custos depende fortemente da natureza do projeto e o grau de maturidade da organização no que diz respeito ao gerenciamento de projetos.

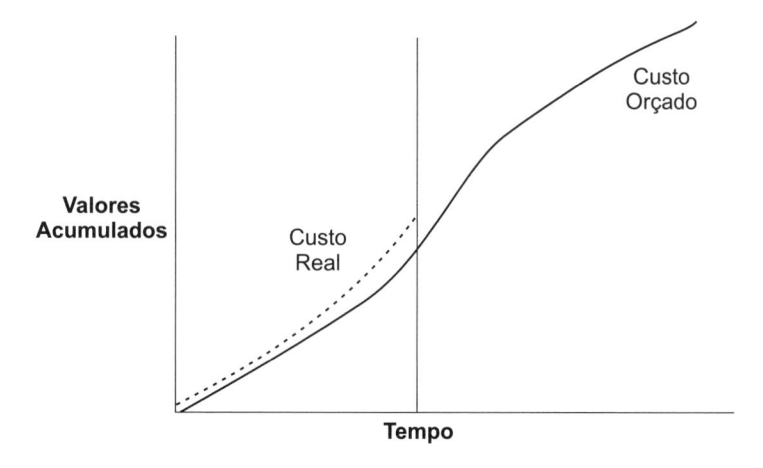

Figura 8-7.   Relatório de performance de valor obtido.

Gerenciamento da Qualidade do Projeto

O conceito de qualidade no gerenciamento de projetos vai do convencional "conformidade com as especificações" ao desconcertante "satisfação dos *stakeholders* após a conclusão do projeto". Parte do gerenciamento de qualidade é a definição desse conceito de qualidade conforme o projeto em questão, e o desenvolvimento das atividades de planejamento, garantia de qualidade e controle necessários para assegurar que os padrões de qualidade sejam atendidos. Técnicas padronizadas, como os diagramas de causa e efeito (Figura 8-8) e fluxogramas (Figura 8-9), são utilizadas para gerenciar a qualidade de projetos.

- *Planejamento da Qualidade.* Definir um plano de gerenciamento da qualidade com as definições adequadas. Elaborar listas e critérios de verificação.
- *Garantia da Qualidade.* Examinar e aperfeiçoar processos através de auditorias de qualidade e outras iniciativas de modo que a qualidade seja melhorada.
- *Controle da Qualidade.* Inspecionar os resultados e aplicar as ferramentas e técnicas da qualidade, tomar decisões de aceitação e monitorar o retrabalho.

A Norma Internacional ISO 10006 *"Gerenciamento da Qualidade: Diretrizes para a Qualidade no Gerenciamento de Projetos"* tem a visão de que tudo que tenha de ser gerenciado em um projeto é qualidade. Paradoxalmente, o tópico qualidade não é coberto nessas diretrizes ISO, exatamente por causa dessa premissa. A norma cobre, no entanto, os outros tópicos principais fornecidos no *Guia* PMBOK.

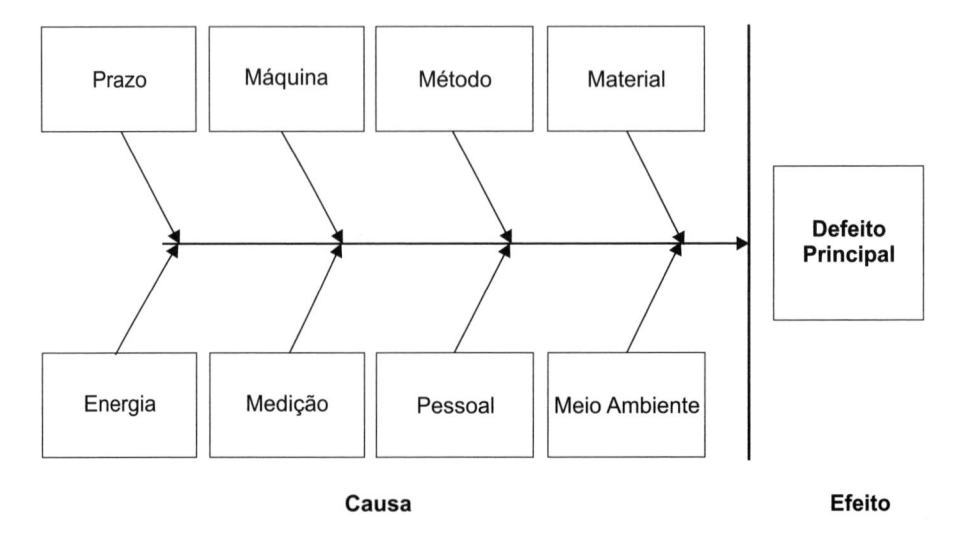

Figura 8-8. Diagrama de causa e efeito.

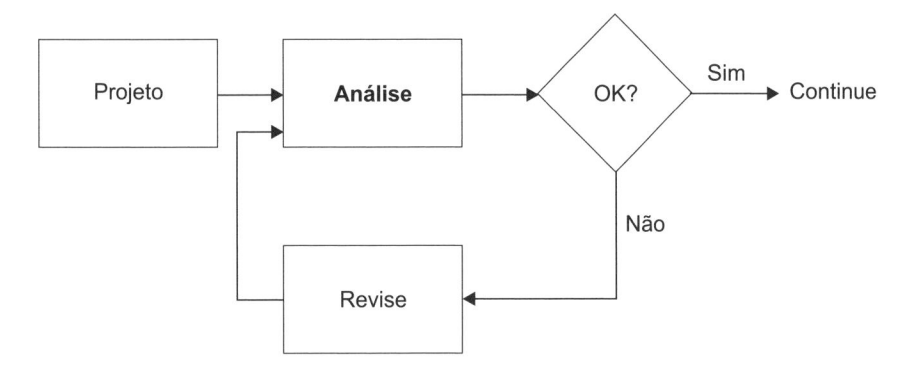

Figura 8-9. Exemplo de fluxograma de processo.

OUTRAS COISAS QUE PRECISAM SER GERENCIADAS: ÁREAS AUXILIARES

Teoricamente, fatores bem gerenciados de escopo, prazo, custos e programação deveriam levar a um projeto extraordinariamente bem-sucedido. No entanto, é preciso muito mais para levar um projeto até uma conclusão triunfante. Há áreas auxiliares que afetam seriamente um projeto, como o gerenciamento dos recursos humanos, o gerenciamento das comunicações, o gerenciamento dos riscos e o gerenciamento dos contratos/suprimentos, conforme ilustrado na Figura 8-10.

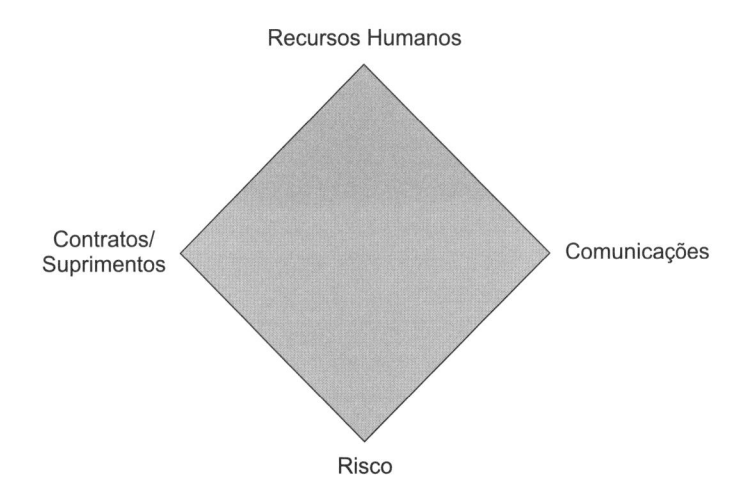

Figura 8-10. Áreas auxiliares do gerenciamento de projetos.

Gerenciamento dos Recursos Humanos do Projeto

Os projetos acontecem porque as pessoas os fazem acontecer. Portanto, tudo que dê certo do ponto de vista humano irá elevar a qualidade do projeto em si. A matriz de atividades e responsabilidades (Figura 8-11) e o histograma de referência (Figura 8-12) são duas técnicas utilizadas no gerenciamento de recursos humanos. Eis do que se compõe o lado humano do projeto:

- *Planejamento Organizacional.* Um plano bem trabalhado da composição da equipe estabelece os papéis e responsabilidades e define os relacionamentos de trabalho.
- *Aquisição da Equipe.* Formaliza e comunica as atribuições.
- *Desenvolvimento de Equipe.* Melhora a performance através de fortalecimento, treinamento, reconhecimento e recompensas à equipe.

As pessoas são os organizadores, planejadores, trabalhadores, articuladores e controladores de todas as atividades do projeto. As pessoas constituem, de fato, o recurso fundamental, que faz com que tudo aconteça.

Atividade \ Parte Responsável	A	B	C	D	E	F	...
Requisitos	Ap	An	R	P	P		
Análise Funcional	Ap		R	P		P	
Projeto	Ap		An	R	D		P
Desenvolvimento			Ap	R		P	P
Teste			Ap	P	D	R	P

P = Participante; R = Responsável; An = Analisa; D = Fornece Dados;
Ap = Aprovação Necessária.

Figura 8-11. Matriz de atividades e responsabilidades.

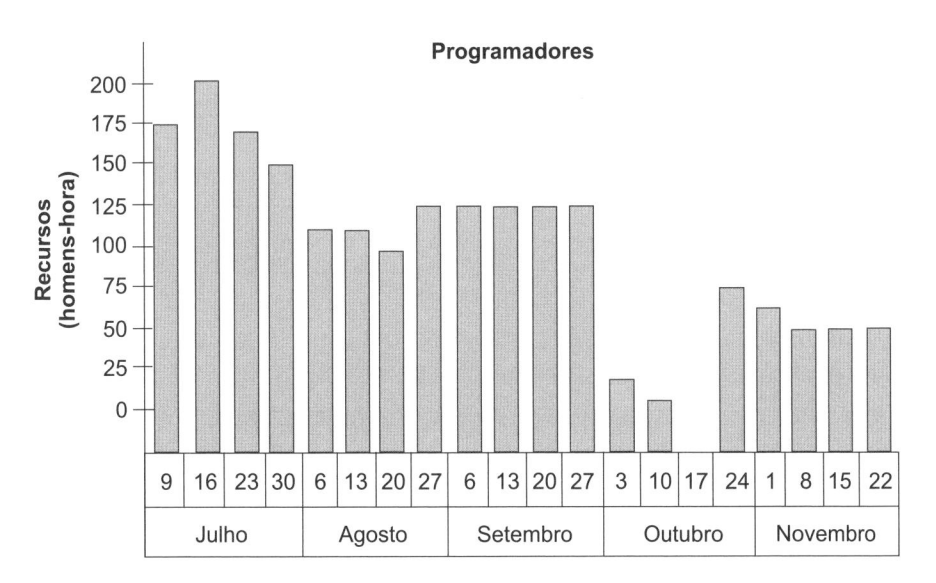

Figura 8-12. Histograma de recursos.

Gerenciamento das Comunicações do Projeto

Comunicações em projetos envolvem a geração, coleta, distribuição, armazenagem e disposição final, no momento oportuno, de informações do projeto. O termo *comunicações* implica a troca de informações úteis para que as pessoas desenvolvam seu trabalho de forma eficaz. Os processos necessários para gerenciar as comunicações em projetos são:

- *Planejamento.* Desenvolver um plano de comunicações baseado na análise das necessidades dos *stakeholders* – quem precisa do quê, por que razão, quando e de que forma.
- *Distribuição das Informações.* Disseminar as comunicações planejadas por meio de um sistema de distribuição de informações adequado.
- *Apresentação de Informações.* Publicar relatórios de desempenho (prazos, custos, produtividade, etc.) e solicitações de alterações.
- *Encerramento Administrativo.* Obter aceitação formal, determinar o destino dos documentos e dados, fazer o encerramento burocrático.

Outras técnicas gerais também são necessárias para que as comunicações permeiem o projeto. Temas como barreiras às comunicações, eficácia da transmissão, habilidade para escutar, seleção de canais de comunicação, gerenciamento de reuniões, forma de apresentação, estilo de redação e similares têm importantes impactos no sucesso de um projeto. (As comunicações são apresentadas mais detalhadamente no Capítulo 13.)

Gerenciamento dos Riscos do Projeto

O gerenciamento de riscos em projetos abrange a identificação, a análise e a resposta ao risco. O risco permeia outras áreas de conhecimento do gerenciamento de projetos e tende a se repetir em várias fases cronológicas. (O Capítulo 3 tratou desse tópico.) Os processos relacionados ao risco para o gerenciamento de projetos são:

- *Identificação dos Riscos.* Identificar fontes e sintomas de risco, assim como eventos ou ocorrências que sejam fontes potenciais de riscos.
- *Quantificação dos Riscos.* Avaliar as oportunidades e as ameaças, utilizando o bom senso ou ferramentas de avaliação de riscos.
- *Desenvolvimento de Respostas aos Riscos.* Preparar um plano de gerenciamento de riscos, incluindo planos de contingências e folgas para reservas.
- *Controle das Respostas aos Riscos.* Tomar ações corretivas e atualizar o plano de gerenciamento de riscos.

O tipo de projeto afeta fortemente a necessidade de investir tempo e energia no gerenciamento de riscos. Um empreendimento de construção civil pode ter probabilidades relativamente previsíveis de acidentes e mau tempo, ao passo que iniciativas de softwares de última geração podem enfrentar as incertezas da concorrência local e mudança na economia global. Técnicas analíticas, como a árvore de tomada de decisões apresentada na Figura 8-13, são utilizadas no gerenciamento de riscos. O gerenciamen-

Árvore de Decisões: Diagrama de Ações, Eventos e Resultados Possíveis

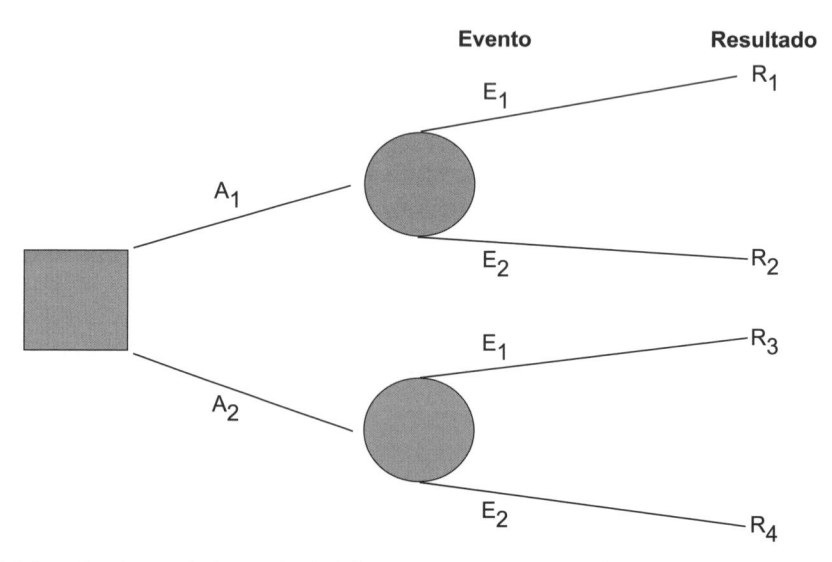

Figura 8-13. Abordagem da árvore de decisões para o gerenciamento de riscos.

to de riscos em projetos abrange a identificação, a análise e a resposta aos riscos. O risco permeia as outras áreas de conhecimento do gerenciamento de projetos e tende a se repetir por várias fases cronológicas.

Gerenciamento de Contratos/Suprimentos no Projeto

O gerenciamento de contratos/suprimentos envolve, inicialmente, a identificação das necessidades de projeto, que podem ser mais bem atendidas comprando-se serviços ou produtos fora da organização do projeto. Abrange também questões de como, o quê, quanto, quando, de quem e onde buscar o suprimento. A Figura 8-14 resume o gerenciamento de contratos/suprimentos, e alguns processos são listados a seguir:

- *Planejamento dos Contratos/Suprimentos.* Preparar um plano de gerenciamento de contratos/suprimentos, definindo o que deve ser contratado/suprido, e definir o escopo do trabalho para cada item a ser contratado/suprido.
- *Planejamento de Solicitações.* Elaborar um documento de suprimentos, estabelecer critérios de avaliação e atualizar as declarações de trabalho.
- *Obtenção de Fontes de Suprimento.* Obter propostas para o escopo de trabalho definido, escolher o proponente vencedor e fazer um acordo contratual.
- *Gerenciamento de Contratos/Suprimentos.* Iniciar ações, manter as comunicações, monitorar as alterações, aprovar os pagamentos e encerrar os contratos.

Em muitos projetos, quase todo o trabalho é realizado por terceiros. Portanto, o sucesso ou fracasso de um dado projeto é diretamente proporcional à eficácia do gerenciamento dos contratos/suprimentos do projeto.

Os elementos básicos do gerenciamento de projetos consistem, portanto, em oito áreas, todas tendo de ser gerenciadas para fazer as coisas funcionarem. Um deslize em uma área é suficiente para ter um efeito dominó, que pode afetar outras áreas. Um problema de comunicações no ciclo de contratos/suprimentos, por exemplo, pode deflagrar um atraso não programado, que, por sua vez, afeta a qualidade e resulta em exceder

Planejamento	Obtenção de Fontes	Gerenciamento
• Planejamento de suprimentos (o quê e quando) • Planejamento de solicitações (pacotes de suprimento, pesquisa de mercado)	• Solicitações (convites, propostas, ofertas) • Decisão (seleção do fornecedor)	• Início do contrato (ações iniciais, reunião) • Administração do contrato • Encerramento (encerramento técnico e administrativo)

Figura 8-14. Gerenciamento de contatos/suprimentos.

os custos. Isso pode colocar o projeto em risco e ter um forte impacto nos recursos humanos.

JUNTANDO TUDO

Para que todas as atividades descritas acima contribuam para o sucesso global do projeto, elas têm de ser integradas, como simbolizado na Figura 8-15. A integração do gerenciamento de projetos envolve a coordenação dos vários elementos de projeto, incluindo as barganhas necessárias entre objetivos e alternativas concorrentes com o fim de se atingirem as expectativas dos *stakeholders*.

Esforços de integração são necessários em três áreas básicas:

- *Desenvolvimento de um Plano de Projeto.* Preparar um plano global de projeto utilizando dados de todas as outras áreas de conhecimento.
- *Execução do Plano de Projeto.* Coordenar as atividades de projeto utilizando técnicas gerais e de gerenciamento de projetos apoiadas por sistemas de gerenciamento de projetos aplicáveis ao projeto em questão.
- *Controle Global de Alterações.* Documentar alterações, atualizar planos de projeto e tomar ações corretivas, conforme indicado na Figura 8-16. O controle de alterações é um importante elemento do gerenciamento do escopo de projetos.

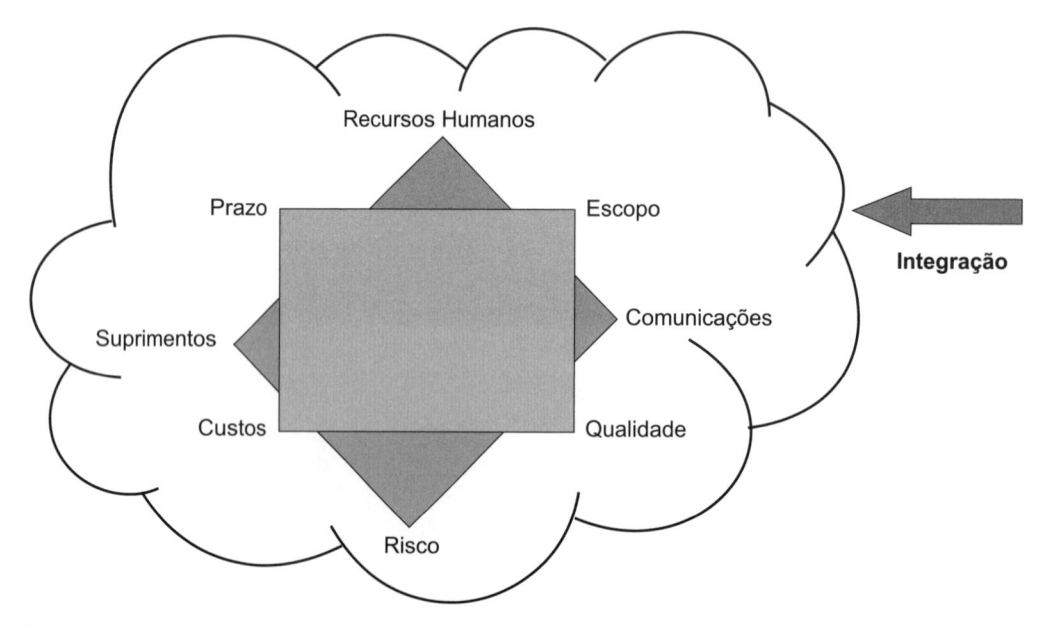

Figura 8-15. Integração das áreas básicas da gerência de projetos.

```
┌──────────────┐         ┌──────────────┐
│ Relatório de │────────▶│   Controle   │
│ Performance  │         │  Global de   │
└──────────────┘         │   Mudanças   │
        ▲                └──────────────┘
        │                        ▲
        ▼                        │
```

Controle de Mudanças

- Alterações de Cronograma
- Alterações de Custos
- Alterações de Escopo
- Qualidade
- Alterações de Risco
- Alterações de Contrato

Figura 8-16. Coordenando mudanças em projetos.

CONTINUE DRIBLANDO

O campo do gerenciamento de projetos abrange um amplo espectro de projetos, desde pequenos até muito abrangentes, altamente complexos e concentrados. Na realidade, a natureza do projeto pode variar de projetos de pesquisa e desenvolvimento da indústria farmacêutica, passando pelo projeto de arquitetura dos arranha-céus de Nova York aos do Banco Mundial, na África. Apesar disso, a teoria e a prática de projetos são aplicáveis a toda essa grande gama de projetos.

Para que o gerenciamento de múltiplos projetos funcione, as empresas participantes devem conhecer o jogo básico: como gerenciar projetos individualmente. Assim como o básico do basquete tem de ser dominado pelos jogadores, os fundamentos do gerenciamento de projetos são os elementos fundamentais para o sucesso nos projetos de gerenciamento em uma organização. Estando os elementos básicos dominados, a equipe pode, então, acelerar seu deslocamento em direção à disseminação de uma mentalidade de projetos em toda a organização.

PRINCÍPIO 9

São necessários extensivo treinamento, educação e modelagem das práticas de projetos adequados à organização para fazer a gestão por projetos funcionar.

CAPÍTULO 9

A Gestão de Projetos, a Educação e o Charlatanismo

Quantos engenheiros praticantes não estudaram engenharia? Ou quantos químicos não estudaram química? E os contadores? Ou corretores de imóveis? E médicos? Teoricamente, todos eles estudaram para exercer suas profissões. E, no caso desses profissionais, aqueles que trabalham, sem as credenciais educacionais, são rotulados como charlatões, amadores ou bandidos profissionais.

E quanto a gerentes de projetos? Quantos deles estão praticando a profissão sem a terem estudado? Certamente, dezenas de milhares gerenciam projetos, embora não tenham aberto um livro sobre os elementos básicos da profissão. Isso faz sentido? Há alguma justificativa para isso?

Há, realmente, razões históricas. Em primeiro lugar, o gerenciamento de projetos foi percebido como profissão apenas a partir do início dos anos 1990, quando organizações profissionais identificaram o "conjunto de conhecimento" necessário para exercer a profissão e estabeleceram os critérios para a competência em gerenciamento de projetos. Ainda hoje, muitos gerentes de projetos não estão cientes de que praticam uma profissão que tem um enorme universo de conhecimento associado.

Outra justificativa para a "subeducação" no assunto é que o gerenciamento de projetos é exercido conjuntamente com outras profissões – engenharia, arquitetura, ciência da computação, pesquisa e desenvolvimento, ciências ambientais e administração de negócios. Estudar uma segunda profissão talvez não anime muitos gerentes de projeto, particularmente porque eles podem estar sobrecarregados exercendo sua função.

Com certeza, os gerentes de projeto que não têm educação formal na profissão não são charlatões, como seria o caso se fossem médicos. Alguns deles, certamente, mostram competência de classe mundial. Galgaram postos, graduaram-se na "escola da vida" e utilizaram suas altas habilidades intuitivas, técnicas e de liderança para gerenciar projetos dentro dos orçamentos e dos cronogramas e atendendo às especificações de qualidade. A existência de um grande número de profissionais ainda fora das fileiras da educação formal é justificada pela juventude da profissão e do seu universo de conhecimento. À medida que o tempo passar, no entanto, a pressão para que gerentes de projetos tenham uma educação formal e qualificada certamente aumentará.

EDUCAÇÃO É A RESPOSTA

A solução óbvia para as organizações que tenham interesse no assunto é colocar em andamento programas para educar as pessoas em gerenciamento de projetos. À medida que o número de profissionais formalmente treinados aumentar, a capacidade geral das empresas de lidar com projetos naturalmente crescerá. Nessa fase inicial, no entanto, não se propõem realizar testes sofisticados de conhecimento ou competência. A ideia é simplesmente expor as pessoas aos conceitos com informações que sejam relevantes e úteis. Algumas das áreas do treinamento em gerenciamento de projetos que precisam ser desenvolvidas e aplicadas são:

1. *Fundamentos.* Seminários envolvendo os fundamentos do gerenciamento de projetos, inclusive as áreas do ciclo de vida de projetos e do universo de conhecimento em gerenciamento de projetos, compõem a etapa inicial. Outros seminários básicos visam as habilidades gerenciais mais *soft* e a uso prático de ferramentas de gerenciamento de projetos.
2. *Programas Interativos.* Direcionados para equipes intactas e grupos fundidos, esses programas envolvem os conceitos de integração para os participantes do projeto e principais *stakeholders*, assim como eventos de alto impacto, como seminários de partida de projetos.
3. *Questões Voltadas a Disciplinas Específicas.* Cursos customizados são oferecidos para plateias que lidem com especialidades, como construção civil, desenvolvimento de software, integração de sistemas e pesquisa e desenvolvimento. A customização envolve o uso de estudos de caso detalhados, exemplos, jargões da área e um instrutor que conheça tanto o gerenciamento de projetos como as disciplinas envolvidas.

Além de serem educados no gerenciamento de projetos como tal, espera-se que aqueles que trabalham em um ambiente de projetos sejam instruídos nestas duas outras importantes áreas:

4. *Conceitos Gerais de Gerenciamento.* Os tópicos de aplicação geral incluem os princípios de negócios, desenvolvimento organizacional, marketing, técnicas de negociação, psicologia comportamental, planejamento e operações.

5. *Conhecimento Técnico Específico.* É necessário mais do que uma familiaridade superficial na disciplina dominante do projeto, como, por exemplo, o desenvolvimento de sistemas, incluindo o conhecimento de metodologias de desenvolvimento de sistemas, técnicas de programação, princípios de projeto de sistemas e padrões de produtividade.

Se estiverem faltando conhecimentos nessas duas áreas, então, o programa de educação em gerenciamento de projetos também deveria abordá-las. Se, por exemplo, a administração financeira for particularmente relevante para o gerenciamento de projetos em um determinado cenário, um curso nessa área é essencial.

Há, assim, uma grande gama de assuntos a serem abordados na educação em gerenciamento de projetos. É claro que todos esses tópicos não são essenciais em todas as situações; os colaboradores não precisam ser expostos a matérias que não se apliquem a seus projetos. Por outro lado, algumas pessoas precisarão adentrar profundamente em alguns assuntos. Para avaliar quem precisa estudar o quê, é necessário avaliar o público para o programa de treinamento em gerenciamento de projetos. Alguns grupos de pessoas que mais provavelmente precisarão de treinamento em gerenciamento de projetos são:

- *Gerentes de Projetos e Pessoal-chave de Projetos.* Esses são os participantes que fazem acontecer o projeto. São como o capitão e os membros de uma equipe de futebol: estão em campo e são encarregados de produzir resultados, ao passo que os espectadores observam, aplaudem ou vaiam. Esses membros da equipe de projeto são os alvos mais importantes do programa de educação.

- *Diretores e Executivos de Alto Nível.* Esses participantes são como os donos e os principais executivos do clube do time de futebol. Embora não joguem nem façam gols, são, em última instância, os responsáveis por tudo, de modo que precisam conhecer o jogo e tudo que faz com que ele funcione. O mesmo é válido para os diretores da organização, que precisam saber como dar apoio ao gerenciamento de projetos.

- *Gerentes de Programas ou Outros "Gerentes de Gerentes de Projeto".* Esse grupo corresponde à equipe de treinadores ou "técnicos". Idealmente, eles já jogaram no passado e eram muito bons. Mas precisam conhecer os fundamentos de modo que possam supervisionar, treinar, motivar, induzir ou mesmo obrigar a equipe a fazer o que é necessário para ganhar. Esses gerentes, em um ambiente de negócios, têm a mesma importância que o técnico no cenário de esportes.

- *Parceiros, Clientes e Fornecedores-chave.* Esse grupo corresponde aos proprietários dos estádios, aos fãs e aos fornecedores de equipamentos. Eles precisam ter uma aguda conscientização do jogo, e é do interesse do clube que estejam totalmente integrados ao programa. Parceiros, clientes e fornecedores-chave precisam ser educados nas metodologias e estratégias do gerenciamento de projetos.

- *Gerentes Funcionais e Pessoal de Apoio*. Esses são os especialistas que cuidam dos serviços médicos, do condicionamento físico, da terapia física e da logística. Sua experiência é básica e devem ser escolados tanto em suas respectivas especialidades quanto na forma que se relacionam com o jogo. Na organização de negócios, o relacionamento dos especialistas com a implementação de projetos é similar.

A Figura 9-1 mostra o tipo de programas educacionais sugeridos para aumentar o desempenho em gerenciamento de projetos de uma organização. A matriz mostra claramente a necessidade de customizar e objetivar educações específicas para determinados públicos-alvo. Quanto maior o grau de relevância percebido por aqueles que recebem a educação, maior impacto a educação terá na organização.

COMO ESTABELECER UM PROGRAMA

Para fazer algum bem para a organização, os esforços educacionais precisam atender ao que a empresa quer realizar. Assim, a ligação com planos estratégicos abrangentes é um importante fator no sucesso do programa. Isso significa tratar as iniciativas de treinamento como qualquer outro projeto e estabelecer as atividades como se estivesse desenvolvendo um projeto em qualquer outra área. Em algum ponto, é claro, o projeto pode se tornar um programa contínuo e deixar de ter as características de um projeto. Mas os esforços iniciais, para conceituar o andamento do treinamento e colocá-lo de pé e correndo, seguem o processo do gerenciamento de projetos. Uma lista de verificação para o planejamento de um projeto educacional em gerenciamento de projetos inclui:

1. *Reunir Informações.* Faça um *benchmarking* com outras organizações. Faça uma pesquisa de literatura. Descubra o que está acontecendo em sua organização em termos de gerenciamento de projetos. Mapeie as metodologias e ferramentas em uso – aprenda por que as coisas estão sendo feitas da forma atual. Faça um levantamento dos atuais profissionais e clientes. Consulte especialistas internos e externos.

2. *Estabelecer Objetivos.* Estabeleça a missão do programa (a "causa") e a visão (como que se quer que o gerenciamento pareça no futuro) e determine os objetivos específicos a serem atendidos.

3. *Estabelecer Estratégias.* Obtenha forte patrocínio e determine como o programa deve ser desenvolvido. Deve-se, por exemplo, utilizar instrutores internos ou externos? Projetar os programas para equipes intactas ou para grupos mistos? Customizar o conteúdo ou utilizar uma abordagem genérica? Oferecer um programa intensivo ou uma sessão de treinamento prolongada?

Programa Educacional (dias)	Gerentes de Projeto, Pessoal-chave de Projeto	Diretores, Alta Gerência	Gerentes de Programas	Parceiros, Clientes, Fornecedores-chave	Gerentes Funcionais e Apoio	Equipes Intactas
1. Fundamentos						
Gerenciamento de Projetos Básico (3)	x		x		x	x
Áreas do PMBOK (8)	x					x
Habilidades gerenciais (2)	x		x		x	x
Ferramentas (2)	x				x	x
Visão geral do gerenciamento por projetos (1)		x	x		x	
Resumo de Fundamentos (2)		x		x		x
2. Programas Interativos						
Seminário de Partida de Projetos	x					x
Integração de Equipes	x			x		x
Integração de Grupos	x				x	
3. Disciplinas Específicas						
Tecnologia da informação	x					
Construção civil	x					
Pesquisa e desenvolvimento	x					
Desenvolvimento de produtos	x					

Figura 9-1. Programas educacionais em gerência de projetos e respectivo público-alvo.

4. *Desenvolver e Implementar o Plano.* Defina os componentes dos programas e as atividades a eles relacionadas, estabeleça os orçamentos e os cronogramas e mobilize as pessoas necessárias para realizar o trabalho. Faça provisões para modificações e incorpore flexibilidade incluindo pontos para revisão ao longo do caminho.

Quando, em 1997, a IBM reformulou seu programa de gerenciamento de projetos, a etapa de reunião de informações incluiu o mapeamento do que estava acontecendo em termos de projeto em suas inúmeras unidades de negócios. O mapeamento assinalou diferentes metodologias de projeto em uso. Para obter um programa educacional consistente, foi necessário desenvolver uma metodologia comum. O novo programa educacional buscou a *consistência* de metodologias em toda a organização, de modo que todas as unidades de negócios falassem a mesma linguagem de projetos. Com relação à *competência,* o novo programa objetivou melhorar os resultados globais. Uma metodologia consistente e uma abordagem de gerenciamento de projetos uniforme tornam os programas educacionais eficazes e dentro dos custos; ao mesmo tempo, a produtividade é aumentada quando equipes interfuncionais se reúnem.

As estratégias educacionais para o gerenciamento de projetos na IBM, conforme apresentado no Fórum Executivo sobre Organização de Projetos da AMA, incluem três níveis: (1) fundamentos do gerenciamento de projetos; (2) workshops sobre assuntos específicos, como liderança de equipes, ferramentas, contratação/subcontratação e administração financeira: e (3) gerenciamento de projetos aplicada objetivando questões de disciplinas específicas. Como a IBM tem mais de doze diferentes tipos de projetos, essas estratégias permitem a customização de cursos de gerenciamento aplicados durante o terceiro estágio de cada um desses tipos de projeto.

Essa estratégia é um pouco diferente na Hewlett-Packard, onde a hipótese é de que um "projeto é um projeto" e, portanto, o treinamento em gerenciamento de projetos na HP inclui técnicas de projeto, aspectos comportamentais, questões organizacionais, fundamentos de negócios, marketing e questões ligadas a clientes. A mentoração também é parte do processo educacional na HP.

Durante a etapa de planejamento de um programa educacional, além das questões da atividade, orçamento e cronograma, é necessário assegurar que o objetivo de cada curso ou workshop esteja claro. Tanto as pessoas que fazem o curso como os sponsors devem conhecer o resultado esperado. Para que isso seja verdadeiro, forneça uma declaração ou descrição clara do curso ou do workshop, na linha de "Esses cursos produzem tais habilidades em tais níveis de proficiência...".

TREINAR COM RECURSOS INTERNOS OU EXTERNOS?

No início da etapa de planejamento, é preciso considerar se você vai construir seu programa interno de treinamento ou se vai comprá-lo de um fornecedor externo. Caso opte pelo programa interno, é necessário focar as atenções na descoberta e na mobilização das pessoas certas para fornecer o apoio e realizar o esforço educacional. Se forem utilizados consultores ou instrutores externos, outras questões precisam ser gerenciadas, como a seleção do fornecedor certo, a decisão de materiais produzidos interna ou externamente e a forma de contratação dos serviços. Uma outra possibilidade é misturar as opções e ter parte do treinamento feito por pessoas internas de modo a obter envolvimento e manter a cultura da empresa e fazer o restante por consultores externos, de modo a agregar experiência externa e atenuar a demanda sobre o tempo do pessoal interno. Algumas considerações para se lidar com a questão de usar instrutores internos ou externos são:

- *Contratação Externa.* Para pequenas organizações, a abordagem de consultores externos tende a ser mais barata, pois esses negócios não têm experiência em desenvolvimento de programas educacionais, tampouco em gerenciamento de projetos. Universidades, consultores e organizações profissionais são boas fontes de desenvolvimento educacional e de instrução em gerenciamento de projetos.
- *Misturar.* Empresas de porte médio ou grande estarão bem servidas utilizando pessoal interno e apoio externo para desenvolver e fornecer programas educacionais. Essa combinação fornece a sinergia e as garantias de que a empresa-mãe pode manter o know-how educacional para manter o programa em andamento.
- *Desenvolver Internamente.* No caso de organizações maduras, que conhecem suas necessidades e têm as pessoas disponíveis para estruturar e fornecer os programas, há uma sólida lógica em manter o esforço educacional internamente, mesmo que muitas empresas prefiram terceirizá-lo. Nesse caso, no entanto, alguém na organização tem de ser encarregado de saber o que está acontecendo no mundo exterior, através de programas de *benchmarking* e de organizações profissionais.

E O CONTEÚDO?

O que deveria ser incluído em um programa de educação em gerenciamento de projetos? Obviamente, qualquer programa teria de ser customizado para atender às necessidades da organização específica, mas todos deveriam levar em consideração os seguintes fatores: estratégias e objetivos atuais da empresa, grau de maturidade organizacional no que tange ao gerenciamento de projetos, grau de urgência, programas anteriores de treinamento, missão do programa e objetivos. As sugestões apresentadas, a seguir, cobrem um amplo escopo de opções educacionais em gerenciamento de projetos com um conteúdo de curso sugerido.

Programas Cobrindo os Fundamentos

1. *Elementos Básicos do Gerenciamento de Projetos.* Abrangendo as técnicas para gerenciar as atividades de projeto, esse curso, com três dias de duração, inclui

uma visão geral do ciclo de vida de projetos, uma análise da estrutura analítica de projetos e técnicas de trabalho em rede e um *walkthrough* das áreas de conhecimento, incluindo escopo, prazo, custos, qualidade, comunicações, contratos/suprimentos, recursos humanos, riscos e integração. É também discutida uma metodologia de projetos, passo a passo, descrevendo como fazer o gerenciamento de projetos em sua empresa.

2. *Áreas do PMBOK.* Esse curso, aprofundado no universo do conhecimento do gerenciamento de projetos, envolve quatro workshops de dois dias de duração, nos quais os tópicos são abordados detalhadamente e manuais são fornecidos para estudo após o curso. Essa série de workshops é destinada a pessoas que têm por objetivo certificar-se como PMPs (profissionais de gerenciamento de projetos – *Project Management Professionals),* ou o equivalente. Escopo, prazo, custos, qualidade, comunicações, contratos/suprimentos, recursos humanos, riscos e integração são analisados, assim como o gerenciamento da integração de todos esses tópicos do conhecimento, abordando-se o planejamento, a execução e a administração de mudanças.

3. *Habilidades Gerenciais para o Gerente de Projetos.* Analisando as técnicas para o gerenciamento de pessoas, esse curso aborda questões de liderança e gerência, e utiliza modelos práticos que ajudam a assegurar o alinhamento da comunidade de gerenciamento de projetos. O programa abrange o desenvolvimento do documento inicial do projeto, a matriz de comunicações, as técnicas para se lidar com diferentes tipos comportamentais, o plano de gerenciamento dos *stakeholders* e o gerenciamento de conflitos.

4. *Ferramentas.* Essas técnicas para acelerar as tarefas do gerenciamento de projetos são apresentadas como instruções do tipo "como usar" e práticas em instrumentos de apoio, como o controle e a aceleração do projeto por softwares, sistemas de controle de custos, gerenciamento de riscos e ferramentas de tomada de decisões. O seminário mostra como fornecer dados e utilizar ferramentas para apoio ao gerenciamento de projetos.

5. *Visão Geral da Gestão por Projetos.* Essa apresentação, de um dia de duração, resume os elementos básicos da gestão de uma organização por projetos. Mostra o relacionamento entre o gerenciamento de projetos individuais e de projetos múltiplos e explora a essência do conceito de "carteira de projetos". Cobre, também, a forma pela qual as organizações podem apoiar o trabalho de projeto na forma de escritório de apoio a projetos, de centro de excelência em gerenciamento de projetos, de escritório de gerenciamento de programas e de principal executivo de projetos (CPO – *Chief Project Officer).*

6. *Resumo dos Elementos Fundamentais.* Esse workshop é para pessoas que não têm como responsabilidade o trabalho direto em projetos, mas que precisam entender seus princípios. É uma versão reduzida dos três seminários básicos, ou uma apresentação executiva prolongada.

Programas Interativos

São apresentados, a seguir, exemplos de programas projetados para promover a integração entre membros de uma equipe. A reunião de partida, que tem por objetivo fazer o projeto ter o início certo, estimula a integração, pois o evento é altamente interativo. A integração da equipe pode também ser gerada através de eventos de formação de equipes com o objetivo específico de desenvolver habilidades comportamentais e interativas.

1. *Workshop de Partida*. Esse seminário segue um modelo de dois dias mais um dia. A ideia é juntar as informações conceituais e de planejamento e utilizar o workshop para "massageá-las" – colocá-las em sua forma final. A equipe de projeto e outros *stakeholders* são acompanhados por um facilitador treinado, interno ou externo. Os primeiros dois dias envolvem a análise da constituição *(project charter)* de projeto, que inclui a missão, hipóteses, restrições e expectativas dos *stakeholders*. Planos técnicos básicos (o que fazer) e planos de gerenciamento (como fazê-lo) também são analisados. O segundo dia termina com o dimensionamento das pendências para se iniciar o projeto. Há, então, um intervalo de duas semanas para que todos juntem as informações e planos pendentes e façam a negociação interna necessária para a convergência nos itens mais importantes. O terceiro dia é para a finalização dos planos técnicos de projeto (incluindo o charter do projeto, a estrutura analítica, cronograma, orçamentos), assim como os planos de gerenciamento de projetos, descrevendo estratégias, e como o projeto será realizado, incluindo todas as interfaces com a organização-mãe.

2. *Integração da Equipe*. Para que as equipes funcionem, há questões que vão além de quem faz o quê, quando e como. Essas são perguntas envolvendo confiança, comprometimento e sinergia. Há três escolas de pensamento sobre como a equipe de projeto pode obter o necessário espírito de equipe.

   - *Ataque Direto*. A equipe se engaja em um workshop interativo de formação de equipes, envolvendo simulações de comunicações e de conflito, perspectivas sobre perfis de personalidade e iniciativas estratégicas de equipe – ou, para os mais aventureiros, um curso de treinamento experiencial ao ar livre. Mark Hogan, o chefe de veículos de pequeno porte da GM, que passou parte de sua carreira no Brasil, apoia vigorosamente esta última abordagem. Ele fez o seguinte comentário em uma conferência latino-americana da Câmara Americana de Comércio: "Nosso programa Excell de desenvolvimento de equipes tem sido um dos mais importantes fatores para alcançarmos uma produtividade global."

   - *Abordagem de Agir como Exemplo*. "Se as pessoas não têm perfil para um seminário comportamental", diz Debbie Hinsel, que chefiou a Divisão de Treinamento e Desenvolvimento na Pfizer Global Health Care, "então você tem de encontrar uma outra forma de construir a unidade da equipe". Abordar diretamente o problema da integração é frequentemente percebido como uma questão delicada. Abordagens mais convencionais para se conseguir uma cultura baseada em equipes são o gerenciamento de desempenho, recompensas e reconhecimento e desenvolvimento de carreiras.

- *Integração em Grupo.* Grandes terceirizados, como a IBM, a EDS e a holandesa Origin, compartilham um desafio de integração quando se trata de educação e formação de equipes. Quando eles absorvem dezenas, às vezes centenas, de empregados de clientes que decidiram terceirizar os serviços de tecnologia da informação, essas empresas devem integrar as pessoas que trabalharam para a empresa cliente por anos e não estão familiarizadas com a cultura da nova empresa. Uma combinação de "ataque direto" com "mostrar por exemplo" é recomendada nesses casos.

Questões de Disciplinas Específicas

Quando customizando programas educacionais para disciplinas específicas, lembre-se das diferenças em riscos, habilidades e custos para cada área. Essas diferenças podem ser refletidas nos programas de treinamento através de estudos de casos, entrevistas anteriores ao curso e instrutores que falem a língua da disciplina. Os elementos básicos a serem fatorados em programas educacionais customizados são:

- Tipo de negócio (construção civil, integração de sistemas, desenvolvimento de softwares, desenvolvimento de produtos, fabricação, serviços em rede, varejo).
- Tipo de projeto ("edifícios inteligentes" de alta tecnologia, fabricação de hardware, móveis modernos, desenvolvimento de aplicação de sistemas).
- Competências necessárias (capaz em controle de custos de projetos, capaz de lidar com situações adversas, bom negociador, bom avaliador de riscos).

No entanto, um outro elemento da educação em disciplinas específicas é a natureza do público. Alguns públicos hierárquicos, como a alta gerência, a gerência funcional ou as pessoas envolvidas indiretamente com o apoio a projetos, podem exigir uma abordagem especial. Esses grupos podem evitar a educação em gerenciamento de projetos se não *forem* visados especificamente. Equipes intactas são um outro grupo que pode precisar de customização, especialmente quando a equipe de projeto precisa ser integrada.

COACHING E OUTRAS TÉCNICAS FORA DE SALA DE AULA

A aprendizagem em gerenciamento de projetos não é limitada à sala de aula; há outras formas de se conseguir a educação. Por exemplo, *coaching,* mentoração e treinamento *on-the-job* são formas eficazes de desenvolver habilidades no ramo. Essas técnicas podem ser complementos ou, em alguns casos, substitutas das classes de treinamento formal.

O *coaching* é feito por uma pessoa treinada na arte de realizar sessões individuais com o objetivo de melhorar o desempenho de alguém. O técnico pode ser um consultor externo ou um profissional interno. Um sponsor normalmente identifica a necessidade e articula uma primeira reunião entre o participante e o técnico. As sessões iniciais, geralmente com duas horas de duração, envolvem um diálogo e um dimensionamento informal dos conhecimentos da capacidade do indivíduo na área. Um programa típico envolve as seguintes etapas:

1. Identificação da necessidade e do objetivo do *coaching*.
2. Seleção de um técnico qualificado.
3. Acordo quanto a um programa, objetivos e prazo.
4. Desenvolvimento do programa.
5. Monitoração e ajustes do programa.
6. Avaliação de resultados.

Além de ensinar as habilidades básicas, o *coaching* fornece um outro benefício: o desenvolvimento de habilidades para a vida em geral (e, consequentemente, para o gerenciamento). A pessoa aprende a empregar as técnicas de gerenciamento de projetos em seu próprio "projeto de vida". Ou seja, a estrutura analítica de projetos é utilizada para definir todas as áreas importantes da vida da pessoa. Os componentes da vida de uma pessoa poderiam ser decompostos, por exemplo, em seus aspectos físico e de saúde, de família, de trabalho e profissional, financeiro, de educação e intelectual e espiritual. Cada um desses aspectos pode, por sua vez, ser subdividido em atividades menores de que a pessoa precisa para atingir suas metas na vida.

Comecei a utilizar as técnicas de gerenciamento de projetos em *coaching* no final dos anos 1980. Um dos meus "coachees" na época era Edson Bueno, um médico brasileiro que era dono de alguns hospitais e de um plano de seguro-saúde (Amil) no Rio de Janeiro, ainda em seus primeiros anos e com receitas anuais de US$ 50 milhões. Seus objetivos de negócio eram crescer o mais rapidamente possível, construir uma empresa verdadeiramente excelente e expandir-se internacionalmente. Decidimos utilizar uma estrutura analítica de projeto para obtermos um visão realmente ampla de sua vida como um projeto, e então nos focalizarmos no aspecto dos negócios. Como os médicos são treinados para serem analíticos, Bueno sentiu-se atraído pela técnica estruturada e rapidamente desenvolveu uma visão de sua vida como um projeto.

Essa forma de encarar a vida como um projeto tornou-se um ponto crítico na carreira de empreendedor de Bueno. Um "workaholic" crônico, ele começou a delegar autoridade, dedicando mais tempo a questões estratégicas, repensando suas prioridades e vivendo uma vida mais equilibrada. Embora outras razões expliquem o sucesso de Bueno – sua ambição e motivação, uma equipe executiva altamente talentosa e dedicada, um intenso programa de treinamento gerencial, extenso uso de consultores internacionais e uma visão intuitiva –, ele atribui grande parte de seu sucesso a sessões executivas de *coaching*, que o ajudaram a obter uma visão estruturada de sua vida. Bueno disse, em um bilhete manuscrito endereçado a mim dez anos depois: "Devo grande parte de meu sucesso às sessões de *coaching* e à abordagem de planejamento de projetos estruturados utilizadas para organizar a minha vida." Bueno, é claro, sabia como pegar um conceito simples de gerenciamento de projetos e fazê-lo dar frutos. Seu grupo Amil possui empresas na América Latina e nos Estados Unidos, com receitas superiores a US$ 1 bilhão. Bueno disseminou o conceito entre seus executivos e até mesmo instituiu técnicas de planejamento estruturado de vida para os filhos de seus colaboradores, através de uma série de seminários para jovens.

Assim, o *coaching* e o gerenciamento de projetos se mesclam de duas formas. Primeiro, o *coaching* é aplicável aos participantes de projeto que precisam ser rapidamente acelerados e aos gerentes veteranos que queiram repensar e se atualizar sobre como "dar saltos quânticos" em seus projetos nestes tempos de mudanças. Segundo, as técnicas de planejamento de projetos podem ser utilizadas em uma abordagem "meu projeto de vida" para o *coaching* convencional que se inicia com o planejamento da vida. O benefício adicional dessa parceria é que os participantes não apenas colherão os frutos do planejamento, mas também se tornarão familiarizados com técnicas, como a estrutura de decomposição de projetos e o planejamento do ciclo de vida.

Além do *coaching*, da mentoração e da aprendizagem *on-the-job*, há outras abordagens que não em sala de aula para a educação. A mentoração envolve um profissional interno, treinado na arte de alimentar profissionais, que funciona como consultor, conselheiro e professor, com o objetivo de melhorar o desenvolvimento e o desempenho do participante. O treinamento *on-the-job* significa colocar os participantes em situações em que eles realizam tarefas que precisam aprender ou desenvolver experiência adicional.

SEM GARANTIAS

Conforme mencionado no início deste capítulo, os profissionais de projeto que não estudarem a profissão tenderão a se tornar um fenômeno do passado. Aqueles que continuam a praticar a profissão sem um treinamento formal serão percebidos como menos preparados do que aqueles que tenham tido a educação.

Embora programas educacionais não sejam garantias de se atingir a competência, certamente aumentarão a base de conhecimento tanto dos iniciantes na profissão como do pessoal que já atua em projetos. Uma dose maior de conhecimento difundida pela empresa contribui para uma organização mais "culta" e para profissionais que serão mais "empregáveis", tanto dentro como fora da organização. A educação em gerência de projetos é uma causa que sempre renderá benefícios para os profissionais envolvidos, para os clientes e para os resultados financeiros da empresa.

PRINCÍPIO 10

A avaliação da competência individual em gerenciamento de projetos exige ir além dos testes baseados em conhecimento, indo até o campo da mensuração de competência.

CAPÍTULO 10

Competência em Gerenciamento de Projetos: O Pessoal Sabe o que Está Fazendo?

Em 1995, um artigo na revista Fortune foi o primeiro a destacar o gerenciamento de projetos em uma escala internacional como a profissão número um em termos de empregabilidade. O artigo, intitulado "Planning Your Career in a World Without Managers", de autoria de Tom Stewart, destacou que o gerente de projetos era "a carreira da década". Como Stewart observou, o pessoal de gerenciamento de projetos tem a capacidade e a flexibilidade para responder a novas situações; sua fixação por realizar os projetos no prazo, dentro do orçamento e atendendo a normas de desempenho de qualidade, significa que uma empresa que coloque suas iniciativas nas mãos de profissionais de projeto leva vantagem em relação à concorrência.

Na mesma época, a pergunta sobre a competência começou a ser abordada por várias associações de gerenciamento de projetos, como o Australian Institute of Project Management, a International Project Management Association, a British Association of Project Managers e o Project Management Institute. Tanto os membros individuais como os corporativos começaram a pressionar as associações a propor uma forma de avaliar a competência de *indivíduos* em gerenciar projetos. Se essa realmente for a profissão do futuro, tem de haver uma forma de as pessoas mostrarem que têm as qualificações, e alguma maneira pela qual a empresa possa selecionar candidatos com base em fatos, em vez de currículos, entrevistas e intuição. Os indivíduos teriam, assim, um crescente interesse em testar suas habilidades e aumentar sua empregabilidade e, ao mesmo tempo, as empresas teriam critérios para medir a competência.

A hipótese por trás dos padrões de competência em gerenciamento de projetos é que tanto o desempenho do projeto como o da organização são aumentados se os projetos forem providos com líderes e membros de equipes competentes. Essa premissa traz perguntas como:

1. Afinal, o que é a competência em gerenciamento de projetos?
2. Por que se preocupar com isso? Quais são os benefícios?
3. Como se determina o que deve ser incluído em um modelo de competência em gerenciamento de projetos?
4. A competência individual é suficiente para gerar projetos bem-sucedidos?
5. Quem precisa ser competente?
6. A competência pode ser avaliada? Como?
7. Qual é o melhor caminho para aumentar a competência?

A seguir, as respostas a essas perguntas:

AFINAL, O QUE É COMPETÊNCIA?

Competência significa possuir habilidades suficientes para realizar uma tarefa. Envolve provas observáveis de desempenho e inclui práticas utilizadas na seleção e reconhecimento de pessoas dentro de uma classificação de trabalho. A inferência que se pode fazer é que uma vez que a competência tenha sido determinada em relação a um indivíduo, os níveis futuros de desempenho podem ser previstos para essa pessoa.

A competência deve ser avaliada em relação a algum padrão aceitável e ser livre de inferências, hipóteses e interpretações. Esse padrão deve ser aprovado por uma entidade reconhecida. Quando a competência é comparada com esse padrão, os candidatos passam ou não; são competentes ou não, como no caso de se obter uma carteira de motorista.

Para tirar a carteira de motorista, a pessoa é testada quanto ao seu conhecimento das regras e regulamentações de trânsito, procedimentos para dirigir um veículo, habilidades obtidas através da prática, e à capacidade de realizar um teste de direção prático. O candidato passa ou é reprovado. No entanto, diferentes níveis de competência são necessários para diferentes tipos de carteira de motorista. Por exemplo: os padrões de competência diferem de carteiras para aprendizagem, carteira normal, carteira profissional para táxis ou vans e carteira para ônibus ou caminhão. O conhecimento e as habilidades necessários para aplicar esse conhecimento e essas habilidades aumentam proporcionalmente à competência exigida.

A competência no gerenciamento de projetos é como a competência em dirigir, no sentido de que vários níveis de capacidade são exigidos e de que os padrões devem ser mensuráveis. Um gerente de projeto deve, por exemplo, possuir um nível de competência superior ao de um membro de equipe. Um sponsor de projeto ou outro executivo interessado pode não precisar da competência prática de um gerente de projeto, mas certamente precisa de um nível mínimo de conhecimento para ser capaz de interagir com o pessoal de projeto. Assim, os modelos de competência em projetos são similares a outros modelos de competência.

POR QUE SE PREOCUPAR? QUAIS OS BENEFÍCIOS?

Por que testar os profissionais a testes de competência em gerenciamento de projetos? Há diversos *stakeholders* envolvidos, mas o teste de competência parece ser uma situação ganha-ganha para todos aqueles que queiram seguir a profissão e aumentar a produção de resultados através de projetos. Os *stakeholders* e alguns dos benefícios que eles esperam colher dos testes de competência são:

- *Gerentes de Projetos e Membros de Equipes de Projeto.* O teste de competência focaliza o gerenciamento de projetos como profissão e a retira do véu de uma "profissão acidental". A competência reconhecida significa que os profissionais estão preparados para o trabalho e que há padrões acordados de competência na área. Os membros de projetos certificados como competentes na profissão têm um trunfo quando competindo por posições dentro ou fora da empresa. A certificação leva a crer que os profissionais de projeto, na média, terão desempenho melhor do que profissionais de projeto não certificados.

- *Sponsors de Projetos e Altos Executivos.* Altos executivos são os campeões quando se trata de apoiar a competência no gerenciamento de projetos. A competência reconhecida garante aos executivos da empresa que os líderes de projetos serão previsíveis e consistentes em diferentes cenários, de projeto para projeto, em diferentes períodos de tempo e em diferentes ambientes. Como a responsabilidade pelo sucesso do projeto, em última instância, é dos altos executivos, o teste de competência para profissionais de projeto coloca uma garantia adicional no processo.

- *A Empresa.* O teste de competência é uma ferramenta valiosa em um programa de desenvolvimento profissional de abrangência corporativa. Pode ser utilizado para orientação de carreiras, avaliação de desempenho e planos de remuneração e recompensas e, também, para identificar pontos fortes e fracos e "customizar" o treinamento. Na realidade, a avaliação da competência é um importante fator em conjunto com o desempenho dos projetos ao se avaliar o desempenho do gerente de projetos. A certificação formal é, por exemplo, um fator de alto peso para a promoção na AT&T, assim como na Lucent Technologies. Tanto na AT&T como na Lucent, existem centenas de profissionais de gerenciamento de projetos. Além disso, uma estimativa da competência fornece maior amplitude à avaliação profissional, pois os indivíduos podem ser designados para projetos que tenham uma alta probabilidade de fracasso (como projetos de pesquisa pura) ou para situações de "apaga incêndio" a fim de reduzir um prejuízo inevitável.

- *Clientes.* Com os padrões de competência, os clientes e outros interessados externos são assegurados de que o líder do projeto e os membros da equipe são capazes de selecionar e implementar as melhores práticas. Os *stakeholders* sabem que os profissionais certificados têm as características, as habilidades e a capacidade de aplicar as ferramentas e metodologias da boa prática de gerenciamento de projetos. A certificação também fornece uma certa paz de espírito ao cliente quando os membros da equipe são fornecidos por empresas de consultoria ou de serviços profissionais.

- *Organizações Profissionais.* A certificação de profissionais por parte de organizações de classe desempenha um papel significativo de ajudar tanto pessoas como organizações de projeto a se equiparem com o que há de bom em gerenciamento de projetos. Sólidos modelos de competência, patrocinados por organizações profissionais de gerenciamento de projetos, tornam possível comparar profissionais de projeto em diferentes continentes, com base em melhores práticas geralmente aceitas, tornando-se os guardiões da estrutura conceitual e do corpo de competências e melhores práticas, que podem ser repassadas sob a forma de treinamento a futuros profissionais de projeto.

- *Consultores, Educadores, Acadêmicos.* Esses profissionais têm um interesse inerente na melhoria do nível de competência individual. Melhorar o desempenho em suas incumbências nos projetos é, sem dúvida, parte da missão profissional desse grupo, mas essa busca pela competência também abre oportunidades para todos os que com esse objetivo se envolvem em treinamento e educação. A pesquisa relacionada à competência é frequentemente de interesse de consultores, educadores e acadêmicos.

O QUE INCLUIR EM UM MODELO DE COMPETÊNCIA

O modelo de competência explicita as capacidades a serem avaliadas, como elas devem ser avaliadas, e o que constitui avaliações aceitáveis e superiores. Se a competência exige conhecimento, habilidades e capacidade de aplicar, obviamente, qualquer modelo deve incluir padrões para esses três fatores.

O modelo DEC, baseado na visão geral de competência da Digital Equipment Company, apresentado na Figura 10-1, admite que o aumento do conhecimento ("Eu sei") e das habilidades ("Eu sei fazer") é o alicerce para o aumento de performance. Estando esse alicerce construído, as capacidades de aplicação ("Eu posso aplicar") se tornam responsáveis por saltos quantitativos na performance dos projetos e, consequentemente, no atendimento das metas financeiras da empresa.

As organizações podem estabelecer seu próprio modelo para a avaliação da competência ou selecionar uma avaliação independente, validada por uma associação de profissionais de gerenciamento de projetos ou outra entidade externa. Um modelo formal, reconhecido pelas partes, tem de estar em funcionamento antes de se passar à etapa de avaliação.

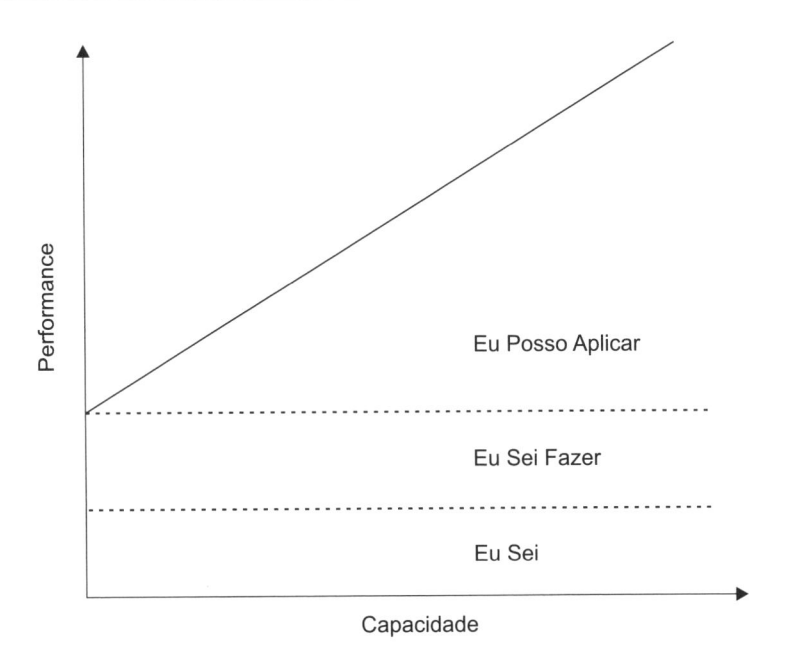

Figura 10-1. Modelo de competência DEC.

Um modelo de competência para o trabalho de projetos exige a identificação das competências específicas (planejamento e administração de contratos, por exemplo). Essas competências acordadas representam o ponto de partida para o desenvolvimento de um programa completo de competências. As formas de se chegar a uma listagem de competências incluem o uso de um grupo de especialistas, realização de entrevistas com profissionais, de pesquisas bibliográficas e de *benchmarks* com modelos e práticas existentes.

Estando a listagem compilada, são necessários uma consolidação e um teste no local de trabalho para fazer ajustes finos na lista. Observe que se a organização decidir elaborar seu próprio modelo ou validar um modelo existente, essa etapa final de consolidação e teste no local de trabalho é fundamental para assegurar que o modelo de competência seja aplicável aos projetos e à cultura da organização.

O teste baseado em conhecimento é o primeiro elemento importante dos modelos de competência. O programa de certificação de profissionais em gerenciamento de projetos (PMP – *Project Management Professional*) do Project Management Institute, por exemplo, é um conjunto de critérios amplamente reconhecidos para testar o conhecimento em atividades de gerenciamento de projetos de um candidato. No entanto, o teste baseado em conhecimento não certifica que o candidato possa realmente realizar as tarefas eficazmente. As habilidades e a capacidade de aplicar o conhecimento também precisam ser avaliadas antes que a competência possa ser determinada.

A organização que possui a arte e a ciência de desenvolver vários modelos de competência pode considerar a preparação desse tipo de modelo para o gerenciamento de projetos uma tarefa rotineira, mas a maioria das empresas descobre que o desenvolvimento de um modelo de competência envolve uma empreitada considerável. Uma empresa deve desenvolver seu próprio modelo para a competência no gerenciamento de projetos ou deve utilizar um modelo disponível no mercado? Tudo depende de quão boa é a empresa no desenvolvimento de seus próprios modelos e do que a cultura da empresa prescreve. A IBM vem fazendo a certificação interna de seus gerentes de projetos há anos e está procurando, cada vez mais, por instrumentos de base mais ampla para alguns dos testes, como a parte baseada no conhecimento dos requisitos de certificação. Várias divisões da IBM, por exemplo, aumentaram seus processos de treinamento interno com estudos para o exame de certificação PMP do Project Management Institute. Essa avaliação do conhecimento foi considerada como sendo tão universalmente aplicável, que a IBM traduziu o curso de preparação para PMP em várias línguas para implementar o treinamento em todo o mundo.

Para a maioria das organizações, no entanto, um produto já pronto baseado em pesquisas faz o maior sentido. Assim, se o uso de modelos já existentes é a forma lógica de prosseguir, como se faz a seleção? Algumas perguntas precisam ser respondidas antes de um modelo de competência ser escolhido por uma empresa:

1. Qual é o objetivo declarado do modelo sob análise?
2. Como o modelo foi validado?
3. O que se quer realizar aplicando o modelo de competência: seleção? avaliação? desenvolvimento?
4. Como uma pessoa faz para adquirir as características desejadas que o modelo exige?
5. Quão fácil de aplicar é o modelo?

Essas perguntas têm por objetivo assegurar que o modelo de competência corresponda ao que a empresa tem em mente. Pode haver muitas perguntas sobre a aplicabilidade, dependendo da área de especialização. Se, por exemplo, for um modelo genérico, será que ele atenderá às necessidades de, digamos, membros de uma equipe de projeto de desenvolvimento de softwares? Lembre-se de que a avaliação de competência exige um investimento considerável em tempo e esforços por parte da empresa e de seu pessoal ligado a projetos.

BASTA COMPETÊNCIA PARA PRODUZIR PROJETOS BEM-SUCEDIDOS?

Os gerentes e membros de equipe de projetos competentes fazem grandes contribuições para o sucesso de projetos, mas outros fatores que não a competência também influenciam fortemente os resultados. O pesquisador Frank Toney listou alguns desses outros fatores que precisam ser monitorados à medida que o projeto avança e que deveriam ser levados em consideração na época da avaliação:

1. O apoio e a experiência em gerenciamento de projetos da alta gerência.
2. O vigor das economias global e local.
3. A posição da empresa no mercado.
4. O grau de maturidade da organização em relação ao gerenciamento de projetos.
5. Qualquer tendência no mercado que afete o projeto; por exemplo, expansão ou retração.
6. A estabilidade financeira da organização e dos clientes do projeto.
7. A competência da empresa nos elementos básicos de gestão: planejamento de projetos, mix de produtos, marketing, produção, qualidade, vendas.

A obtenção do sucesso nos projetos não é, portanto, uma questão de juntar líderes e membros de equipes competentes. A conclusão de projetos com sucesso reside diretamente na gerência corporativa, que tem controle sobre todos os grandes fatores que afetam um projeto – inclusive a indicação das pessoas certas para o trabalho.

Essa responsabilidade da alta gerência é importantíssima para o sucesso do gerenciamento de projetos empresariais. Embora a alta gerência em muitas empresas tenha abdicado fortemente da responsabilidade pelos projetos no passado, não pode mais fazê-lo, pois o sucesso dos projetos exerce um impacto direto nos resultados financeiros da empresa.

QUEM PRECISA SER COMPETENTE?

Para as organizações que estejam migrando para uma estrutura projetizada, essa pergunta sobre a competência em projetos tem uma importância especial. Lembre-se, no entanto, de que nem todos os líderes competentes em gerência de projetos estão dispostos a se submeter a avaliações de competência. Aqueles que são realmente excepcionais podem ponderar, talvez acertadamente, que não precisam disso. Sabem do seu valor, e esse valor é também reconhecido pelas pessoas importantes para a sua carreira.

Algumas perguntas sobre competência que precisam de respostas em termos da gestão empresarial por projetos são:

1. Quão competente em gerenciamento de projetos precisa ser o presidente da empresa?
2. E os vice-presidentes e outros participantes corporativos importantes?
3. E o gerente de projetos de um megaprojeto? E os gerentes de projetos menores? E de múltiplos projetos?

4. Quão competente em gerenciamento de projetos devem ser os membros da equipe? E o pessoal de apoio a projetos?
5. Em que extensão os clientes e fornecedores precisam ser competentes em gerenciamento de projetos?

Obviamente, o grau de competência necessário varia dependendo da função. Algumas necessidades são fáceis de identificar: os membros da equipe precisam ser competentes e os gerentes de projetos devem ser certificados com esta função. E, no caso de megaprojetos ou de programas consolidados, então, gerentes de *programas* são necessários.

Se as competências dos principais participantes tiverem sido formalmente avaliadas, melhor. Na prática, no entanto, muitas das pessoas envolvidas em uma transição para a gestão por projetos não serão certificadas formalmente em gerenciamento de projetos. Isso significa que o principal agente de mudança – seja ele o gerente de projetos, o patrocinador do projeto ou o diretor de Recursos Humanos – terá o trabalho de aumentar a competência de todos os *stakeholders* nos projetos. Eis algumas sugestões para estimular esses *stakeholders* que precisam conhecer mais e realizar mais no que tange ao gerenciamento de projetos na empresa:

- *Presidentes, Vice-presidentes, Altos Executivos.* Use apresentações executivas feitas por consultores internos ou externos. Distribua literatura que aborde o gerenciamento de projetos em alto nível. Envolva-os em fóruns externos de alto nível em que o tópico provavelmente seja discutido.
- *Gerentes de Projetos.* Seja lidando com projetos grandes, pequenos ou múltiplos, essas pessoas são mais bem sensibilizadas apelando-se para o orgulho profissional e para a empregabilidade, a fim de estimular a participação em seminários externos e simpósios.
- *Participantes de Equipes ou Pessoal de Apoio a Projetos.* Workshops (de partida ou outros) são formas excelentes de aumentar o conhecimento das pessoas nos elementos básicos do gerenciamento de projetos e, assim, aumentar a competência. O treinamento *on-the-job* e as sessões de planejamento também são eficazes, assim como a participação em seminários externos.
- *Clientes e Fornecedores.* Apresentações, sessões de planejamento e workshops de integração de projetos são formas de estimular o interesse entre esses importantes interessados, que têm um importante impacto sobre os resultados do projeto.

A COMPETÊNCIA PODE SER MENSURADA?

O Australian Institute of Project Management lançou seu sistema de certificação, baseado nas Normas Nacionais Australianas para Competência em Gerenciamento de Projetos. Esse sistema de certificação está disponível tanto interna como externamente à

Austrália. A certificação da AIPM cobre três níveis – membro da equipe de projetos, gerente de projetos e gerente de programas – e exige que as pessoas preparem portfólios mostrando sua competência em resultados. O AIPM foi apoiado e orientado por uma iniciativa governamental em todo o país a fim de estabelecer padrões de competência para todas as profissões na Austrália.

As competências, de acordo com o modelo AIPM ilustrado na Figura 10-2, caem em três categorias (adicionalmente, exigem que as pessoas preparem portfólios que comprovem a performance de competência em resultados):

1. Competências em conhecimento e informações, incluindo conhecimento comprovado pelo exame Project Management Professional do PMI ou outros testes

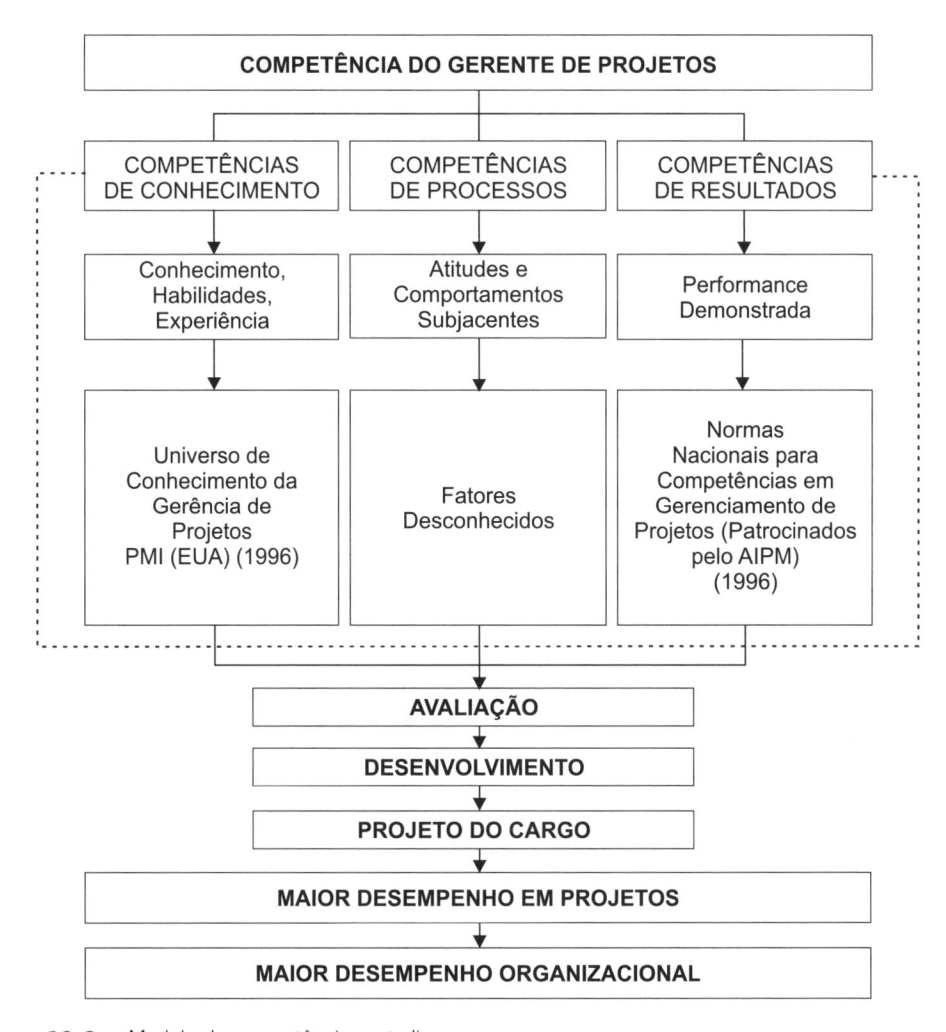

Figura 10-2. Modelo de competência australiano.

similares, e qualificações e experiência, conforme documentado pelo *curriculum vitae*.
2. Competências em processos, envolvendo atitudes e comportamentos capacitadores subjacentes, conforme verificado por um teste de perfil de personalidade.
3. Competências em resultados, que são os resultados do trabalho de projeto realizado pelo indivíduo e formalmente documentados e atestados por uma entidade profissional adequada, como a Association of Project Managers (Inglaterra), o Australian Institute of Project Management ou outro grupo profissional.

O CAMINHO PARA A COMPETÊNCIA

A avaliação da competência causa os benefícios detalhados anteriormente neste capítulo. Os membros da equipe de projeto, os sponsors, a própria empresa, os clientes e os *stakeholders* externos, as organizações profissionais, os consultores e os educadores e acadêmicos, todos têm a ganhar com o desenvolvimento e a aplicação de um modelo de competência. E, na realidade, a simples existência da certificação é um estímulo para se buscar a excelência no gerenciamento de projetos.

No entanto, apenas a avaliação da competência não é a resposta para se alcançá-la. É necessário um programa estruturado para estimular as pessoas a alcançar a competência. Alguns dos componentes necessários para assegurar que as pessoas em uma organização lutem pela competência são:

- *Aumento da Conscientização.* A consciência da importância de se atingir a competência pode ser estimulada através da literatura sobre o assunto e da participação em associações profissionais, que enfatizem os benefícios da maior empregabilidade e do melhor planejamento de carreiras.
- *Política de Facilitação de Estudos.* A parte específica da disciplina da avaliação da competência exige tempo de estudo, variando de uma rápida rememoração a uma revisão completa, que inclui grupos de estudo, material de estudo por computador e simulações de testes.
- *Incentivo à Participação.* As empresas interessadas em aumentar o nível de competência do pessoal de projetos precisam fornecer algum estímulo para a participação no programa. Incentivos financeiros são bons, mas nem sempre disponíveis. Outras opções são o reconhecimento, viagens, maior empregabilidade e a demonstração de fato de que os profissionais certificados têm mais chances na empresa do que os não certificados.

PESSOAS COMPETENTES MELHORAM A PERFORMANCE?

O conhecimento, as habilidades e a capacidade de realização são necessários para se alcançar a competência. É preciso um determinado padrão mínimo, assim como para a obtenção de uma carteira de motorista. Mas tendo a competência sido determinada, os níveis futuros de desempenho podem ser previstos. Se essa premissa for verdadeira, quanto mais competente o pessoal de projeto em uma organização, maior a possibilidade de que a organização realize o trabalho de projeto dentro do orçamento, do cronograma, e de acordo com os padrões de qualidade.

PRINCÍPIO 11

Um aumento no nível de maturidade em gerenciamento de projetos em toda a empresa gera aumentos de produtividade e contribui para os resultados financeiros.

# CAPÍTULO 11

Qual o Grau de Maturidade de sua Organização?

Assim como os seres humanos passam por etapas da infância até a maturidade, as empresas percorrem um caminho desde sua criação até chegarem à sua maturidade. E assim como o comportamento das pessoas depende de onde elas estão no caminho de suas vidas, as ações e decisões das empresas refletem seus níveis de maturidade. A maturidade em gerenciamento de projetos (PMM – Project Management Maturity) de uma empresa é uma medida de sua eficácia em concluir projetos.

A maturidade organizacional na atividade de projetos não está necessariamente relacionada com a passagem do tempo. Uma empresa pode estar operando há cem anos, ser altamente madura em marketing e no relacionamento com os clientes e, no entanto, estar engatinhando quando se trata de gerenciar projetos. A idade relacionada ao gerenciamento de projetos tem mais a ver com a natureza do negócio e com as forças do mercado do que com o tempo. Uma outra organização pode ter poucos anos de idade, ser desde o início orientada para empreendimentos e projetos, classificando-se, assim, em uma posição elevada na escala da maturidade.

O PMM reflete o quanto uma organização progrediu em direção à incorporação do gerenciamento de projetos como forma de trabalho. Dependendo do histórico da empresa no gerenciamento de projetos, seu ímpeto para aumentar essas habilidades em escala mais ampla pode variar de um pequeno passo a um salto muito grande. Desse modo, quão rápido pode uma empresa incorporar o gerenciamento de projetos a sua forma de fazer negócios? Depende de uma combinação de fatores:

- Pressões externas de mercado para trabalhar mais rápido, mais barato e melhor.

- Insatisfação interna com relação à organização, sistemas e procedimentos atuais.
- Grande compromisso dos principais participantes da organização.
- Uma visão clara e um plano de mudança para uma nova forma de fazer negócios.

Faz-se necessária a pressão combinada desses fatores para alavancar a transformação para a gestão por projetos. Já que você está lendo este livro, é quase garantido que os dois primeiros fatores – pressões externas e algum grau de insatisfação interna – estejam presentes. Os dois últimos dependem de iniciativas tomadas no âmbito da empresa.

O grau no qual o negócio da empresa é dependente de projetos também influencia sua posição em termos de maturidade de gerenciamento de projetos. Muitas das organizações orientadas para projetos descritas no Capítulo 1 estão, por natureza, bem adiantadas em direção ao PMM. A maioria requer alguma atualização ou ajuste, mas nenhuma grande reformulação. Por outro lado, uma empresa tradicional, apenas começando a sentir os ventos da mudança, precisa repensar-se organizacionalmente, assim como em um intenso programa para mudar a mentalidade das pessoas orientadas funcionalmente para uma abordagem por projetos. Portanto, antes que uma organização comece a se projetizar, alguém em nível decisório precisa determinar o ponto de partida para o projeto de mudança.

UMA ABORDAGEM CIENTÍFICA OU UMA ANÁLISE SUPERFICIAL?

O bom senso diz que uma empresa com uma abordagem puramente intuitiva e aleatória do gerenciamento de projetos merece uma classificação menor na escala de maturidade do que, digamos, uma empresa em um estágio integrado, em que os múltiplos projetos são controlados e gerenciados utilizando metodologias testadas e comprovadas. Assim, uma avaliação geral da capacidade em gerenciamento de projetos dentro da organização pode identificar pontos fortes e fracos no gerenciamento de projetos, além de oferecer uma visão rápida do nível de PMM da organização. O *benchmark* com outras organizações também revela dados comparativos sobre o gerenciamento de projetos que leva a conclusões a respeito da sofisticação dos esforços de gerenciamento de projetos.

Um modelo formal de maturidade é um modo de avaliar o quanto uma organização incorporou o gerenciamento de projetos como forma de fazer seu trabalho. A maturidade também pode ser avaliada de maneira menos formal, por meio de uma regra prática, discutida mais adiante neste capítulo. O modelo de maturidade requer a identificação de tópicos relevantes de gerenciamento de projetos, como normas, autorizações de trabalho, missão, treinamento e gerenciamento de riscos. Um modelo agrupa esses tópicos em grandes seções, como liderança e gestão, gerenciamento do desempenho e informações de gestão. Outros modelos de maturidade utilizam grupos definidos no Guia PMBOK. Perguntas como "A técnica da estrutura analítica de projetos é aplicada nos projetos durante a etapa de planejamento?" geram respostas positivas ou negativas; essas respostas são então tabuladas de modo a fornecer resultados numéricos.

OS MODELOS DE MATURIDADE DE GERENCIAMENTO DE PROJETOS

Os modelos existentes para a maturidade do gerenciamento de projetos são baseados no Modelo de Maturidade da Carnegie Mellon University (CMM – Capability Maturity Model) para o desenvolvimento de softwares, preparado juntamente com o Software Engineering Institute. O modelo foi desenvolvido com recursos iniciais do Departamento de Defesa norte-americano e portanto é de domínio público. O CMM estabelece cinco níveis de maturidade: inicial, repetitivo, definido, gerenciado e otimizado. Os níveis foram desenvolvidos como normas para ajudar as organizações a melhorar suas práticas de desenvolvimento de softwares.

Os modelos têm em comum os cinco níveis do modelo de software. Quanto maior o nível de maturidade, melhor o desempenho em gerenciamento de projetos, conforme mostrado na Figura 11-1. Não há, no entanto, em contraste com o CMM, nenhum modelo geral aceito para avaliar a maturidade em gerenciamento de projetos. Devido à falta de um modelo reconhecido, o Comitê de Normas do Project Management Institute

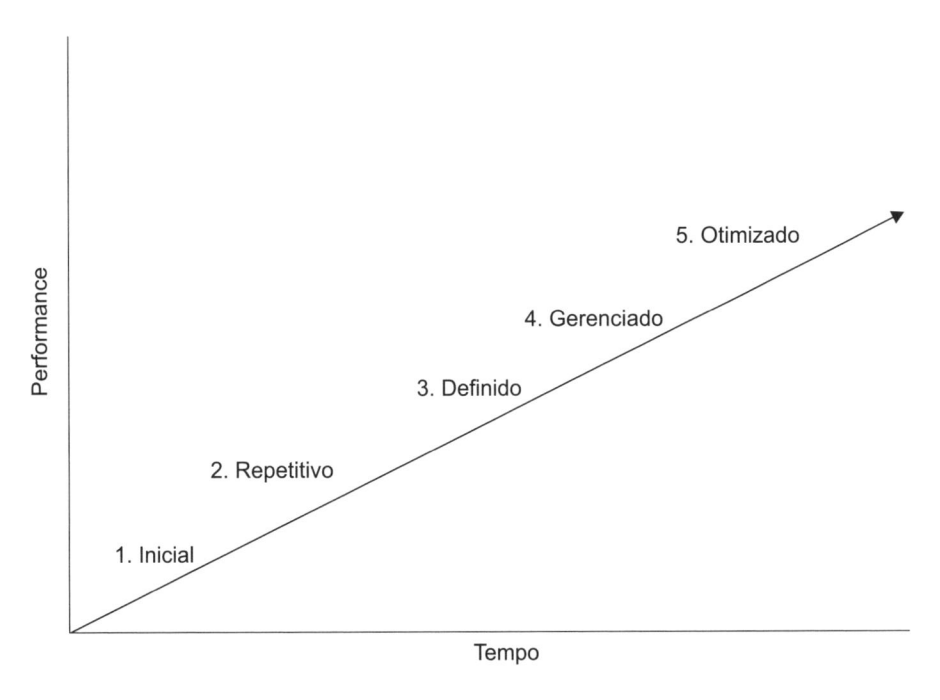

Figura 11-1. Níveis de maturidade apresentados em termos de performance e tempo.

pretende desenvolver e emitir um modelo de maturidade organizacional em gerenciamento de projetos sob a forma de uma norma PMI, de acordo com Bill Duncan, diretor de normas do PMI.

Um resumo dos níveis utilizados em uma amostra de modelos PMM é apresentado a seguir. Os nomes dos níveis CMM foram mantidos (alguns nomes alternativos são fornecidos entre parênteses).

- *Inicial (ad hoc)*. Não há processos de gerenciamento de projetos em operação. O sucesso nesse nível depende do esforço individual, pois os sistemas e procedimentos são mal definidos. Cada projeto é percebido como único. O processo de gerenciamento de projetos não é claro, e os projetos são marcados por problemas de custos, qualidade e prazo. Não há referências históricas, e pouca atenção é dada aos fatores de risco ou às lições aprendidas com projetos anteriores. Os cronogramas são frequentemente estabelecidos de cima para baixo, com visão inadequada dos recursos e das experiências prévias. O interfaceamento com áreas funcionais dentro da empresa é geralmente carregado de problemas de comunicações.

- *Repetitivo (abreviado, planejado)*. Os sistemas e processos do gerenciamento de projetos para o planejamento, previsão de prazos, acompanhamento e estimativas funcionam e são percebidos como importantes. As ferramentas são vistas como uma solução para alguns dos problemas de desempenho, mas não são utilizadas em sua forma integrada mais completa. O sucesso do projeto continua a não ser previsível, e as flutuações de custos e de prazo persistem ao longo dos projetos. Utiliza-se software de gerenciamento de projetos, mas os resultados não são evidentes devido à falta de experiência e visão geral do gerenciamento de projetos. Não há integração de bancos de dados, embora os dados de prazo sejam geralmente abundantes.

- *Definido (organizado, gerenciado)*. Há uma abordagem padronizada de gerenciamento de projetos dentro da organização. Os sistemas de gerenciamento de projetos, definidos e documentados, são integrados aos sistemas e procedimentos da empresa. Os dados para os sistemas de acompanhamento e controle são mais confiáveis. O desempenho dos projetos é previsível, com um alto grau de precisão. O desempenho em termos de prazo e custos tende a melhorar. Forte ênfase é colocada no gerenciamento do escopo, que é percebido como uma parte fundamental do gerenciamento de projetos. Embora sejam usados bancos de dados, eles tendem a ser difíceis de gerenciar. Muito tempo é gasto mantendo-se os modelos utilizados no gerenciamento de projetos, em detrimento da análise de solução de problemas.

- *Gerenciado (integrado)*. O gerenciamento de processos é avaliado e controlado. A gerência está interligada ao fluxo de informações dos principais projetos e sabe como utilizar e interpretar a informação. Os sistemas são capazes de gerar informações integradas em nível gerencial sem reprocessamento e sem reformatação. O desempenho dos projetos tende a estar de acordo com os planos, de modo que a taxa de sucesso dos projetos é alta. Há um banco de dados de projetos consolidado, que pode ser acessado para fins de estimativa e *benchmarking*. Como essa abordagem também envolve os relatórios de nível gerencial, o nível de pacotes de trabalho no sistema (o menor nível de relacionamento) nem sempre é suficiente para planejar adequadamente o trabalho a ser realizado. Assim, é necessário, em alguns casos, fazer uma decomposição mais detalhada ou trabalhar com listas de verificação complementares para se conseguir que o projeto seja feito.

- *Otimizado (adaptativo, sustentado).* Os processos de gerenciamento de projetos são continuamente aperfeiçoados. As equipes de projeto utilizam naturalmente os modelos para desenvolver cronogramas e orçamentos e para processar informações de projeto. Um banco de dados histórico pode ser consultado on-line para se obterem as lições aprendidas, os dados de referência e os critérios das estimativas. Um sistema sofisticado existe de modo que tanto as necessidades de relatórios para a alta gerência como as necessidades de acompanhamento em linha são atendidas. A otimização de recursos é uma realidade, não apenas em nível de projeto, mas também em nível empresarial. Há uma vigorosa integração de requisitos de prazo, custos e escopo. Informações confiáveis podem ser transferidas entre todos os projetos e analisadas de um ponto de vista corporativo.

Uma abordagem lógica é avaliar o nível de maturidade da organização em relação à sua execução nas áreas do universo de conhecimento do gerenciamento de projetos (PMBOK), apresentada na Figura 11-2. Idealmente, as áreas do conhecimento de gerenciamento de projetos estabelecidas podem ser utilizadas como componentes dos modelos de maturidade em gerenciamento de projetos. Em outras palavras, quão bem a organização gerencia custos, prazo, qualidade e outros itens em seus projetos durante as fases clássicas de projeto (concepção, planejamento, execução, controle e conclusão)? Essa abordagem, pode-se argumentar, cobre a essência do gerenciamento de projetos.

No entanto, a partir de uma indicação de como se lida com projetos individuais, a organização em si precisa de uma avaliação, conforme ilustrado na Figura 11-3. Perguntas básicas relativas à maturidade da organização precisam ser respondidas. Por exemplo: Como a empresa acompanha múltiplos projetos? Utiliza um sistema integrado? Como os projetos são apoiados dentro da organização em termos de ferramentas e de assistência administrativa e contratual? Como a empresa se mantém atualizada com as mais recentes ferramentas e tendências do gerenciamento de projetos? Como, por exemplo, uma organização global mantém técnicas e ferramentas, sempre em evolução, em torno do mundo? Como os gerentes de projetos são gerenciados – a quem eles se reportam e como são mantidos atualizados nas novas técnicas?

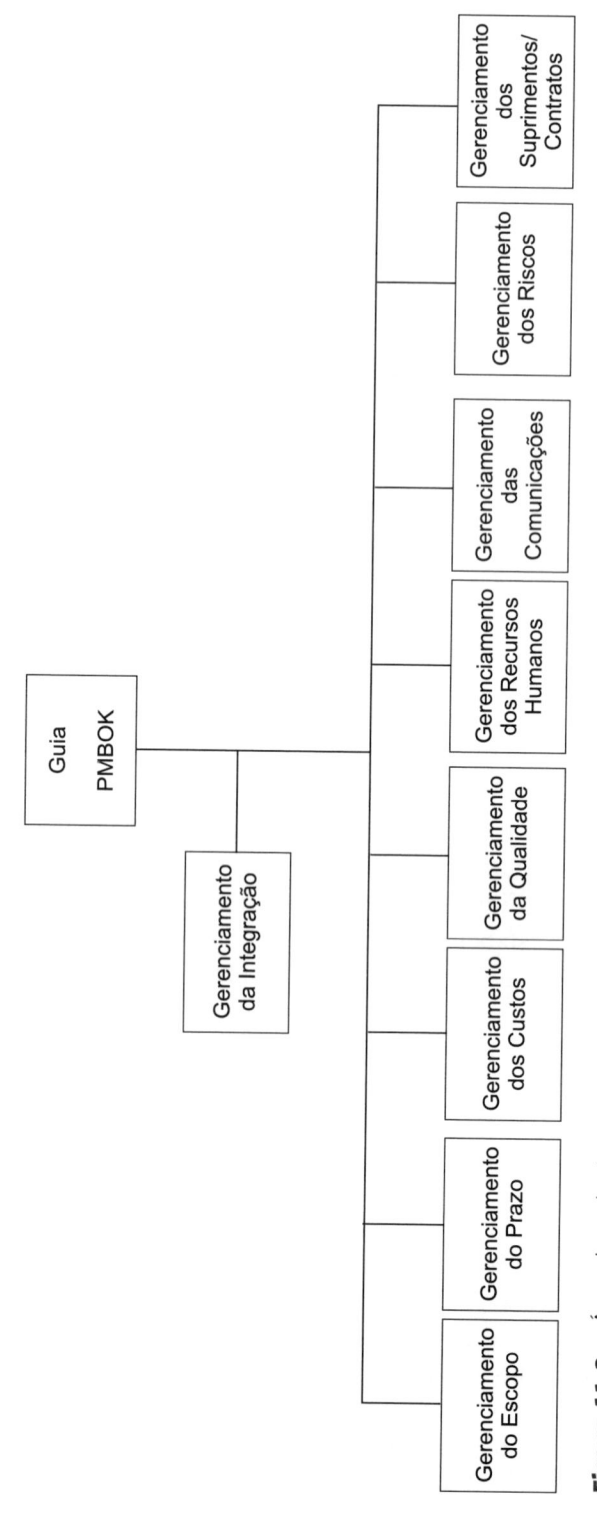

Figura 11-2. Áreas de conhecimento que podem ser utilizadas como componentes em modelos de maturidade de gerenciamento de projetos.

- Guia PMBOK
  - Gerenciamento da Integração
  - Gerenciamento do Escopo
  - Gerenciamento do Prazo
  - Gerenciamento dos Custos
  - Gerenciamento da Qualidade
  - Gerenciamento dos Recursos Humanos
  - Gerenciamento das Comunicações
  - Gerenciamento dos Riscos
  - Gerenciamento dos Suprimentos/Contratos

```
                    ┌─────────────────┐
                    │   Processos de  │
                    │  Gerenciamento  │
                    │   de Projetos   │
                    └─────────────────┘
                            │
            ┌───────────────┴───────────────┐
┌─────────────────┐              ┌─────────────────┐
│   Processos de  │              │    Processos    │
│  Gerenciamento  │              │ Organizacionais │
│   de Projetos   │              │ de Gerenciamento│
│      Únicos     │              │   de Projetos   │
└─────────────────┘              └─────────────────┘
```

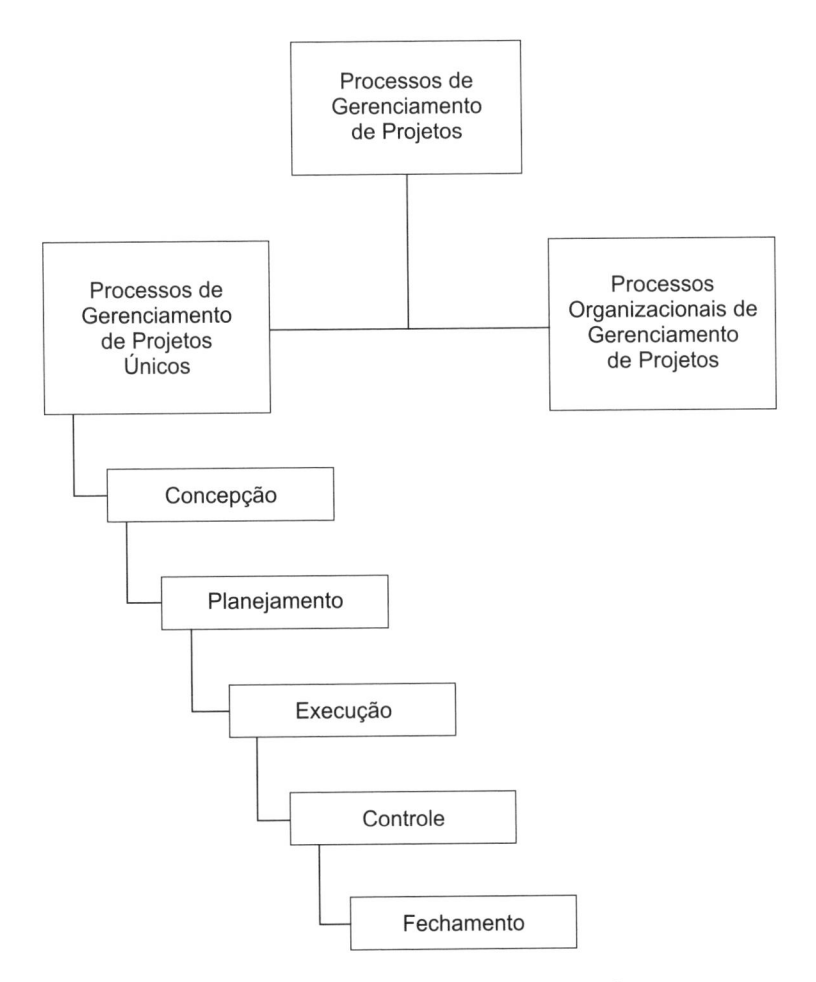

Figura 11-3. O gerenciamento de projetos para projetos e para organizações.

Avaliando a Maturidade Utilizando um Modelo

Para que um modelo de maturidade seja completo, ele deve focalizar tanto as competências envolvidas no gerenciamento de um projeto como as questões organizacionais mais amplas, o que significa assegurar que todas as áreas do PMBOK sejam cobertas nas fases clássicas de projeto. Exige também uma análise da unidade de negócios que suporta os projetos. Uma abordagem desse tipo envolve a elaboração de uma matriz que cruza as áreas do PMBOK com os processos de gerenciamento de projetos e com as questões organizacionais. O resultado é uma estrutura como a apresentada na Figura 11-4, que foi utilizada em um questionário de *benchmarking* incluído no estudo de pesquisa do Instituto Educacional do PMI, intitulado "Os Benefícios do Gerenciamento de Projetos".

Processos de Gerenciamento de Projetos e Áreas de Conhecimento	Concepção	Planejamento	Execução	Controle	Fechamento	Ambiente Organizacional do Gerenciamento de Projetos
Gerenciamento do escopo	6	7	8	3	3	3
Gerenciamento do prazo	1	2	12	1	1	1
Gerenciamento dos custos	2	2	2	1	1	3
Gerenciamento da Qualidade	1	2	3	3	3	1
Gerenciamento dos recursos humanos	2	4	5	2	2	7
Gerenciamento das comunicações	5	3	12	7	2	1
Gerenciamento dos riscos	1	1	7	6	1	1
Gerenciamento dos suprimentos	1	1	1	1	1	2
Gerenciamento da integração	*	*	*	*	*	*

Estrutura do questionário de *benchmarking* em gerenciamento de projetos utilizada para os resultados da pesquisa publicada em "The Benefits of Project Management". (Os números representam quantas perguntas da pesquisa foram direcionadas a cada assunto de cada célula da matriz.)
* Não incluído, pois o estudo foi iniciado antes da inclusão do "Gerenciamento da Integração" como parte do modelo PMBOK.
Essa figura foi reproduzida de "Benchmarking PM Organizations", de William Ibbs e Young Hoon Kwak (1998) com permissão do Project Management Institute, Four Campus Boulevard, Newton Square, PA 19073-3299, uma organização mundial para o desenvolvimento do estado da arte no gerenciamento de projetos. Telefone: (610) 356-4600. FAX: (610) 356-4647.

Figura 11-4. Exemplo de questionário de *benchmarking* de gerenciamento de projetos.

Um modelo desenvolvido pela Micro-Frame utiliza uma abordagem diferente e dedica mais atenção a questões organizacionais amplas. As categorias da maturidade do gerenciamento de projetos são:

1. Liderança e gerenciamento: o fator humano e o ambiente cultural que determinam a eficácia máxima da função gerenciamento de projetos.
2. Gerenciamento da performance de projetos: o gerenciamento e o controle de projetos individuais dentro da organização multiprojetos.
3. Gerenciamento de problemas/riscos/oportunidades: um processo formal descrevendo a análise de dados de projeto; identificação de problemas, riscos e oportunidades potenciais; e uma abordagem estrutural para gerenciar problemas, mitigação de riscos e alavancagem de oportunidades.
4. Sistema de gerenciamento multiprojetos: o processo e o sistema multiprojetos, ou seja, a estrutura institucional do gerenciamento de projetos.
5. Informações de gerenciamento: o fluxo, momento, conteúdo e meio da informação do projeto através da organização multiprojetos.
6. Políticas e procedimentos: os documentos que descrevem "a forma pela qual as coisas são feitas por aqui".
7. Gerenciamento de dados: as normas para os dados do gerenciamento de projetos.
8. Educação e treinamento: o material e o programa do curso de treinamento utilizados para perpetuar sólidas práticas em gerenciamento de projetos.

Essas oito seções são, por sua vez, decompostas em quarenta e duas categorias. conforme apresentado na Figura 11-5, que recebem graus, resultando em uma classificação numérica da maturidade. A figura apresenta um modelo desenvolvido pela Micro-Frame, que dedica mais atenção a amplas questões organizacionais, em vez de se concentrar principalmente nas áreas de conhecimento que estão ligadas ao gerenciamento de projetos isolados.

Situações Especiais

Algumas situações exigem atenção especial. Tomemos por exemplo o desafio do ano 2000, enfrentado por grandes corporações no final dos anos 1990, para evitar que os computadores se enlouquecessem na virada do século ao interpretar os dígitos 00 em um padrão DD/MM/AA, pressupondo o ano 1900 em vez de 2000. As implicações para essas empresas pegas nesta armadilha foram milhões de dólares em reivindicações e custos legais provocados por clientes insatisfeitos, que teriam sido mal servidos, importunados ou simplesmente ignorados por um sistema de dados mal configurado.

Foi preciso algo mais específico para sanar esse dano. Uma solução era implementar um programa de certificação que objetivasse especificamente esse tipo de projeto. No

Liderança e Gerenciamento

- Missão
- Foco no cliente
- Envolvimento no desenvolvimento da carreira
- Estrutura organizacional

Gerenciamento de Dados

- Responsabilidade
- Habilidades
- Desenvolvimento de carreira

Gerenciamento da Performance em Projetos

- Arquitetura
- Apoio às decisões de projeto
- Gerenciamento de escopo
- Autorização de trabalho
- Padrões de performance (medição)
- Controle da linha-base
- Estimativas
- Gerenciamento de recursos
- Desenvolvimento do cronograma
- Gerenciamento do cronograma
- Desenvolvimento do orçamento
- Gerenciamento dos custos
- Avaliação e previsão de performance
- Controle de mudanças
- Gerenciamento da qualidade
- Gerenciamento de subcontratados
- Ferramentas de aplicação a projetos

Gerenciamento de Problemas/Riscos/Oportunidades

- Processo de gerenciamento
- Gerenciamento de riscos
- Gerenciamento de oportunidades

Sistema de Gerenciamento de Múltiplos Projetos

- Ligação com metas organizacionais
- Integridade de dados
- Apoio a decisões
- Possibilidades de expansão dos sistemas
- Captura e reutilização do conhecimento
- Integração interprojetos
- Gerenciamento de potencial humano e recursos
- Ferramentas e processos empresariais

Gerenciamento das Informações

- Relevância para as operações
- Integração interfuncional de dados
- Dados de performance
- Precisão e acurácia

Políticas e Procedimentos

- Modelos de processo
- Procedimentos-padrão
- Documentação do gerenciamento de projetos

Categorias utilizadas no modelo de maturidade desenvolvido pela Micro-Frame Technologies.
Esse quadro foi reproduzido de "Adding Focus to Improvement Efforts with PM3", de Ron Remy (1997), com permissão do Project Management Institute, Four Campus Boulevard, Newton Square, PA 19073-3299, uma organização mundial para o desenvolvimento do estado da arte no gerenciamento de projetos. Telefone: (610) 356-4800. FAX: (610) 356-4647.

Figura 11-5. Exemplos de categoria de maturidade em gerenciamento de projetos.

caso dos projetos do *bug* do milênio, a Information Technology Association of America desenvolveu um programa denominado ITAA*2000 em conjunto com o Software Productivity Consortium para identificar as melhores empresas em seu setor no tocante ao tratamento da questão. Ao contratar empresas ou comprar produtos devidamente certificados, os altos executivos seriam assegurados de que os procedimentos e processos corretos estariam em funcionamento – que se esses fossem adequada e diligentemente aplicados, os projetos seriam levados a um encerramento bem-sucedido e no prazo.

O Processo de Determinação dos Níveis de Maturidade em Gerenciamento de Projetos

A avaliação da maturidade de uma organização é uma questão de aplicação de um procedimento e de se comunicar os resultados. A abordagem básica consiste de:

1. *Avaliação Inicial.* Consiste na avaliação de todo o processo PMM a ser aplicado, tornando-o familiar a toda a organização avaliada, determinando a distribuição do material de pesquisa e analisando as avaliações feitas anteriormente.
2. *Reunião de Partida.* Essa reunião inclui os principais *stakeholders* na avaliação e cobre os seguintes tópicos: objetivos e escopo da avaliação, acordo quanto ao cronograma para a conclusão das pesquisas e confirmação da estratégia de distribuição de pesquisas.
3. *Coleta de Informações e Análise Inicial.* Essa fase consiste da distribuição e da reunião do material da pesquisa e da realização de entrevistas complementares.
4. *Consolidação.* Essa fase envolve a análise dos dados e a elaboração de um relatório escrito, que também pode ser apresentado oralmente.

REGRAS PARA AVALIAR A MATURIDADE

Se os tomadores de decisão da empresa preferirem não investir tempo e recursos, ou não tiverem a predisposição para investir em um estudo formal da maturidade em gerenciamento de projetos, podem optar por uma avaliação por terceiros tomando-lhes apenas algumas horas de análise e reflexão. Um consultor interno ou externo, experiente em gerenciamento de projetos e comportamento organizacional, pode rapidamente fazer uma análise. Apresenta-se, a seguir, como fazer uma avaliação rápida, mas confiável:

1. *Estrutura, Metodologia, Procedimentos.* Use o Guia PMBOK como base para avaliar as capacidades em gerenciamento de projetos. Como a forma pela qual os projetos realizados na organização se compara aos procedimentos do PMBOK? Utilize as perguntas apresentadas no Capítulo 7, "A Arte de Fazer Perguntas", como referência.

2. *Conhecimento e Capacidade das Pessoas.* Determine até que ponto os gerentes e profissionais são instruídos e competentes no gerenciamento de projetos. Utilize os critérios apresentados no Capítulo 10, "Competência em Gerenciamento de Projetos", como base para determinar quão instruídos e competentes são os participantes.
3. *Os Elementos Básicos da Organização.* Avalie se os elementos básicos do gerenciamento de projeto estão funcionando na organização: apoio técnico e administrativo, foco na promoção da causa do gerenciamento de projetos, um sistema de relatórios organizacionais e um sistema para gerenciar os gerentes de projetos. Veja o material sobre a organização das funções de apoio ao gerenciamento de projetos no Capítulo 5.

A PRÓXIMA ETAPA

Estando estabelecido o nível de maturidade, o que vem depois? Digamos que os sponsors da organização concluam, seja por uma regra prática, por um modelo científico ou por uma avaliação independente, que a empresa está na metade do caminho por volta do nível três – para atingir a total maturidade em gerenciamento de projetos. Quais são os próximos passos?

- *Criar a Conscientização, Divulgar a Ideia, Gerar Envolvimento.* Uma avaliação da maturidade em gerenciamento de projetos é similar a se fazer a leitura de um GPS (Sistema de Posicionamento Global – *Global Positioning System,* dispositivo de localização geográfica via satélite): ele lhe diz onde está, mas não o leva aonde você quer ir. O conhecimento do nível de maturidade de uma organização fornece uma orientação de modo que você possa seguir a rota mais eficiente até o completo gerenciamento de projetos. Uma avaliação PMM não melhora o gerenciamento de projetos, mas pode ser utilizada como uma ferramenta para aumento da conscientização. E, embora maior conscientização também não resolva o problema, gerar os interesses na melhoria das práticas de gerenciamento de projetos dentro da organização é um grande começo. Levante o assunto em reuniões e discussões e utilize as publicações internas ou similares para divulgar a ideia.
- *Desenvolver um Plano.* Uma avaliação destaca as áreas que estão abaixo do desejado. Se, por exemplo, a área de gerenciamento de riscos de uma empresa não existir, o gerenciamento de suprimentos for fraco e o escritório de apoio a projetos tiver deficiência de pessoal e estiver atrasado em termos de tecnologia, então essas áreas são os primeiros alvos para a melhoria. O plano para aumentar a maturidade em gerenciamento de projetos precisa incluir todos os elementos fundamentais de qualquer bom plano de projeto, incluindo um objetivo declarado com clareza, a estratégia de implementação, o plano de gerenciamento de *stakeholders*, um plano de comunicações e um cronograma de atividades.

- *Implementar, Controlar e Ajustar.* Como tudo está mudando na maioria das organizações, o projeto de melhoria da maturidade em gerenciamento de projetos provavelmente será alvo de diversos acontecimentos que poderão colocá-lo fora dos trilhos, como, por exemplo, o anúncio de uma fusão ou de uma compra, uma reorganização, uma mudança nos *stakeholders*, ou um corte de recursos. Como em qualquer projeto, correções e ajustes têm de ser feitos para assegurar que o projeto seja completado no prazo, dentro do orçamento e atendendo ao objetivo declarado com a qualidade desejada.

Em resumo, o nível de maturidade em gerenciamento de projetos mede a eficácia na entrega de projetos. Ele avalia o quanto uma organização progrediu em direção à incorporação do gerenciamento de projetos como uma forma eficaz de trabalho. A avaliação fornece uma conscientização inicial quanto à situação do gerenciamento de projetos na organização e, ao mesmo tempo, ajuda a preparar o cenário para torná-lo melhor.

Um Modelo Abrangente do PMI

O Project Management Institute possui um modelo de maturidade denominado OPM3, Organizational Project Management Maturity Model, ou seja, um modelo de maturidade organizacional em gestão de projetos. O OPM3 é um padrão que visa auxiliar empresas a entender o gerenciamento de projetos na organização e medir sua maturidade contra um amplo conjunto de boas práticas.

Por "Organizational Project Management" entende-se como o gerenciamento sistemático de projetos, programas e portfólios em alinhamento como os objetivos estratégicos. Este modelo se propõe ser abrangente, incluindo não somente as questões de gerenciamento de projetos, mas também as práticas de gerenciamento de programas e de portfólio.

O modelo lista mais de 600 boas práticas de gestão que deverão ser analisadas em relação à realidade da empresa. PMI oferece um software que facilita a aplicação e compilação dos dados a se analisados. Busca-se através da avaliação priorizar um número restrito de boas práticas (digamos de 10 a 20) como alvo para aprimoramento em próximo período de melhoria contínua. Maiores informações podem ser obtidas através do site www.pmi.org.

PRINCÍPIO 12

Remuneração e recompensa consistentes com
a importância dos projetos para a empresa são
fundamentais para se reterem os gerentes de projetos
e os principais membros da equipe de projetos.

CAPÍTULO 12

Dinheiro e Outros Incentivos para os Gerentes de Projetos

O dinheiro fala alto; pode promover a busca de habilidades, o desenvolvimento lateral de carreiras, a flexibilidade de equipes, o aprendizado contínuo e o melhor desempenho – todos fortemente relacionados ao sucesso no gerenciamento de projetos. Como você pode assegurar que os incentivos financeiros falem um gerenciamento de projetos fluente? Examinemos os sistemas de recompensa no ambiente de trabalho.

A remuneração costumava estar alinhada com a progressão na carreira. À medida que se subia degrau por degrau dentro de uma empresa, seus créditos se tornavam mais impressionantes, as responsabilidades mais amplas, os símbolos de status mais elevados e, é claro, seu salário também subia. Agora, a escada está caída no chão com os degraus quebrados, e os velhos paradigmas de salário estão sendo questionados.

As estruturas hierárquicas de remuneração raramente são compatíveis com o ambiente de trabalho baseado em equipes. Uma equipe de projeto precisa ser recompensada por conseguir fazer o trabalho, e não por lutar para alcançar o próximo degrau na escada organizacional. Devido à diferente natureza do trabalho de projeto, as hierarquias funcionais tradicionais e as estreitas escalas de remuneração limitam os esforços de uma organização para acompanhar o mercado. Portanto, as questões a serem levadas em consideração ao se projetar pacotes de remuneração para equipes são apresentadas na Figura 12-1. As questões principais que precisam ser consideradas no projeto de pacotes de remuneração e recompensa para equipes de projeto podem ser identificadas e utilizadas como base para projetar a abordagem.

A tendência em direção a estruturas flexíveis e achatadas induziu as organizações a adotarem uma abordagem de faixa ampla para a remuneração, afastando-se da graduação

- Tipo de remuneração contemplada: compartilhamento de ganhos, competência, mérito baseado na equipe, fixo, híbrido
- Alinhamento dos resultados do projeto com os resultados da organização
- Fonte de recursos para a remuneração de incentivo a equipes
- Relação da remuneração da equipe com a remuneração individual
- Política para a participação de pessoas em equipes múltiplas
- Equidade entre equipes que enfrentam desafios diferentes
- Relação entre os principais membros da equipe e o pessoal de apoio
- Política para membros de equipes *versus* pessoas que não estejam nas equipes

Figura 12.1. Principais questões em pacotes de remuneração e recompensa de equipes.

estreita e restrita de salários, o que resultou em uma redução do número de níveis e cargos, de faixas salariais mais amplas e de possibilidades de carreiras não gerenciais. Há três sistemas de remuneração e recompensa que funcionam bem em um ambiente de faixas amplas:

1. *Remuneração Baseada em Habilidades.* Essa forma de remuneração premia as pessoas pela competência e pelas habilidades que aprendem ou aplicam, em vez de pelos serviços que realizam. A empresa deve tomar cuidado especial em alinhar as habilidades compensáveis com as exigências do trabalho. Um programa de remuneração baseado em habilidades comunica aos empregados que eles avançarão se aumentarem suas capacitações. Também os orienta no sentido de trabalhar suas necessidades de desenvolvimento. O desenvolvimento nas habilidades do gerenciamento de projetos seria parte da base para a remuneração baseada em competências de uma empresa projetizada.

2. *Remuneração por Desenvolvimento na Carreira.* A remuneração por desenvolvimento na carreira, sob uma estrutura de remuneração de faixa ampla, permite que a empresa compense os empregados por aumentarem sua flexibilidade, experiência e conhecimentos através de mudanças de trabalho horizontais. Esses movimentos podem ser em termos de cargo (de gerente para indivíduo), função profissional (de vendas para produção), linha de produtos (de A para B) e de tipo e magnitude de projeto (de um pequeno projeto administrativo para um grande projeto de construção). A recompensa é feita geralmente no momento da mudança e está associada com o grau da mudança. O aumento médio para esses movimentos laterais é geralmente de cerca de dez por cento. A remuneração por desenvolvimento na carreira pode ser altamente eficaz em um ambiente baseado em equipes, uma vez que, assim como a remuneração baseada

em habilidades, ela fornece um incentivo para que os trabalhadores ampliem seu conhecimento do negócio, desenvolvendo, assim, equipes de trabalho mais flexíveis.

3. *Pagamento por Mérito.* Correspondendo a uma remuneração única em dinheiro para os indivíduos que atingirem determinadas expectativas de desempenho, essa forma de remuneração cria uma relação muito direta entre o desempenho e a remuneração. Para ser eficaz, o tamanho da recompensa por mérito deve ser grande o suficiente para atrair a atenção do empregado. E deve ficar claro para todos que o pagamento por mérito está diretamente ligado ao desempenho em uma tarefa ou projeto específico. Isso é particularmente aplicável a pessoas que estejam no topo da faixa salarial, mas que ainda mereçam estímulo adicional com base em um desempenho superior.

Essas três formas de remuneração fornecem incentivos para a aquisição de habilidades, o desenvolvimento lateral de carreira, a flexibilidade de equipes, a aprendizagem contínua e o desempenho superior – todos eles fortemente ligados ao sucesso do gerenciamento de projetos. Se adequadamente articuladas, essas formas de remuneração podem contribuir substancialmente para o sucesso de projetos e, consequentemente, para que a organização atinja suas metas de desempenho.

Pesquisa da Hewitt Associates, em cooperação com a Escola de Pós-Graduação em Administração da Chicago University, prova esse ponto. Nesse estudo, os dados obtidos de 437 empresas de capital aberto mostraram que aquelas com programas que gerenciavam o desempenho de seu pessoal e os recompensavam por apresentarem um desempenho superior tendiam a ter um resultado financeiro significativamente melhor do que aquelas que utilizavam abordagens tradicionais de gerenciamento e remuneração. Especificamente, as 205 empresas que tinham programas de gerenciamento de desempenho ultrapassaram as 232 que não os tinham, apresentando maiores lucros, melhores fluxos de caixa, melhores resultados no mercado de ações, maiores vendas por empregado e melhor desempenho financeiro e produtividade global. O estudo verificou, também, que empresas em dificuldades, mas que tinham um sistema de gerenciamento de desempenho recém-implantado, eram capazes de se recuperar em cerca de três anos, aumentando o retorno total dos acionistas em 24,8 por cento e aumentando as vendas por empregado de uma média de US$ 99 mil para US$ 193 mil.

Os ambientes de projeto possuem as condições clássicas para que os incentivos sejam eficazes: as tarefas e funções são interdependentes, a interação no grupo é essencial para o sucesso, há um forte foco na solução de problemas em equipe e os resultados são (geralmente) mensuráveis. No entanto, os desafios da implementação de incentivos baseados em equipes são consideráveis. Os empregados e supervisores tendem a resistir a esse novo conceito. O sucesso depende muito de se escolherem as medidas de desempenho corretas e de estabelecerem padrões de desempenho atingíveis. A responsabilidade pelos processos de trabalho e pelos resultados esperados também deve ser bem atribuída e o sistema precisa recompensar razoavelmente o desempenho individual.

AS IMPLICAÇÕES DA REMUNERAÇÃO BASEADA EM HABILIDADES

A remuneração baseada em habilidades é frequentemente utilizada juntamente com outras práticas de sistemas de recompensa, tais como compartilhamento de ganhos, incentivos a equipes, benefícios flexíveis, participação nos lucros, distribuição de ações, incentivos individuais e, também, incentivos não monetários. A remuneração baseada em habilidades é mais comumente associada com o compartilhamento de ganhos.

De acordo com pesquisas, as empresas que utilizam ou estão aumentando o uso de esquemas de remuneração baseada em habilidades são aquelas sujeitas à competição externa, empresas com grandes preocupações com a velocidade ao mercado e aquelas que estão tentando aumentar a eficácia de movimentos de GQT e de equipes autogerenciadas. Aquelas empresas que estão sob pesada pressão competitiva, estrangeiras ou domésticas, também têm probabilidade muito maior de utilizar a remuneração baseada em habilidades e de experimentar outras inovações.

Os empregos, no sentido de contrato permanente, estão acabando, de modo que as estruturas de remuneração devem refletir a mudança em direção a práticas de negócio dinâmicas e orientadas para projetos. Como os pacotes tradicionais de remuneração se focalizam no cargo (um conceito em extinção) e não na pessoa, essas formas do passado tendem a se tornar inadequadas nesses novos cenários. Com o foco afastado do emprego e na pessoa, e a designação do projeto, o desafio é compensar as pessoas por terem a habilidade de desenvolver suas atribuições e seu desempenho em termos de resultados mensuráveis. Uma matriz simplificada é apresentada na Figura 12-2. Em uma organização projetizada, as estruturas hierárquicas de remuneração ficam particularmente deslocadas. Essa matriz mostra a política recomendada de remuneração para as variáveis combinadas de competência e desempenho em relação à taxa do mercado.

Embora os melhores resultados e os maiores incentivos constituam o lado positivo da remuneração baseada em habilidades e no desempenho, essa política tem seu lado ruim. Alguns desses perigos são:

1. *A Empresa Ainda não Está Pronta.* Se a organização ainda não fez a mudança do processo hierárquico para um negócio baseado em equipes, um esquema inovador de remuneração provavelmente irá por água abaixo. É melhor desmontar os

	Baixo Desempenho	*Desempenho Médio*	*Alto Desempenho*
Baixa competência	Abaixo da T.M.	Abaixo da T.M.	Abaixo da T.M.
Média competência	Abaixo da T.M.	T.M.	Acima da T.M.
Alta competência	Abaixo da T.M.	Acima da T.M.	Acima da T.M.

Figura 12-2. Matriz de política de remuneração. Remuneração baseada na competência individual e no desempenho de projetos (T.M. = taxa de mercado).

níveis da organização e fazer a mudança cultural antes de fazer grandes mudanças na política de remuneração.

2. *A Empresa não Tem "Estrelas" que Sirvam de Exemplo das Vantagens do Novo Sistema de Incentivos.* Sem exemplo de vencedores, a estrutura revisada de remuneração não surtirá efeito. Se for esse o caso, os *benchmarks* baseados em competência podem ser obtidos de organizações de alto desempenho, que, por sua vez, podem ser utilizados como um padrão ideal de competência e desempenho.

3. *As Faixas de Remuneração Podem Fugir ao Controle em Relação às Políticas Gerais da Empresa.* Pessoas que apresentem um desempenho extraordinariamente alto podem causar danos ao que é considerado razoável e aceitável dentro da empresa. Se o mercado for utilizado para a fixação de limites, sem sabotar o objetivo de recompensar os que têm desempenho excepcional, a política de remuneração ainda pode ser mantida dentro de certos limites. No entanto, o conceito de remuneração baseada em habilidades e desempenho deve afrouxar estruturas limitadas e alargar as faixas de remuneração.

Os projetos são, por natureza, realizados por equipes, de modo que as questões da remuneração baseada em equipes entram em jogo quando o projeto e os resultados da organização precisam ser otimizados através de um programa de remuneração. Não há, no entanto, nenhuma fórmula mágica conhecida para aplicar à remuneração de membros de equipes de projetos, pois cada organização tem seu próprio conjunto de peculiaridades.

As principais questões que precisam ser consideradas no desenho de pacotes de remuneração de equipes de projetos, no entanto, podem ser identificadas e utilizadas como uma base para o sistema. Essas questões são apresentadas na Figura 12-1.

Dinheiro não é tudo, mas como alguém espirituoso uma vez observou, ele lhe dá algum poder ou controle sobre seus filhos adolescentes. Há, é claro, muitos outros fatores que aumentam a produtividade. Mas, sem um programa de remuneração que faça sentido em uma organização orientada para projetos, outros incentivos cairão por terra ou serão percebidos apenas como "vitrines".

SE VOCÊ TEM DEZ DÓLARES PARA GASTAR

O bom senso no meio executivo reza que se você tem recursos limitados, precisa gastá-los sensatamente, antes de montar um pacote ambicioso de remuneração. Se a área de Recursos Humanos tem um dinheiro limitado para gastar, deveria fazê-lo primeiro na seleção, em vez de entregar recursos para os pacotes de remuneração, benefícios, treinamento e similares. Selecionar o gerente de projetos certo responde por 70 por cento do sucesso no gerenciamento de um projeto. Estando selecionado o gerente certo de projetos, o fator remuneração se torna relevante, de modo que a pessoa seja atraída para o projeto e o leve até a conclusão.

Os critérios para a seleção de gerentes de projetos são analisados no Capítulo 10, sobre competência. Todos os fatores baseados em remuneração, assim como outros fatores motivadores analisados nesse capítulo, dependem de se fazer a escolha certa. Nenhuma remuneração ou habilidade de motivação em nível executivo será suficiente para compensar as características individuais que não são as corretas para o trabalho. No entanto, uma vez que a seleção tenha sido feita, a alta gerência pode ajudar os gerentes de projetos a melhorar seu desempenho desenhando o pacote de remuneração correto e assegurando que os fatores motivadores clássicos tenham sido abordados.

INCENTIVOS OUTROS QUE NÃO DINHEIRO

Um pacote de remuneração atraente é um passo na direção certa para motivar gerentes de projetos e outros participantes importantes. Faz com que se sintam seguros, sinaliza que seu trabalho é apreciado e deixa-os saberem o quanto a empresa os valoriza quando comparados com o mercado. Se a expressão "você recebe aquilo que paga" for verdadeira, ela também assegura que a empresa está conseguindo pessoal de qualidade para os lugares certos no projeto.

A remuneração correta deve ser a suficiente para estimular os gerentes de projetos, aumentar a produtividade e promover uma atmosfera de diligência e bem-estar. Pelo menos é o que diz o bom senso. Afinal, em sociedades de consumo, o fator dinheiro está localizado em posição bastante elevada na lista das pessoas quando se trata de decidir onde trabalhar.

No entanto, estudos sobre motivação alegam que o dinheiro não é, na realidade, o verdadeiro agente motivador. A clássica pesquisa de Frederick Herzberg coloca o dinheiro junto a outros fatores, do tipo manutenção, que são esperados pelo trabalhador. Pelo contrário, a falta desses fatores (que incluem a iluminação adequada e outros itens físicos relacionados ao ambiente de trabalho) é um agente de desmotivação. Assim, a teoria é de que as pessoas não se excitam porque têm um ambiente de trabalho decente, ou porque a iluminação funciona, ou porque são pagas ao nível do mercado – elas esperam essas coisas. Elas não estão felizes porque essas coisas estão funcionando, mas ficam desapontadas se esses componentes estiverem faltando.

Admitindo-se que haja algum crédito na teoria testada pelo tempo de Herzberg, isso significa que um vigoroso pacote de remuneração não resultará em maior produtividade – pelo menos não isoladamente. É necessária uma mistura saudável de fatores motivadores para fazer a produtividade crescer. Os gerentes de projetos gostam de desafios, gostam de trabalhar em coisas que os interessam e que criam novas oportunidades e gostam de situações que geram sinergia. A maioria dos gerentes de projetos é realizadora por si mesma, de modo que gosta de situações que lhe permitirão conseguir resultados. Alguns gerentes de projetos anseiam por reconhecimento; se este for o caso, medalhas, tapinhas nas costas e placas podem ser importantes. Algumas das chaves para o estímulo de gerentes de projetos e outros importantes participantes são:

- *Feedback Positivo.* Até mesmo gerentes de projetos ríspidos e duros gostam de saber que são apreciados. E a apreciação não precisa esperar pelo banquete anual de premiações. "Prêmios" informais, tapinhas nas costas, reais ou virtuais, um bilhete simpático e uma linguagem corporal de apreciação geralmente vão longe, no sentido de alimentar o desejo do gerente de projetos de alcançar a excelência e conseguir resultados excepcionais.
- *Status.* Gerentes de projetos fazem as coisas acontecerem nas organizações. São virtualmente responsáveis por todas as mudanças que acontecem. Merecem receber um tratamento consistente com essa posição, em termos de apreciação, benefícios e ambiente de trabalho.
- *Envolvimento no Planejamento Estratégico.* Os gerentes de projetos gostam de sentir que estão parcialmente no controle de seu destino. Envolvê-los nas fases estratégica e de pré-implementação ajuda a mitigar a síndrome do "nós planejamos, agora vá e faça", que muitos gerentes de projetos enfrentam e de que se queixam.
- *Apoio.* Os gerentes de projetos precisam de apoio para atravessar a turbulência que cerca a maioria dos projetos. Isso significa apoio de cima em termos de poder e política e da própria organização em termos de sistemas, procedimentos e recursos. O gerente de projetos que se sente apoiado provavelmente estará motivado para atingir as metas de projeto.
- *Diretrizes Claras.* Os gerentes de projetos gostam de saber quais são as regras, como são feitas e como podem ser mudadas. A clareza dos objetivos e da direção é elemento fundamental para realizar sua missão.
- *Estilo Pessoal.* O princípio de "diferentes tratamentos para diferentes pessoas" é aplicável nesse caso. Cada gerente de projetos tem uma forma de fazer as coisas. Se o gerente é do tipo "vá embora e deixe-me fazer meu trabalho", a alta gerência precisa fazer do documento inicial do projeto um elemento muito atraente e convincente, que destaque claramente as responsabilidades e seu escopo. Se, por outro lado, o gerente de projetos for do tipo participativo "vamos resolver isso juntos", os executivos precisam estar preparados para sentar-se juntamente com ele de vez em quando. Os gerentes de projetos esperam que as pessoas sejam capazes de se adaptar a seu estilo.

Um crescente número de pesquisas mostra que as questões trabalho-vida são mais importantes do que o dinheiro para os candidatos a empregos de hoje – e isso inclui os gerentes de projetos. Os índices de desemprego do Departamento de Trabalho dos EUA são os menores já vistos no último quarto de século. "Os que procuram emprego hoje estão mais preocupados com a cultura corporativa e com o crescimento de longo prazo do que em aceitar a oferta mais alta, de acordo com Lynn Taylor, então diretor de pesquisas na Robert Half Intemational, Inc., uma empresa de colocação de profissionais especializados nas áreas de contabilidade, finanças e tecnologia da informação.

Essa mesma lógica se aplica a motivar os gerentes de projetos já contratados. Para muitos gerentes de projetos, um alto salário não compensará um ambiente de trabalho rígido e negativo. Muitas pessoas talentosas prefeririam trabalhar para uma empresa que oferecesse menos dinheiro, mas melhores perspectivas e uma cultura corporativa mais progressiva.

À medida que os *baby boomers* (geração pós-Segunda Grande Guerra) envelhecem, o potencial e a estabilidade em longo prazo são as principais preocupações para muitos trabalhadores, à luz das modas de fusões e *downsizing* do final do Século XX. Em vez de procurar o máximo de dinheiro no mínimo prazo, muitos gerentes de projetos estão considerando uma gama de benefícios, incluindo oportunidades de crescimento na carreira, opções em ações, reembolso de gastos com instrução, treinamento, bônus ligados ao desempenho pessoal ou da empresa e planos privados de pensão. Também, dão mais valor a um ambiente de trabalho com mais "calor" – que ofereça os benefícios do "fator humano", como tempo flexível, dias especiais, nos quais possa se vestir mais à vontade, telecomutação, compartilhamento de emprego, férias prolongadas – e até mesmo com salas de ginástica e creches no local.

Mas esses componentes tangíveis são apenas parte de um ambiente de trabalho amigável. Alguns dos aspectos menos tangíveis, como apoio, mentoração e trabalho em equipe, são igualmente importantes. Tornou-se um truísmo o fato de que os empregados que se sentem valorizados são mais leais e trabalharão mais, de modo que uma provisão para um ambiente de trabalho mais relaxado é simplesmente um bom negócio. Mesmo profissionais temporários – uma categoria em que os gerentes de projetos às vezes se incluem – estão procurando pelos mesmos ambientes de trabalho positivos. Ao se focalizar mais nos aspectos mais qualitativos do que nos quantitativos da remuneração, uma empresa acrescenta profundidade ao pacote de salários e benefícios meramente "sanador" e tem a oportunidade de criar um ambiente profundamente motivador.

MANTENDO UM ALTO COMPROMETIMENTO EM TEMPOS DESAFIADORES

Mesmo quando uma empresa está lutando para manter seu ritmo com as mudanças ou está enfrentando uma reorganização, reengenharia, *downsizing* e outros processos destruidores da moral, é possível manter os gerentes de projetos engajando-os no processo de mudança. Dutch Holland e Sanjiv Kumar, em um artigo da PM *Network* (junho de 1996), estabeleceram um modelo de envolvimento que mantém alto o moral dos membros da equipe e dos gerentes durante os difíceis períodos de transição – como a transição de uma organização tradicional para uma organização gerida pelos princípios da gestão por projetos. De acordo com esses autores, os indivíduos em uma organização precisam de direção, ou de um quadro de para onde a organização está indo. Precisam também de habilidades para trabalhar de novas formas, de incentivos para se refocalizarem na direção desejada de acesso a recursos para assegurar seu sucesso e de um plano de ação para fornecer um ponto de partida. Apenas quando todas essas peças

Influência Relativa de Incentivos e Outros Fatores Gerenciais

Direção	Habilidades	Incentivos	Recursos	Plano de Ação	→ Envolvimento
	Habilidades	Incentivos	Recursos	Plano de Ação	→ Confusão
		Incentivos	Recursos	Plano de Ação	→ Ansiedade
Direção			Recursos	Plano de Ação	→ Nenhuma Mudança
Direção	Habilidades			Plano de Ação	→ Frustração
Direção	Habilidades	Incentivos			
Direção	Habilidades	Incentivos	Recursos		→ Falsos Começos

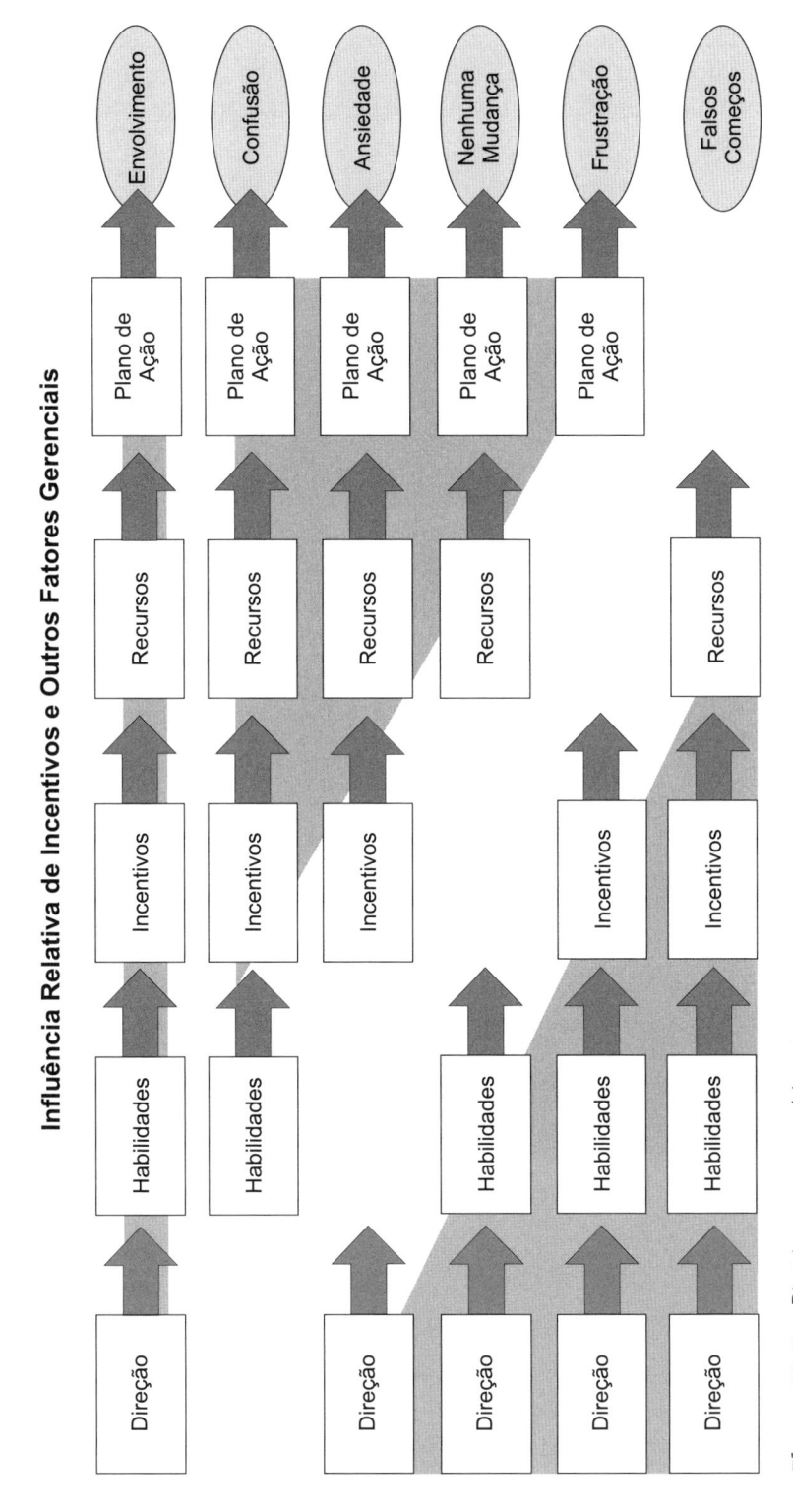

Figura 12-3. Diretrizes para o envolvimento.

estão no lugar, os membros de uma organização podem se sentir totalmente engajados no trabalho de transformar a forma pela qual fazem negócios (ver Figura 12-3). Observe que, quando não há incentivos ou um pacote de remuneração, as coisas continuam basicamente as mesmas.

DINHEIRO É BOM, MAS NÃO É TUDO

Os gerentes de projetos são motivados por vários fatores, incluindo dinheiro. O dinheiro fornece o estímulo para o melhor desempenho, assim como a motivação para a aquisição de habilidades, o desenvolvimento lateral de carreira, a flexibilidade da equipe e a aprendizagem contínua. Uma boa remuneração é um passo na direção certa para estimular os gerentes de projetos e outros participantes importantes.

Por outro lado, um poderoso pacote de remuneração não aumentará a produtividade por si só. Estudos sobre a motivação alegam que o dinheiro não é absolutamente o verdadeiro incentivo. É necessária uma mistura de outros fatores para se dar um salto quantitativo em produtividade para os gerentes de projetos e equipes. Esses fatores incluem um *feedback* positivo, o fornecimento de status à posição e ao trabalho, o envolvimento em questões estratégicas, a disponibilidade de apoio, diretrizes claras e espaço para o estilo pessoal.

PRINCÍPIO 13

A comunicação na gestão por projetos abrange o espectro que vai desde o alinhamento de metas empresariais, até comunicação interpessoal.

CAPÍTULO 13

Comunicação no Mundo de Projetos

Ray Boedecker, quando alto gerente na KPMG/Peat Marwick, tinha sua fórmula para desenvolver e implementar com êxito processos de negócios extremamente complexos envolvendo hardware, redes, software, desenvolvimento de aplicativos e pessoal técnico altamente especializado: "Reze. Reformule constantemente suas expectativas. E aprenda a se comunicar."

No tocante a projetos de alta tecnologia, admite-se frequentemente que as metodologias e ferramentas se encarregarão da comunicação de dados através de processos lógicos. Na realidade, essas ferramentas e metodologias raramente estão totalmente integradas em softwares que levam em conta a complexidade das comunicações em um projeto. E com certeza não consideram as sutilezas e fragilidades do elemento humano e o impacto que têm sobre as comunicações.

As comunicações são *tão* básicas, que tudo depende delas na gestão por projetos. O conceito inicial do projeto começa na cabeça de alguém e, através de sucessivas e repetidas comunicações, reúne peso suficiente para ser formalmente proposto como um projeto. A aprovação do projeto representa outra barreira nas comunicações, pois uma miríade de envolvidos tem de "comprar" a ideia. As fases de concepção e de planejamento também são, essencialmente, exercícios de comunicação envolvendo a troca e a organização de informações de modo que decisões possam ser tomadas. O sucesso da implementação também depende das comunicações devido à necessidade de transferências de dados no momento certo e dos ajustes diários. O encerramento e a transferência do projeto para o cliente também dependem de um estreito interfaceamento entre a equipe de projetos e as pessoas responsáveis pela operação do projeto depois de concluído. Assim, o sucesso dos projetos tem relação direta com a qualidade das comunicações.

Quase tudo que acontece de errado em projetos pode ser rastreado a algum tipo de falha nas comunicações. As comunicações impróprias podem causar situações constrangedoras. Por exemplo: um memorando de um engenheiro de campo que trabalhava numa usina de cobre em construção continha a pergunta: "A segunda ponte rolante já foi comprada?" O pessoal da engenharia do projeto achou o memorando divertido, até que descobriu que, devido a uma falta de comunicações entre a engenharia civil e a mecânica, a única ponte rolante especificada não poderia fazer a transição de uma seção da usina para outra, o que resultou em um grande retrabalho e muitos rostos vermelhos.

PREMISSA: VALEM O TEMPO E O ESFORÇO

A primeira etapa para estabelecer uma sólida base para as comunicações é destacar as hipóteses básicas. Isso é o *ouro* nas comunicações que ocorrem nas organizações. Quando as comunicações são baseadas nas hipóteses corretas e comuns, as probabilidades de transmissão clara e sem ruído são maiores: isso é ouro puro para as partes comunicantes, que evitam decisões erradas e um dispendioso retrabalho causado quando se comunica sob premissas diferentes.

Encontrar as hipóteses certas e torná-las conhecidas a todo o pessoal envolvido são tarefas teoricamente fáceis, tão básico, digamos, como assegurar que os membros de uma equipe de remadores estejam dentro do barco antes de começarem a remar. Ou que os cantores em um quarteto estejam lado a lado de modo que possam cantar em harmonia. Quando as partes compartilham as mesmas premissas, a compreensão tende a acontecer. A hipótese compartilhada é que torna possível uma boa comunicação. No entanto, encontrar a hipótese compartilhada é uma tarefa difícil, porque as hipóteses são consideradas autoevidentes por aqueles que as presumem. Uma hipótese é tão óbvia para a pessoa que tenta comunicar uma ideia, que nenhum esforço é feito para tornar essa hipótese clara para outros. E é aí que surgem os problemas nas comunicações.

Projetos Pequenos, Projetos de Lançamento de Produtos e Megaprojetos

Nosso primeiro caso de premissas diferentes é o do fornecedor norte-americano de tecnologia para um "curso de treinamento experiencial ao ar livre", montado no Brasil. As especificações incluíram detalhes para várias pranchas e blocos, assim como material para um muro que deveria ser construído de "madeira de alta qualidade" disponível no mercado local. A madeira brasileira de melhor qualidade, maçaranduba no caso, tinha uma densidade muito maior do que a do pinho que o fornecedor norte-americano tinha em mente, o que significou que as pranchas eram pesadas demais para serem utilizadas conforme projetado. Além disso, o "muro de escalada" de madeira levou três vezes mais tempo para ser construído do que era previsto. A premissa incorreta era de que a madeira era a mesma; a premissa errada custou brocas, tempo, dinheiro e angústia adicionais. Faltou, nesse exemplo, uma hipótese comum com respeito à densidade da madeira.

O segundo caso envolveu o lançamento de um produto para o qual não havia demanda aparente. O Art Fry, da 3M, iniciou operações, em 1974, para superar as barreiras para o lançamento do papel-lembrete adesivo Post-its, tanto no labirinto corporativo quanto no mercado. Depois de vencer inumeráveis barreiras técnicas e políticas, deparou-se com os resultados de uma pesquisa de mercado que indicavam que não havia interesse de qualquer espécie nos adesivos Post-its. A premissa do departamento de Marketing era de que uma pesquisa convencional poderia avaliar adequadamente o potencial para um produto dessa natureza. Fry finalmente foi capaz de abrir novas perspectivas sobre essa premissa, raciocinando que o produto era tão diferente que as pessoas seriam incapazes de visualizar sua utilização, a menos que realmente o experimentassem. Por último, o lançamento comercial se tornou um sucesso quando a 3M começou uma generosa distribuição de amostras.

O último exemplo envolve um megaprojeto. Em 19 de outubro de 1993, o Congresso dos Estados Unidos autorizou o Superconducting Super Collider Project, o gigantesco fragmentador de partículas subatômicas, de US$11 bilhões, projetado para obter respostas às perguntas fundamentais sobre a formação do universo. Pelo menos três premissas incorretas foram em grande parte responsáveis por grandes panes de comunicação durante o projeto e, em última instância, por seu cancelamento:

1. Que os cientistas que haviam tão brilhantemente gerenciado projetos de natureza similar, porém menores, seriam capazes de lidar com sucesso com os desafios peculiares de um megaprojeto. Na realidade, tanto os cientistas e quanto os supervisores do Departamento de Energia mostraram-se incapazes de lidar com as questões básicas de gerenciamento de projetos e as pressões políticas.

2. Que o público em geral apoiaria o projeto. O público mostrou-se basicamente indiferente e frequentemente perplexo com a ambiguidade do objetivo do projeto.

3. Que as questões de formação de equipes e comportamentais não eram pertinentes a um projeto científico. Apenas em 1992, um ano antes de o projeto ser cancelado, o SSC começou timidamente a contratar alguns "seminários para integração de equipes", e tais seminários não envolviam integrantes da alta gerência, que eram justamente em quem deveriam se concentrar.

PREMISSA: TÃO SIMPLES QUANTO ABC

Descobrir as premissas por trás das decisões é a chave para a eficácia das comunicações. É obviamente a primeira etapa, como colocar o burro na frente da carroça. A "conscientização das premissas" não é uma capacidade intuitiva, mas sim uma que exige trabalho de detetive para pôr às claras as hipóteses que governam as decisões.

Alguns dos elementos básicos para se trazer as premissas à luz do dia são:

- *Minha/Nossas Premissas.* Ao enfrentar uma nova situação, olhe por sua intuição e anote as premissas por trás de sua posição inicial. Se você for parte de um grupo que esteja tomando uma decisão, faça um *groupthink* e coloque suas suposições na mesa.
- *As Premissas dos Outros.* Quando estiver negociando com outras partes, você terá uma vantagem se souber suas hipóteses. Em alguns casos, perguntas diretas esclarecerão as coisas; em outras situações, perguntas investigativas são necessárias para se ter ideia das premissas da outra parte.
- *Outras Premissas.* Provavelmente haverá ainda outras premissas a respeito das quais ninguém pensou, e uma sessão de *brainstorming* pode levantar novas possibilidades para análise.

PREMISSAS CLARAS SIGNIFICAM COMUNICAÇÕES CRISTALINAS?

Ter premissas claras, reconhecidas por todos os envolvidos, pode ser comparado a um observatório terrestre que faz observações de longo alcance no universo. As experiências com telescópios conduzidas em um dia nublado são fadadas ao fracasso, assim como as comunicações baseadas em hipóteses obscuras. Dias claros e premissas cristalinas não são, no entanto, suficientes para garantir comunicações sem problemas.

A teoria da comunicação é simples e bem conhecida; no entanto, essa mesma simplicidade pode mascarar o processo de pensamento do comunicador e esconder a alta probabilidade de um erro. A comunicação começa como um conceito mental abstrato na cabeça de alguém. Esse conceito é então traduzido, através de outro processo mental, em um código, geralmente de linguagem verbal, ou por meio de palavras escritas ou dados. O código é transmitido através de algum meio a quem quer que seja destinado a receber a mensagem. No estágio de transmissão, fatores como volume, dicção e velocidade entram em jogo. O meio, como, por exemplo, linhas telefônicas ou ar, ou ondas de rádio, afeta o processo de comunicação à medida que o ruído no canal de comunicação distorce ou interfere em algum grau a mensagem. O receptor, então, tem de estar sintonizado e prestando atenção para extrair a mensagem do seu meio de transmissão. Tendo sido recebida a mensagem, ela é decodificada e interpretada pela parte receptora e reconstruída na forma de um conceito mental.

Embora o processo seja praticamente instantâneo, essas etapas distintas existem, e cada uma delas representa uma barreira potencial às comunicações. A probabilidade de se obter comunicações eficientes é bastante baixa. Uma decomposição parcial nas etapas de concepção, codificação, transmissão, meio, recepção, decodificação ou interpretação pode iniciar um colossal colapso de comunicações, mesmo se as premissas forem totalmente convergentes. Para que as comunicações eficazes existam, deve haver grande cuidado para assegurar que todas as fases de comunicação sejam eficazes.

Como a probabilidade da boa comunicação é baixa, faz-se necessária uma postura proativa para cuidar desse processo delicado. Afinal, o fracasso ou sucesso de um projeto depende da comunicação na organização. Algumas formas de mudar o rumo das probabilidades em direção a comunicações produtivas e saudáveis são:

Da Perspectiva do Projeto

O gerente de projetos assume o papel de principal comunicador. A rota clássica para a eficácia das comunicações é através do plano de comunicações do projeto, que descreve as ações necessárias para garantir um fluxo eficaz de informações. O plano de comunicações do projeto pode ser desenvolvido em dois níveis para separar os princípios e conceitos gerais das inúmeras minúcias de informações:

- *Plano de Comunicações Nível I.* Esse plano consiste em uma listagem de premissas de comunicação, como, por exemplo: "A comunicação pela intranet é o canal preferido; itens de ação serão determinados nas reuniões semanais de coordenação; o acompanhamento das comunicações é uma política de comunicações do projeto, significando que os receptores das comunicações são responsáveis pela conformidade a essa política, recusando ou propondo revisões na comunicação inicial." Estando as premissas estabelecidas, o fluxo geral de comunicações é então definido em termos de quem, o quê, quando e como. *Quem* é uma lista de envolvidos (*stakeholders*) no projeto, como o gerente do projeto, o sponsor do projeto, o cliente e os gerentes funcionais. O plano descreve, então, para cada envolvido, *qual* tipo de informações é pertinente para aquele indivíduo, *quando* as informações devem ser enviadas ou recebidas e como as comunicações devem ter lugar.
- *Plano de Comunicações Nível II.* Esse plano estabelece o fluxo de comunicações detalhadamente. É apresentado sob forma de uma tabela matricial mostrando todos os participantes do projeto e o papel exato de cada participante (quem envia, aprova e é informado). Ao passo o Plano Nível I fornece um esboço do pano de fundo para as comunicações, o Nível II diz exatamente que ação deve ser tomada por quem.

Do Ponto de Vista da Organização

Em uma organização projetizada, os altos executivos são responsáveis por estabelecer um ambiente de comunicações eficazes que assegurará que os processos adequados estejam implementados. A essência da gestão de uma empresa de projetos é assegurar que as comunicações sejam eficazes tanto em nível de projeto como em nível organizacional. Como essa comunicação acontecerá depende de como a organização está estruturada para projetos. Aquele que na organização tiver o foco mais forte em projetos precisa tomar a iniciativa de desenvolver um Plano Nível I para o gerenciamento de projetos. Se houver um executivo principal de projetos, conforme descrito no Capítulo 5, a responsabilidade do plano é nitidamente desse CPO. De outra forma, essa tarefa deve ser realizada por alguém responsável pela gerência de programas, pelo centro de excelência em gerenciamento de projetos ou pelo escritório de apoio a projetos.

ALGUMAS SUTILEZAS DA COMUNICAÇÃO

A comunicação é um processo complexo que envolve diferentes abordagens para diferentes objetivos. Requer vencer uma grande variedade de barreiras. E significa ser capaz de se comunicar bem em situações muito variáveis. Algumas dicas para lidar com algumas dessas sutilezas da comunicação são apresentadas a seguir.

Calibrando o Nível de Energia Relativa a Dados, Conformidade ou Comprometimento

O nível de energia necessário para a comunicação varia de acordo com o objetivo da comunicação. Se o fluxo de dados for o único propósito da comunicação, será suficiente um sistema que transmita dados com precisão através de um meio relativamente isento de ruídos. Um degrau acima, em termos de energia necessária, está o caso em que o propósito é comunicar informações que garantam a conformidade com uma meta ou objetivo preestabelecido. Nesse caso, o *feedback* faz-se necessário, para verificar se os receptores estão, de fato, interpretando as informações para o bem da causa. Para garantir a conformidade, então, são necessários esforços maiores do que apenas transmitir os dados. Um nível ainda maior de energia é necessário quando o propósito da comunicação vai além da conformidade. Quando a meta da comunicação é conseguir o comprometimento, ou a participação de corpo e alma, a energia colocada na comunicação deve ser de alto nível.

Isso foi o que aconteceu com Phil Condit e Alan Mulally como líderes da equipe 777, que manteve a Boeing um passo adiante da Airbus, seu concorrente europeu. Grande parte do esforço de liderança teve como objetivo ganhar o comprometimento e convencer a equipe de que o mercado da aviação mundial havia sofrido mudanças sem precedentes e que eles se deparavam com um excitante desafio que envolvia o futuro da Boeing.

"Você obtém da comunicação aquilo que você coloca nela", diz o ditado popular. Assim, um esforço em nível de dados obviamente não produzirá a conformidade. Nem um esforço de comunicações em nível de conformidade fará as pessoas se comprometerem de corpo e alma com uma causa. O segredo de se obter o que se deseja da comunicação é declarar o propósito antes de se realizar a comunicação – dados, conformidade ou comprometimento – e colocar a energia necessária na comunicação para atingir o objetivo.

Barreiras às Comunicações

Existem muitas barreiras ao longo das estradas das comunicações de projeto. Elas surgem individual ou coletivamente, e dão origem a desvios e a buscas infrutíferas. Algumas das barreiras que aparecem no caminho da comunicação em projetos são:

- *Geografia.* Os trabalhos em projetos comumente espalham-se por diferentes localizações. As razões para isso incluem as telecomunicações mais amigáveis e a pressão para diminuir custos com viagens. Embora, teoricamente, as comunicações possam ser transmitidas por telecomunicações, o espalhamento geográfico do trabalho de projeto diminui a comunicação face a face, um importante componente do gerenciamento de projetos. As soluções para o desafio geográfico incluem auditorias de comunicações, videoconferências, mensagens eletrônicas e reuniões periódicas com a presença de todos.

- *Agenda Pessoal.* Interesses individuais, egos e estilos pessoais são importantes peças nos quebra-cabeças das comunicações de projetos. Manifestam-se na forma de poder e política e têm um grande efeito sobre os *stakeholders*, conforme analisado no Capítulo 6. Como todos têm experiências diferentes e processam as informações de formas diferentes, o desafio é grande para os comunicadores do projeto. As variadas agendas pessoais exigem uma abordagem customizada – uma abordagem que leve em consideração a individualidade dos participantes do projeto.

- *Cultura.* Quando os romenos balançam suas cabeças para cima e para baixo, estão sinalizando um não, e quando sacodem suas cabeças para trás e para frente, isso significa um sim. Para os que não são romenos, no entanto, é necessária uma grande concentração para distinguir um sim de um não devido à convenção cultural. Os japoneses são formais quando comparados às pessoas de muitas partes dos Estados Unidos, que gostam de tratar todos, mesmo estranhos, por seus primeiros nomes. Como a maioria dos japoneses não utiliza os primeiros nomes fora dos círculos familiares, alguns executivos japoneses nos Estados Unidos ganham apelidos como "Bob", ou "Ted", reservando a privacidade de seus nomes japoneses, embora fazendo a concessão do uso de primeiros nomes à cultura local. O Projeto da Hidrelétrica Itaipu Binacional conecta o Paraguai e o Brasil, que ficam separados pelo rio Paraná. Quando, nos anos 1980, a represa estava em construção, a língua e a cultura também separavam bastante o Brasil, um país industrializado, com 130 milhões de habitantes na época e de língua portuguesa, do Paraguai, um país agrário, com apenas 3 milhões de pessoas de língua espanhola. As diferenças entre as culturas mostraram-se tão grandes na equipe do projeto binacional, que um "projeto cultural" formal foi desenvolvido para ajudar a desenvolver habilidades linguísticas e interculturais.

Diferentes Situações

As comunicações ocorrem em vários contextos e cenários, e cada situação oferece seu próprio conjunto de desafios. O plano de comunicações do projeto precisa levar em consideração as várias e diferentes exigências de cenários distintos. Algumas pistas para se lidar com cada uma dessas situações são:

1. *No Palco, ao Vivo (no mesmo instante, no mesmo lugar).* Esses cenários incluem reuniões, apresentações, discussões entre duas pessoas e qualquer outro evento que esteja acontecendo ao vivo e em que as partes estejam no mesmo lugar. Para se organizar nesse cenário, é preciso utilizar as ferramentas corretas, como recursos eletrônicos e outros audiovisuais, ou os *flip charts* convencionais. Um layout funcional que misture a facilidade das comunicações com a privacidade necessária também é uma exigência organizacional, juntamente com salas de conferência bem equipadas, salas de reunião e salas de equipes. Outras necessidades são o treinamento em habilidades de apresentação, gerenciamento de reuniões e habilidades de *coaching* individual.

2. *Assíncrona (momentos diferentes, locais diferentes).* Esse é o caso de secretárias eletrônicas, e-mail, conferências por computador e similares. Essas ferramentas tornam possível organizar interações apesar do fato de as pessoas estarem geograficamente distantes uma da outra e de enviarem e receberem informações em instantes diferentes. Grande parte do treinamento é *on-the-job*. Algumas regras básicas, no entanto, são importantes: o que pode e o que não pode ser enviado, diretrizes para a resposta e preferências de algumas pessoas por e-mail em vez de correio de voz, e vice-versa.

3. *On-line (mesmo instante, locais diferentes).* O telefone há muito nos ajudou a lidar com comunicações reativas em tempo real de longe. A videoconferência é outra forma de estreitar a distância. Os desafios nesse caso envolvem, na realidade, fazer a conexão com as outras partes e as dificuldades normais do protocolo do telefone. Além disso, no caso da videoconferência, o gerenciamento geograficamente dividido torna-se uma questão. Os computadores também podem conversar via chat ou voz.

4. *Trabalho em Turnos (mesmo local, horas diferentes).* Os escritórios em que todos não estão ao mesmo tempo no local são típicos da situação do trabalho em turnos. Embora o local seja o mesmo, as pessoas estão trabalhando em tempo flexível, ou com alternância de turnos, ou a natureza do trabalho é tal que as pessoas entram e saem a toda hora do escritório. As ferramentas de comunicação assíncrona são úteis nesse caso (e-mail, correio de voz, etc.), pois

constituem uma maneira formal de passar informações diariamente (relatório de turnos, bilhetes afixados a um quadro e listas de verificação).

NOS PROJETOS E EM TODA A EMPRESA

A qualidade das comunicações é um fator-chave de sucesso no trabalho de projetos. Tudo que acontece no gerenciamento de projetos depende de comunicações eficazes. Isso significa que, em nível de projeto, precisa-se tomar cuidados especiais para que as comunicações ocorram de forma precisa e desimpedida. Um plano de comunicações de projeto de dois estágios é uma boa forma de realizar isso. Em uma escala mais ampla, as comunicações precisam ser asseguradas aplicando-se os mesmos princípios ao gerenciamento de projetos por toda a empresa – em outras palavras, assegurando que os mesmos princípios de comunicação sejam aplicados em nível organizacional.

PRINCÍPIO 14

A gestão por projetos assumirá novas formas
para atender às exigências das mudanças
e evoluções da humanidade.

CAPÍTULO 14

Como Gerenciar Projetos no Futuro?

Na terceira década do século XXI, as evoluções na tecnologia terão atingido níveis inimagináveis. A coletânea **Project Management Circa 2025**, editada por Cleland e Bidanda, aponta mudanças previsíveis que prometem ter impactos substanciais em projetos que afetam toda a humanidade. Estas incluem a nanotecnologia, formas novas de geração de energia, respostas ao tempo e calamidades naturais e ciências da Terra. Todas as soluções para esses desafios acontecem em função de projetos bem gerenciados, que, por sua vez, terão impacto em outros projetos futuros.

Projetos atingem todos os campos do desenvolvimento científico, físico, organizacional e humano. E a aceleração da evolução desses projetos apresenta desafios enormes para a comunidade de gestão, que precisa conduzir projetos inovadores em prazos e custos menores, e com qualidade cada vez melhor.

Para tal, os profissionais de projetos necessitam evoluir nas suas competências para dar conta dos desafios. Já se sabe que os gerentes de projetos bem-sucedidos possuem competências complementares que incluem formas distintas de inteligências, a saber: a *emocional* (autoestima, autoconhecimento, autocontrole), a *social* (empatia, negociação, gestão de pessoas, habilidade de influenciar) e a *cognitiva* (pensamento sistêmico e interpretação de padrões).

É no campo emocional/social/cognitivo que cerca o mundo do gerente e profissional de gerenciamento de projetos, que haverá evoluções significativas. A competência da inteligência emocional se evolui através do autoconhecimento que as organizações procuram proporcionar aos profissionais através de levantamento de perfis e sessões de *coaching*. A competência da inteligência social também evolui através de seminários e redes sociais. E a competência da inteligência congnitiva se desenvolve via certificações formais de competências. O futuro exigirá muito mais competência nessas inteligências para se poder gerenciar bem os projetos.

O autor Tom Peters disse certa vez que, independentemente de seus prognósticos a respeito do "futuro caótico", a realidade normalmente mostrou que ele havia sido conservador, apesar da aparente audácia de sua visão inicial. As coisas vêm acontecendo a uma velocidade mais rápida e de forma ainda mais surpreendente do que ele havia originalmente imaginado. Assim, a previsão do futuro é um desafio mesmo para aqueles que vivem disso.

Peters já vem pregando as glórias da gestão por projetos há muito tempo. Ele vê a gestão por projetos como uma forma de se conseguir realizar feitos importantes, de fazer as empresas partirem para uma mentalidade baseada em resultados. Ele cita empresas que são baseadas em projeto ou estão em processo de fazer a transformação para a gestão por projetos. Entre elas, estão a EDS, a CNN, a Imagination, a Oticon, a Ingersoll-Rand e a Union Pacific Railroad.

Já em 1992, Peters afirmava que o gerenciamento de projetos estava prestes a emergir como a primordial das habilidades gerenciais. Como o terceiro milênio já está aqui, e com base no que está acontecendo em termos de crescimento em número de projetos, é evidente que a gestão por projetos não está por vir e que, na realidade, já chegou. Está se espalhando pelas organizações e é cada vez mais percebida como uma habilidade fundamental para a gestão empresarial. A tendência da gestão por projetos é de crescer e se adaptar a este cenário mutante, o que já vem acontecendo no século XXI.

GLOBALIZAÇÃO

A globalização vem se manifestando há anos e afetou os negócios em todos os cantos do globo. Participantes de classe mundial na categoria dos melhores de seu setor tendem a prosperar e a se perpetuar. Empresas menores têm a opção de se unir em redes e alianças internacionais para permanecer em cena, ou de serem alienadas do mercado global e tentarem sobreviver localmente entre os tentáculos dos gigantes mundiais. Os projetos tendem a crescer em porte à medida que são motivados por fatores sociopolíticos. A maior dispersão pelo mercado global torna a oportunidade e a precisão da informação críticas e coloca um pesado fardo nos ombros da coordenação de equipes interculturais. Para grandes organizações funcionais, isso significa ter um gerenciamento de projetos de classe mundial funcionando e contribuindo para os resultados finais. O mesmo vale para organizações projetizadas, como a Bechtel, a EDS, a IBM e a ABB, que ganham sua vida fornecendo projetos bem-sucedidos e equipamentos relacionados aos projetos. Organizações menores, como a ESI, IIL, que oferece programas de treinamento, e a Primavera, fornecedora de softwares de gerenciamento de projetos, também estão sob pressão para acompanhar a demanda por apoio e experiência de classe mundial.

Entidades, como o Project Management Institute, estão trabalhando para a expansão dos seus quadros, a fim de assegurar que todos os seus membros sejam beneficiados. O Global Forum, um grupo com algumas conexões com o PMI, que se reúne antes ou depois da maioria dos simpósios internacionais sobre gerenciamento de projetos, também vem abordando as questões interculturais do gerenciamento de projetos globais. Um Comitê de Normas de Gerenciamento de Projeto *ad hoc*, envolvendo organizações normativas de todo o mundo, incluindo o PMI, vem dando passos em direção à normalização global. As organizações de gerenciamento de projetos em todo o globo tendem a se conectar em uma rede cada vez mais estreita para mitigar os desafios da globalização.

QUEM O FARÁ E COMO SERÁ FEITO?

As equipes tenderão a ser mais interculturais, especialmente à medida que os projetos sejam gerenciados virtualmente por grupos multidisciplinares espalhados pelo planeta. Isso significa que o pessoal de projeto precisará de maior consciência da diversidade e mais capacidade no gerenciamento de ambientes interculturais. Prevê-se que a população dos Estados Unidos continue a se tornar mais racialmente diversa, até o ponto em que, pela metade do próximo século, os norte-americanos de origem anglo-saxão estarão em minoria. A pluralidade de negros, asiáticos e hispânicos os superará significativamente. Assim, mesmo dentro das fronteiras nacionais, a diversidade entre os membros de equipe tenderá a crescer.

Aficcionados por projetos serão parte cada vez maior do cenário. Eles serão como os jogadores de futebol que jogam com lealdade, independentemente de qual seja seu time no momento. Os aficionados por projetos continuarão a levar a sério o conceito de "empregabilidade", preparando-se para o emprego tanto dentro da empresa como fora dela, no mercado de trabalho. O aficionado por projeto, como um artesão em uma guilda medieval, deve fidelidade não a uma empresa ou emprego, mas a uma profissão: a profissão do gerenciamento de projetos. Isso faz dele muito mais móvel, não apenas através das empresas, mas também entre setores da economia ou fronteiras nacionais.

"MAIS RÁPIDO DO QUE A VELOCIDADE DA LUZ"

Como o tempo é onipresente, em todos os lugares ao mesmo tempo, a demanda pela conclusão de projetos no prazo vem crescendo. Essa pressão sobre o prazo de conclusão resulta em maior simultaneidade – mais atividades paralelas acontecendo ao mesmo tempo. A globalização trabalha em favor de atender à redução de prazos. Os projetos podem agora gerar resultados vinte e quatro horas por dia, fazendo com que as partes certas dos projetos sejam buscadas em todo o planeta: a elaboração do projeto pode ser feita na Índia, o suprimento gerenciado na Europa e a fabricação na Argentina. Assim como no velho império britânico, o sol nunca se põe no trabalho de projetos. Essa tendência de se aproveitar dessa forma o dia de vinte e quatro horas tenderá a crescer.

Tal tendência é consistente com o gerenciamento de projetos, pois a corrida contra a virada das páginas do calendário e contra o tique-taque do relógio dá o tom do trabalho de projetos. Essa característica de início-meio-fim faz com que os projetos se destaquem de outros tipos de operações; à medida que o prazo se torna uma régua para medir o êxito, os projetos se tornarão cada vez mais reconhecidos como o caminho para o sucesso.

TECNOLOGIA

A tecnologia continuará a ter um efeito acelerador sobre o gerenciamento de projetos. À medida que os sistemas de telecomunicações se tornam mais confiáveis, particularmente em todo o mundo, os projetos serão mais bem e rapidamente gerenciados. A qualidade das imagens e as possibilidades do escritório sem papéis, o *paperless office,* também diminuirão a burocracia e aumentarão a produtividade. Aparelhos de fax serão peças de museu e a internet não apenas fornecerá a estrada, mas também colocará softwares espantosamente poderosos a apenas algumas teclas de distância. Microcomputadores potentes isolados serão raros, pois a internet se tornará tão confiável como uma rede de distribuição de energia elétrica, e softwares atualizados poderão então ser acessados a partir da rede, a qualquer instante.

Os softwares de gerenciamento de projetos serão cada vez mais amigáveis, particularmente para o gerenciamento de um único projeto, incluindo recursos gráficos cada vez mais sofisticados. Softwares mais complexos também estarão disponíveis para projetos múltiplos e de ambientes corporativos. Embora alguns pacotes de softwares proponham agora controlar projetos em âmbito corporativo global, os pacotes do futuro fornecerão interfaces com outros sistemas da empresa e oferecerão uma visão integrada de múltiplos projetos. Esses sistemas serão altamente flexíveis, embora exijam considerável customização na instalação para interfacear com sistemas relacionados existentes na empresa.

Por outro lado, embora a tecnologia vá tornar as comunicações e o manuseio de dados em projetos uma tarefa mais fácil, os próprios projetos serão cada vez mais complexos. Isso exige maior grau de desenvolvimento e, ao mesmo tempo, requer que todos os envolvidos no projeto ampliem sua base de conhecimento. Eles terão de ser instruídos em vários assuntos: a tecnologia básica, os sistemas de gerenciamento de projetos e os aspectos organizacionais da implementação de projetos. A maior complexidade em termos de tecnologia significa maior risco se a tecnologia não atender completamente às necessidades do projeto. Isso também cria um maior desafio em termos de integração da tecnologia de projetos, de sistemas de apoio e de equipe de projetos e da organização-mãe.

EM DIREÇÃO A UMA CULTURA CORPORATIVA DE GERENCIAMENTO DE PROJETOS

O crescimento da gestão por projetos (GpP) está seguindo um caminho similar ao movimento da qualidade dos anos 1980. O controle da qualidade (a rejeição de peças fora de padrões) evoluiu para a garantia da qualidade (inspeção dos *processos* em vez das peças individuais) e finalmente para as várias formas de gestão da qualidade total (gerenciamento de todas as partes da organização, de modo a atingir resultados de qualidade).

Em gerenciamento de projetos (GdP), a investida recaiu em como gerenciar eficazmente um único projeto. No século XXI, está havendo mais preocupação com o gerenciamento de múltiplos projetos. E o futuro aponta em direção a uma visão mais holística, como a gestão empresarial por projetos. Embora o despertar de algumas grandes corporações para as aplicações organizacionais do gerenciamento de projetos possa ser percebido como novidade, o conceito já é de fato conhecido há muito tempo – pelo menos desde o início dos anos 1990. Apesar desse fato, serão necessários alguns anos mais para que a maioria das empresas venha a adotar essa prática.

Isso significa que, no futuro, as empresas se perceberão não como organizações funcionais e hierárquicas, mas como ágeis empresas empreendedoras constituídas de um portfólio de projetos – perpetuamente em mudança e perpetuamente renováveis, todos os quais precisando ser feitos de forma mais rápida, mais barata e melhor. As empresas irão incorporar, assim, uma cultura de gerenciamento de projetos. Os membros da equipe da empresa de todos os níveis serão versados nos fundamentos do gerenciamento de projetos e aplicarão naturalmente os conceitos tanto para projetos individuais como através da empresa. O gerenciamento de projetos será parte da cultura da empresa, cultura essa que será reforçada por um suporte institucionalizado, em termos de sistemas integrados, pessoal treinado e de uma cultura corporativa que se perceberá cada vez mais como um empreendimento, em vez de uma corporação tradicional.

AS EXPERIÊNCIAS PASSADAS VALEM?

O que funcionou no passado pode não funcionar no futuro. E o que não funcionou da última vez pode ser uma grande solução. Assim como o jantar da véspera de Natal do ano passado já se acabou, o mesmo aconteceu com o projeto do ano passado. Algumas lições foram aprendidas no último Natal, mas este ano poderão ser muito diferentes. A vovó, que, por exemplo, sempre traz aquela torta de maçã especial, não poderá fazê-lo no Natal deste ano; dois estudantes muçulmanos de um programa de intercâmbio estarão à mesa; a prima Fernanda, agora, é alérgica a peru; e papai, que geralmente faz o jantar, estará atendendo no hospital. Assim como o jantar de Natal, o projeto deste ano é sujeito a mudanças, mesmo que aparentemente seja uma repetição do projeto do ano passado.

O prazo de cinco anos para se lançar um novo modelo de carro ainda era uma realidade na indústria automobilística dos anos 1980. Uma melhoria incremental nunca teria levado a indústria ao nível de prazo inferior a vinte e quatro meses atingido nos anos 1990 e a melhorias adicionais obtidas em anos subsequentes. Foi preciso abandonar velhos métodos e introduzir novas técnicas para se obter a resposta mais rápida necessária e cortar o tempo de ciclo em 60 por cento. A agilidade e o planejamento de contingências se tornaram fatores ao se navegar por mares desconhecidos. A avaliação de riscos é cada vez mais complexa. E as estratégias mais flexíveis são necessárias para se adaptar a situações em constante mudança.

Em muitos projetos, as mudanças são muito mais drásticas do que as do jantar do Natal passado ou do novo modelo do carro do ano que vem. Alguns fabricantes têm de abandonar linhas de fabricação inteiras para propor produtos completamente novos. Coloque-se na situação dos fabricantes dos seguintes produtos: papel carbono, máquinas de escrever, carburadores, enciclopédias de capa dura. A experiência anterior foi praticamente inútil para fazer a transição para novos produtos substitutos. É necessária uma visão completamente nova para sobreviver e prosperar no novo mundo projetizado.

DE VOLTA À SELVA

A ferocidade promete estar em alta em todos os esforços de projeto. A concorrência surge em negócios que vão desde a oficina local a negócios em todo o globo, exigindo novos produtos e serviços para atender a necessidades emergentes. A instabilidade ambiental deflagra a necessidade de adaptar não apenas cenários físicos em mudança, mas também os fatores econômicos relacionados a essas mudanças. É um mundo voltando à selva, onde parte do tempo de uma empresa deve ser gasta olhando por sobre seus ombros para evitar ser devorada, e outra parte está se preparando para saltar sobre novas oportunidades.

A sobrevivência nesse cenário requer estratégias políticas flexíveis, agilidade operacional, sistemas de informação altamente eficientes e processos internos. O planejamento de contingências é uma necessidade nesse ambiente selvagem, assim como uma liderança instintiva especial sintonizada com o bater dos tambores da selva. Os projetos precisam de um foco cada vez mais estratégico para assegurar que estejam alinhados com a direção estratégica da empresa. Essa responsabilidade é compartilhada pelos gerentes de projetos, que devem se tornar mais conscientizados com estratégias, e pelos altos executivos, que devem cada vez mais pensar e respirar projetos.

MANTENDO-SE A PAR DAS TENDÊNCIAS

O acompanhamento das tendências do gerenciamento de projetos pode ser feito diariamente, ou de forma dispersa ao longo dos anos. Há novidades suficientes surgindo para acompanhar o tópico pela internet todos os dias, ou periodicamente, em forma de reuniões mensais, revistas e informativos. Há comitês de normas e fóruns de *benchmark* que se reúnem para saber o que está acontecendo. E, ainda, convenções anuais reúnem o *status quo* da profissão e o que é antevisto para o futuro.

Uma forma de acompanhar as mudanças no gerenciamento de projetos é certamente por meio de associações profissionais. As mais conhecidas são o Project Management Institute, sediado nos Estados Unidos, e a International Project Management Association, baseada na Europa. Essas duas instituições têm maior abrangência em termos de cobertura global. De sua base norte-americana, o PMI tem seções em locais tão longínquos como a Nova Zelândia, a Coreia do Sul e os países árabes. A IPMA é uma federação de associações europeias (basicamente uma para cada país) que também tem membros em todo o mundo. Outros países têm suas próprias associações independentes e mantêm afiliações a entidades internacionais, como o PMI e a IPMA. É o caso da Austrália, Índia, Japão e África do Sul.

Algumas das questões que estão sob discussão nos fóruns e reuniões de comitês de associações de gerenciamento de projetos em todo o mundo são:

- *Normas Corporativas de Gerenciamento de Projetos.* Boa parte da literatura e dos guias sobre gerenciamento de projetos se focaliza no gerenciamento de projetos isolados. Já que as organizações vêm caminhando em direção à gestão por projetos, as normas e guias das entidades internacionais de projetos começam a incluir uma visão mais corporativa.
- *Modelos de Maturidade de Gerenciamento de Projetos.* Ainda não há um consenso amplo no setor que defina os parâmetros para analisar a maturidade do gerenciamento de projetos em uma organização. Embora haja vários modelos no mercado, é necessário um movimento profissional patrocinado por organizações para fornecer uma norma para o setor como um todo.
- *Competência de Gerentes de Projetos.* Normas vêm sendo publicadas pelo Australian Institute of Project Managers (AIPM) e pela Association of Project Managers (APM), no Reino Unido, descrevendo as competências dos gerentes de projetos. Não há, no entanto, um acordo global quanto à aplicabilidade dessas normas entre indústrias. É necessário um trabalho contínuo nas normas de competência.
- *Categorias de Projetos ou Tipologia de Projetos.* Tipologia de projetos é uma classificação e descrição de tipos de projetos que tenham características comuns, como projetos de construção, de desenvolvimento de softwares e de mudança organizacional. Essa tipologia de projetos precisa estar funcionando, para certificar adequadamente os gerentes de projetos. Embora alguns livros específicos de alguns setores abordem as questões, é necessária a visão de uma associação profissional que abranja a todos, para focalizar um conjunto padronizado de termos.
- *Atualizações e Extensões.* As normas existentes precisam ser questionadas e atualizadas periodicamente. Alguns setores específicos preferem adaptar normas à tipologia de projetos específicos. Mais uma vez, a orientação de uma orga-

nização profissional é necessária, para facilitar a prática e o diálogo profissionais futuros.
- *Reconhecimento Profissional.* Para os fornecedores de produtos e serviços ligados ao gerenciamento de projetos, o reconhecimento ou a certificação formal de produtos por uma associação profissional reconhecida é desejável. As organizações que compram esses produtos podem sentir-se seguras também ao saber que seu fornecedor está devidamente certificado. No entanto, nem todas as organizações profissionais desejam ou estão preparadas para fornecer um serviço de certificação de produtos.

Essa lista de tópicos na agenda das associações internacionais de gerenciamento de projetos promete acender novos desenvolvimentos nas aplicações do gerenciamento de projetos. Manter-se atualizado com o que está acontecendo na profissão é fundamental para empresas que planejam utilizar o gerenciamento de projetos como uma arma estratégica. Uma forma prática de se atualizar é fazer um *benchmark* com outros profissionais ou organizações interessados em projetos.

NÃO É SURPRESA

O fato de que o gerenciamento de projetos está se disseminando através de organizações em todos os níveis não é uma surpresa. Afinal, a corrida contra o calendário e o relógio dá o tom do trabalho de projetos. Essa característica de início-meio-fim faz com que os projetos se destaquem de outras operações; o prazo se torna um importante critério para a avaliação do sucesso. Esse cenário de pressão temporal e de informações promete continuar a se acelerar no futuro, quando os produtos que atendam à tríade "mais rápido-mais econômico-melhor" continuarão a desfrutar de uma forte vantagem competitiva. As empresas que se mantêm atualizadas e que aplicam as tendências em evolução contínua no gerenciamento de projetos aumentam suas probabilidades não apenas de sobreviver, mas também de prosperar, mesmo diante dos desafios crescentes.

PRINCÍPIO 15

Um modelo para alavancar transformação de estratégias em resultados precisa ter a abrangência que envolva todos os princípios do livro e, ao mesmo tempo, ser simples e ajustável a situações específicas.

CAPÍTULO 15

Aplicando os Conceitos: O Modelo TER

Na prática, como aplicar os princípios descritos neste livro para transformar estratégias em resultados? Quais os passos para desenvolver um programa eficaz de transformação? Como tornar práticos princípios amplos e abrangentes?

De fato, a Parte I ilustra a relação entre o contexto empresarial e os conceitos de gestão por projetos num mundo cada vez mais dinâmico. A Parte II relaciona princípios específicos que ajudam a planejar a melhor forma de aplicar os conceitos. E neste capítulo final da Parte II, apresenta-se o modelo de aplicação TER – Transformando Estratégias em Resultados, que mostra como aplicar os princípios em ambiente de transformação.

Observa-se que o Modelo TER parte do pressuposto da existência de estratégias específicas que correspondem a cada programa ou projeto que compõem o portfólio. Tais estratégias são consequência do processo de alinhamento das macroestratégias da empresa com seus projetos, conforme tratado no Capítulo 3. A sequência clássica de se alinhar as grandes estratégias da empresa com uma metodologia de transformação dessas estratégias em resultados, portanto, segue esta lógica:

- Macroestratégias da organização: planos estratégicos formais.
- Desdobramento dessas estratégias em portfólio de programas e projetos: processo definido pelas políticas de governança da empresa.
- Transformação dessas estratégias específicas em resultados: aplicação do Modelo TER.

A partir do pano de fundo ilustrado pelos 15 princípios apresentados no livro, desenhou-se o modelo de aplicação, abrangente e flexível, que serve de guia para desenvolver programas de transformação, preenchendo, assim, a lacuna entre estratégias e resultados. O Modelo TER esboça as etapas e sequências para garantir o desenvolvimento do programa ou projeto em questão. Ao mesmo tempo, o modelo abrange as atuações técnicas e atuações comportamentais, que farão parte do programa de transformação.

Quais as Aplicações do Modelo TER

O Modelo se aplica tanto para programas (conjunto de projetos correlacionados) quanto para projetos específicos. Por exemplo: ao se tratar das grandes estratégias de negócio da organização, o programa a ser desenvolvido terá grande abrangência e certamente incluirá diversos projetos de porte. Por outro lado, se a estratégia for mais específica, voltada ao marketing de uma nova linha de produtos, o programa será mais focado e alvejará resultados específicos. Em outra estratégia, voltada a treinamento, o programa em questão será mais restrito ainda; mesmo assim, o modelo TER continua aplicável, já que se trata de *transformar uma estratégia em resultado.*

Eis exemplos de outras situações para a aplicação da filosofia TER voltadas a maxitransformações:

- Mudanças organizacionais.
- Fusões e aquisições.
- Condução de projetos simultâneos.
- Projetos complexos do tipo ERP (*Enterprise Resource Planning*).
- Redirecionamento da empresa para Gestão por Projetos (a empresa projetizada).
- Modernização de processos.

Além desses exemplos de natureza macro, o modelo se aplica em situações específicas. Eis exemplos adicionais de programas TER desenvolvidos para implementar estratégias.

Nº	Estratégia Específica e Resultado Alvejado	Exemplo de Tipo de Programa TER
1	Aumentar competência em gerenciar seus projetos; *projetizar* a empresa	Programa de *coaching*, treinamento, *e-learning* e consultoria, avaliar maturidade em gerenciamento de projetos
2	Melhorar ambiente do trabalho	Programa de gestão participativa, liderança via *coaching* e treinamento
3	Melhorar produtividade (fazer mais com menos)	Programa de metodologia e capacitação voltado à qualidade e à criatividade, bem como ao redesenho de processos

Nº	Estratégia Específica e Resultado Alvejado	Exemplo de Tipo de Programa TER
4	Criação e lançamento de novos produtos	Reavaliação de portfólio de produtos atuais, pesquisa de mercado, programa de produtos piloto
5	Reduzir custos fixos de escritório via uso de bases virtuais	Estudo de viabilidade, avaliação de custo *versus* benefício, programas de endomarketing e mudança de cultura
6	Começar projeto crítico com pé direito	Planejar envolvimento do pessoal, organizar seminário de partida, fazer acompanhamento desde o início

Como é o Modelo TER

O primeiro passo do Modelo TER compreende a preparação de um **diagnóstico**, no que se procura entender a realidade da situação, levantando-se as necessidades e expectativas. A partir daí, passa-se à fase do **planejamento**, na qual se desenvolvem os planos especificando as atividades necessárias para transformar estratégias em resultados. Aprovado o programa, inicia-se a **execução**, na qual as atividades planejadas são executadas com os recursos disponíveis. No final do programa, na fase de **avaliação**, é realizada uma reunião de fechamento, em que são documentadas informações históricas e feita uma exposição de lições aprendidas. Ao longo do processo, há a atividade de **acompanhamento**, que inclui o uso de indicadores e marcos de controle.

As ações a serem incluídas no programa são escolhidas de opções de **consultoria** e de **treinamento**. A consultoria abrange gestão empresarial (mudança, cultura, estrutura), gestão de projetos (governança, portfólio, programas, projetos) e *coaching/mentoring*.

O treinamento abrange: desenvolvimento gerencial, gestão por projetos, experiencial-teal®, comportamental, capacitação e *e-learning*. Veja Figura 15-1 a seguir.

Observa-se que as soluções apresentadas poderão ser desenvolvidas por profissionais da própria organização, por empresas de consultoria, ou por uma composição desses recursos. A forma pouco importa, desde que espelhe a cultura e as necessidades da organização. A empresa que tem profissionais qualificados (consultores internos) pode aproveitar esses recursos para aplicar o modelo. Por outro lado, a organização que carece de profissionais fica com a opção de contratar o serviço com terceiros. A solução híbrida, no entanto, é muitas vezes a mais interessante, mesclando-se profissionais internos com recursos e *know-how* externo.

Diferencial do Modelo TER

O Modelo TER conjuga dois componentes essenciais para promover a transformação de estratégias em resultados. É no casamento de conceitos que reside a força do modelo.

Modelo TER
Transformando Estratégias em Resultados

CONSULTORIA	TREINAMENTO
Gestão Empresarial – Mudança – Cultura – Estrutura	**Desenvolvimento Gerencial**
	Gestão por Projetos
Gestão por Projetos – Governança – Portfólio – Programas – Projetos	**Experiencial – teal®**
	Comportamental
	Capacitação
Coaching / Mentoring	*E-learning*

FIGURA 15-1.

Pode parecer óbvia a necessidade de juntar dois poderosos elementos, mas nem sempre ela é percebida, daí o papel do Modelo TER para garantir uma composição harmoniosa e eficaz. Quais os dois componentes?

O primeiro trata de Gerenciamento de Projetos. O Modelo TER utiliza as técnicas de planejamento e controle explicado em detalhes no Capítulo 8. Escopo, prazo, custos e qualidade são componentes que levam em conta a elaboração de um programa de transformação utilizando o Modelo TER. Os fatores de risco e contratação de serviços também são tratados, bem como os de recursos humanos e comunicação. A integração dessas disciplinas de conhecimento constitui a área final dos princípios de gestão por projetos.

O segundo componente envolve a questão humana. Já que o Modelo TER é focado em transformação, torna-se imperativo priorizar o aspecto comportamental no desenho do programa. Afinal, as posturas, opiniões e formações das pessoas têm enorme influência sobre a aceitação, ou não, das medidas propostas para criar a sinergia desejada pela implantação do programa.

Apesar de o capital humano fazer parte dos conceitos de GdP, o Modelo TER propõe ênfase adicional ao componente comportamental. Motivação, trabalho em equipe e comunicação são elementos críticos para garantir o sucesso de qualquer programa de transformação. Portanto, na elaboração do programa, eventos voltados ao desenvolvimento de habilidades de caráter humano são essenciais.

Benefícios do Modelo TER

O Modelo prima pela sua flexibilidade e adaptabilidade a qualquer situação em que a estratégia precisa ser transformada em resultados. Os benefícios se resumem em *agregar vantagem competitiva* através de transformações voltadas a:

- Alcançar objetivos.
- Aumentar produtividade.
- Produzir resultados práticos.
- Gerar produtos eficazes, rápidos e por menor custo.
- Integrar equipes.
- Motivar pessoas e deixá-las satisfeitas.
- Melhorar relacionamento com o pessoal envolvido.

Alguns exemplos de aplicação do Modelo TER

Verifica-se que o Modelo TER é amplamente aplicável tanto a situações que exigem megatransformação quanto a circunstâncias mais simples que recomendam programas mais focados. Eis exemplos de aplicação:

EXEMPLO 1 *Projetização de uma empresa*

Trata-se da implementação de um programa de Gestão por Projetos, ou *projetização*, de uma organização, isto é, a transformação da filosofia empresarial de uma abordagem hierárquica, para uma cultura e prática movida por projetos, garantindo, assim, dinamismo e eficácia na organização. O alvo do programa é uma empresa multinacional que fabrica e comercializa produtos alimentícios. Observa-se, no entanto, que a mesma lógica e sequência se aplicam a empresas manufatureiras de equipamentos, bem como organizações voltadas à prestação de serviços, por exemplo, de consultoria, de TI, ou de apoio administrativo.

Fase 1: Diagnóstico

A empresa vinha passando por transformações, incluindo-se a incorporação de uma nova linha de bebidas energéticas. Essa fusão com os demais segmentos de negócios trouxe desafios e a necessidade de promover mudanças, tanto em termos organizacionais quanto no comportamento das pessoas. Uma das decisões estratégicas tomadas pela alta direção foi a adoção da filosofia de gestão por projetos, por acreditar ser uma alternativa eficaz para a empresa.

Existiam estratégias quinquenais para os segmentos, que, por sua vez, se dividiram em projetos. Tais projetos seriam gerenciados e conduzidos por times, que funcionariam de forma matricial em relação à estrutura funcional da empresa. Foram feitos levantamento e avaliação de informações, focados nos seguintes pontos: cultura, metodologias, ferramentas, capacitação, práticas atuais, necessidades futuras e desafios atuais e futuros. Além disso, foram verificados os procedimentos utilizados nas fases de concepção, planejamento, execução, controle e fechamento dos projetos na empresa. As áreas clássicas de gerenciamento de projetos, como prazo, custo, qualidade e escopo, foram analisadas, assim como o sistema de integração existente. Também, verificou-se o gerenciamento de recursos humanos, comunicação, contratação/suprimentos e riscos. Para isso, baseou-se no Guia PMBOK (*Project Management Body of Knowledge*) do PMI (*Project Management Institute*).

Fase 2: Planejamento

Sensibilizar as pessoas e a organização como um todo sobre as necessidades reveladas no diagnóstico. Segue exemplo de programa visando criar receptividade para o novo programa, bem como capacitar as pessoas para as mudanças.

- *Executive Briefing* para alta administração.
- Palestras de sensibilização.
- Eventos de integração dos profissionais.
- Workshop GPEX para líderes de projetos, consistindo em: gerenciamento de projetos e trabalho em equipe.

- Workshop de partida do programa.
- Customização de seminários previstos para a fase inicial:
  1. Fundamentos técnicos em gerenciamento de projetos.
  2. Habilidades básicas em software de controle.
  3. Habilidades gerenciais em projetos.
  4. Gestão de projetos complexos.

Fase 3: Execução

Implementação dos planos elaborados na Fase 2, inclusive: assessoria técnica; definição, estruturação e implantação de projetos-pilotos; identificação de projetos a serem trabalhados; detalhamento dos projetos; implantação dos projetos; assessoria na escolha e implementação da infraestrutura de sistema de gerenciamento de projetos

Fase 4: Avaliação e Acompanhamento

- Acompanhamento de marcos de controle e indicadores.
- Introdução de melhorias e correções.
- Lições aprendidas.
- Avaliação de providências de transição para etapa posterior (operação, por exemplo).
- Necessidades de desmobilização ou transferência de equipe.

EXEMPLO 2 *Retomada e Busca de Sinergia através da Gestão de Mudanças*

A organização em questão passou por mudanças significativas que provocaram necessidade de promover transformações, em face de insegurança e trauma provocados na vida pessoal e profissional por parte dos colaboradores.

Fase 1: Diagnóstico

Duas mudanças radicais aconteceram simultaneamente e afetaram fortemente os funcionários da empresa. A organização foi reestruturada, de um formato hierárquico para uma abordagem matricial. Ao mesmo tempo, a equipe sediada no Rio de Janeiro foi transferida para Brasília. Essas mudanças criaram inseguranças e expectativas junto aos colaboradores, bem como na alta administração da organização. O diagnóstico teve dois focos: primeiro, a mudança da estrutura organizacional e suas implicações; segundo, as consequências da transferência geográfica e a integração das equipes. Já que o resultado imediato das mudanças foi o forte enxugamento na força de trabalho, ficou evidente a necessidade de propor um programa de múltiplas medidas, inclusive de motivação dos colaboradores.

Fase 2: Planejamento

Com base no diagnóstico, foram elaborados planos para atender às necessidades identificadas e atingir os seguintes objetivos:

- Melhor entendimento do modelo matricial, de sua cultura e filosofia de trabalho.
- Melhoria no inter-relacionamento profissional.
- Predisposição ao trabalho em equipes multidisciplinares.
- Maior clareza dos problemas e mais criatividade na busca de soluções.
- Fortalecimento da integração de projetos.
- Maior integração dos profissionais originários do Rio com os de Brasília.

Fase 3: Execução

Foi elaborado um programa de seminários utilizando a metodologia vivencial, para fortalecimento do Espírito de Equipe.

- *Top Director Forum* para a diretoria, duração 16 horas.
- Trabalho de equipe para níveis gerenciais, duração 20 horas, com múltiplas turmas.
- Módulo de educação experiencial para todos os funcionários, duração 8 horas, com múltiplas turmas.

Foram ainda desenvolvidos trabalhos de:

- Assessoria mão na massa: definição, estruturação e implantação de projetos.
- Workshops de partida de projetos estratégicos.
- Capacitação em gerenciamento de projetos para gerentes e equipes.
- *Coaching* junto à alta administração.
- Detalhamento dos Projetos.
- Implantação dos Projetos.
- Assessoria no uso de sistemas de controle de projetos.

Fase 4: Avaliação e Acompanhamento

Houve acompanhamento sistemático dos projetos feitos por consultores alocados junto ao cliente. Auditorias formais de gerenciamento periódicas foram realizadas e melhorias de processo, implementadas. Avaliação do programa foi realizada conforme as métricas preestabelecidas, e lições aprendidas foram registradas.

EXEMPLO 3 *Evolução e Crescimento*

"Investir no desenvolvimento humano é apostar no único patrimônio realmente capaz de mudar uma empresa." Essa é a filosofia do presidente de jovem empresa na área de saúde. Para atingir metas ambiciosas, a estratégia escolhida consistia em cuidar do fator humano e fazer florir o melhor de cada colaborador.

Fase 1: Diagnóstico

A jovem empresa (dez anos) crescia de forma desordenada, apesar de ser lucrativa e movida pelo dinamismo do seu presidente. O próprio presidente, junto dos seus executivos mais próximos, percebeu que o crescimento utilizando a forma de organização de então seria insustentável. Faltavam processos, infraestrutura e sistemas, entre outros fundamentos. Constatou-se, também, a falta da boa administração do tempo dos diretores e executivos, bem como a necessidade de motivar o quadro de colaboradores para conseguir imprimir o ritmo de crescimento visualizado pela diretoria.

Fase 2: Planejamento

O programa elaborado teve como foco principal o desenvolvimento gerencial. Considerando que o quadro de executivos carecia de formação gerencial (eram médicos), foram propostas as seguintes linhas de atuação:

1. Formação acadêmica via cursos complementares, MBAs e seminários pontuais. O objetivo dessa parte do programa foi criar embasamento para que os profissionais de saúde pudessem desenvolver o raciocínio gerencial.
2. Amplo programa de *coaching* para todos os diretores e executivos da empresa

    O objetivo desse trabalho foi criar condições para os profissionais *coachees*:

    - ter percepção de si mesmo, de seus pontos fortes e dos seus pontos a melhorar;
    - estabelecer metas para aperfeiçoar seu desempenho profissional;
    - trabalhar questões de relacionamento com seus pares, subordinados e superiores; e
    - adquirir flexibilidade para adaptar-se a vários papéis.

3. Programa de seminários vivenciais visando desenvolver liderança e trabalho em equipe. Aqui, o objetivo era criar um espírito de equipe na empresa como um todo através de uma série de seminários de integração e energização. Nesses seminários, os participantes vivenciam situações em que é preciso praticar habilidades gerenciais que incluem: comunicação, negociação, administração de conflitos, tomada de decisão e inter-relacionamento com os colegas de trabalho.

Fase 3: Execução

Esses planos foram implementados em fases sucessivas ao longo de alguns anos. Candidatos para turmas de MBA e cursos acadêmicos foram selecionados com base em testes de competência e potencial para liderança. Entidades como Fundação Getulio Vargas, UFRJ e Dom Cabral, entre outras, ministraram cursos para as diversas turmas. O programa de *coaching* se iniciou com o próprio presidente e se alastrou para englobar todos os executivos principais da empresa. Em alguns casos, o período de *coaching* se estendeu até cinco anos. Quanto aos seminários vivenciais do tipo teal, a empresa investiu fortemente nesta modalidade (eventos com atividades feitas ao ar livre e com duração de 2,5 dias). Nos primeiros dois anos do programa, foram treinados mais de 800 colaboradores, e houve continuidade do programa após esse período inicial. No quinto ano do programa, os seminários vivenciais foram aplicados também na área comercial, através de uma série de eventos "prospects", em que clientes potenciais foram convidados a *participar* visando criar um relacionamento mais próximo, facilitando, assim, a aproximação ao cliente.

Fase 4: Avaliação e Acompanhamento

Os trabalhos foram monitorados pela área de Recursos Humanos da empresa, com apoio da consultoria. O orçamento para o ano seguinte foi revisto com relação a essas abordagens-chave, ou seja, formação acadêmica, *coaching* e seminários vivenciais. As programações foram ajustadas de acordo com o nível de crescimento desejado para o próximo ano.

Conclusões. O Modelo TER consiste em uma forma simplificada de aplicar princípios de projeto utilizando-se componentes de consultoria e treinamento para atingir os resultados desejados. Isso permite partir das macroestratégias da organização e desdobrá-las em portfólio de programas e projetos. Em seguida, tais estratégias são transformadas em resultados.

O modelo se aplica a grandes transformações, tais como: mudanças organizacionais, fusões e aquisições, projetos simultâneos, projetos complexos, a projetização da empresa, bem como a modernização de processos. Também, o modelo é igualmente aplicável para transformar objetivos específicos em resultados.

Observações e Fontes

Capítulo 1

"The Software Selection Project", *PM Network,* setembro de 1996. Max Feierstein foi entrevistado por Jeannette Cabanis do PMI.

Iso Guide 10006: *Quality Management: Guidelines to Quality in Project Management.* Para mais informações, visite o site http://www.ansi.org.

A Guide to the Project Management Body of Knowledge, do PMI Standards Committee (Project Management Institute, 1996).

The *Global Status of the Project Management Profession.* Proceedings do Global Forum realizado em 1995, em Nova Orleans (Project Management Institute, 1996).

"Make Projects the School for Leaders", por H. Kent Bowen, Kim B. Clark, Charles A. Halloway e Steven C. Wheelwright. *Harvard Business Review,* setembro-outubro de 1994.

As informações provenientes do Fortune 500 Benchmarking Forum são baseadas em minhas anotações das reuniões do Forum. Os resultados dessas reuniões também foram reunidos em um livro, *Best Practices of Project Management Groups in Large Functional Organizations,* de Frank Toney e Ray Powers (Project Management Institute, 1997).

Capítulo 2

O conceito de MOBP foi introduzido pela primeira vez em minha coluna *"UP & Down the Organization",* da *PM Network*, em 1996. Veja "On the Leading Edge of

Management: Managing Organizations by Projects", março de 1996, págs. 9-11; "Toward Corporate Project Management", junho de 1996, págs. 10-13, e "Tom Peters Is Behind the Times", setembro de 1996, págs. 10 e 11.

"Management of Projects: A Giant Step Beyond Project Management" por Rudolph G. Boznak. *PM Network,* janeiro de 1996.

Capítulo 3

As informações sobre a Promon foram obtidas a partir de uma entrevista com Carlos Siffert, em 27 janeiro de 1998.

O conceito de alinhar projetos com a estratégia empresarial foi discutido em minha coluna "Lining Up the Corporate Ducks", *PM Network,* fevereiro de 1997, págs. 17 e 18.

Capítulo 4

O esboço da sessão executiva foi publicado pela primeira vez em minha coluna "Socking Project Management to Your Organization: First, You've Got to Get Their Attention", *PM Network,* outubro de 1997, págs. 22 e 23.

Capítulo 5

Uma discussão sobre os diversos tipos e locais de escritórios de projeto foi publicada pela primeira vez em minha coluna "O Give Me a Home", *PM Network,* agosto de 1997, págs. 18 e 19.

Anotações pessoais no Forum 500 Project Management Benchmarking Forum, Milwaukee, 19 de setembro de 1997.

Capítulo 6

Os pontos básicos do gerenciamento de *stakeholders* foram discutidos em minha coluna "Will the Real Stakeholders Please Stand Up?" *PM Network,* dezembro de 1995, págs. 9 e 10.

Capítulo 8

A Guide to the Project Management Body of Knowledge do PMI Standards Committee (Project Management Institute, 1996).

Capítulo 9

Observações do AMA's Executive Forum on the Project Organization, "Transitioning for Maximum Corporate Agility", de 17 e 18 de novembro de 1997, Miami Beach.

As apresentações citadas incluem "Project Management Education: Consistent and Flexible for Bottom-Line Value", por Sue Guthrie, gerente do IBM Project Management Center of Excellence; "Creating an Environment for Successful Projects: The Quest to Manage Project Management", por Randy Englund da Hewlett-Packard Company; e "Effectively Building and Managing a Team Culture", por Bebbie Hinsel, da Pfizer.

Capítulo 10

"A Project Manager Competency Model", por Ron Waller, PMP. *Proceedings of the 28th Annual Project Management Institute Seminars & Symposium* (Project Management Institute, 1997), pág. 453.

"Project Management Competence for the Next Century", por Lynn Crawford. *Proceedings of the* 1997 *Project Management Institute Seminars & Symposium* (Project Management Institute, 1997), págs. 411-416.

As informações sobre os modelos APM e IPMA foram obtidas a partir de materiais existentes no site sobre o Project Management Forum, no endereço www.pmfornm.org/prof/standard.htm#CERTIFICATION, em 24 de janeiro de 1998.

Capítulo 11

"Adding Focus to Improvement Efforts With PM3", por Ron Remy. *PM Network,* julho de 1997, págs. 43-47. A Micro-Frames Technologies desenvolveu um modelo de maturidade em gerenciamento de projetos chamado PM3, que usa uma abordagem similar em três níveis.

"Project Management Maturity Model", por Anita Fincher. *Proceedings of the* 1997 *PMI Seminars & Symposium* (Project Management Institute, 1997), págs. 1.028-1.035.

"760 Days and Counting...", por Jeannette Cabanis. *PM Network,* dezembro de 1997, pág. 46.

Capability Maturity Model for Software, *SEI Technical Reports 91-TR-024* (Software Engineering Institute, agosto de 1991).

"Benchmarking Project Management Organizations", por C. W. Ibbs e Young-Hoon Kwak. *PM Network,* fevereiro de 1998, págs. 49-53.

Capítulo 12

"A Proven Connection: Performance Management and Business Results", por Danielle McDonald e Abbie Smith. *Compensation & Benefits Review,* janeiro-fevereiro de 1995, págs. 59-64.

"One More Time: How Do You Motivate Employees?, por Frederick Herzberg. *Harvard Business Review,* 46, 1 (1968), págs. 53-62.

"Employee Engagement in Reengineering", por Dutch Holland e Sanjiv Kumar. *PM Network,* junho de 1996, págs. 35-39.

Capítulo 13

"Communications: The Project Manager's Essential Tool", por Ray Boedecker. *PM Network,* dezembro de 1997, págs: 19-21.

"Communication, Commitment, and the Management of Meaning", por Bud Baker. *PM Network,* dezembro de 1997, págs. 35-36. Baker é responsável pelo MBA Project Management Program da Wright State University.

Capítulo 14

"Envisioning the Next Century", por Jeannette Cabanis. *PM Network,* setembro de 1997. págs. 25-31.

"Toward a Corporate Project Management Culture: Fast-Tracking Into the Future", por Paul C. Dinsmore. *Proceedings of the* 1997 *PMI Seminars & Symposiun* (Project Management Institute, 1997), p. 447.

"Project Management Circa 2025", por David I. Cleland, PhD & Bopaya Bidanda, Ph.D., Project Management Institute, Newtown Square, Pennsylvania, 2009.

Capítulo 15

Teal: Uma Revolução em Educação Empresarial, por Paul Campbell Dinsmore, Senac Rio, Rio de Janeiro, 2004, pp. 161 – 165, 173 – 176.

Índice

A

ABB, 9, 44
Abordagem da árvore de decisões para o gerenciamento de riscos, 114
Abordagem do anjo da guarda, 30-32
Abordagem como exemplo, 129
Além da Reengenharia (Hammer), 7
Alinhamento estratégico de projetos, 38-40, 47
Alta gerência, responsabilidades da, por gerenciamento de projetos, 28
Ambiente de trabalho, 172
American Express, 96
Antecipando surpresas, 37
Aprendizagem *on-the-job,* 130-131
AT&T, 9, 97, 137
    certificação, 137
Auditoria de gerenciamento de projetos, 39-40
Australian Institute of Project Management, 142
Avaliação, 201
Avaliação de competência, 136-137
    benefícios da, 137-138
    capacidade, 144
    princípios, 135

B

Balanced scorecard. 35
Banco de dados de âmbito empresarial, 35-36
Barnevik. Percy, 44
Benchmark, 196
Benefícios, 203
Bennis, Warren, 6
Boedecker. Ray, 177
Boeing, 182
Bueno, Edson, 131
Bug, projetos, 159
Busca das premissas, 178-179

C

Campeões, 79
Carnegie Mellon University, Capability Maturity Model, 151-155
    certificação, 138, *Ver também competência*
    diagrama de causa e efeito, 110
Centro de excelência em gerenciamento de projetos, 61-63
Chief Project Officer (CPO), 65-66
Ciclo de vida do projeto, 102
    e perguntas a serem feitas, 91
Citibank, 9, 43
Clientes e padrões de competência, 135
Coaching, 130-132
Coleta de informações para educação, 124
Colocando a gestão por projetos para funcionar, 50
Combe, Marge, 44
Competência, 195

213

caminhos para a, 144
e poder, 76-77
e sucesso, 140-141
o que é, 136-137
quem precisa de, 141-142
Competências como entradas do projeto, 143
Competências como saídas de projetos, 144
Competências em processos, 144
"Compra", 38, 47
   pelos *stakeholders*, 82-83
Comprometimento, 172-174
Compromisso. Ver Comprometimento
   Computadores, 69-70
Comunicações ao vivo, 184
Comunicações assíncronas, 184
Comunicações on-line. 235
Comunicações, 47
   barreiras, 183-184
   busca de premissas, 178-179
   da perspectiva da organização, 181-182
   da perspectiva do projeto, 181
   importância, 177-178
   nível de energia para, 181
   perguntas relativas a, 94
   por toda a empresa, 21-22, 185
   princípios para, 175
Concorrência, 194
Condit, Phil, 182
Congresso dos EUA, 179
Conhecimento e poder, 76
Consciência de projeto maturidade gerencial, 160
Conscientização sobre as premissas, 179-180
Consistência, 126
Consultores no treinamento, 127
Contratos, perguntas relativas a, 95
Contribuição para o projeto,
   pontuação da, 35-36
Cultura e comunicação, 183
Cultura empresarial,
   gerenciamento de projeto e, 193

D

Deloitte & Touche, 5
Desdobramento da função qualidade, 32-33
Desenvolvimento do cronograma, 107
Desenvolvimento de equipes.
   Workshop, 169
Digital Equipment Company,
   modelo de competência da, 139
Diretrizes para gerentes de projeto, 173
Duncan, Bill, 152

E

Educação
   coaching como, 130-132
   conteúdo de programa, 127-130
   continuada para executivos, 98
   em gerenciamento de projetos, 121
   estabelecer um programa, 124-126
   princípios, 119
   programas interativos, 129-130
   público-alvo, 125
   questões específicas de disciplinas, 122
   tipos de, Necessários, 122
Empresa, comunicações por toda a, 185
Energia gerencial. Princípios, 13
Entrevistas, antes da sessão executiva, 51
Equipe executiva, 67
Equipe de projeto autônoma, 58
Equipes, integração de, Ver Integração de equipes
Equipes, questões de remuneração de, 166
Execução, 201
Escritório de gerenciamento de
   programas, 64
   princípios, 55
Escritório de projetos, 58
   centro de excelência em gerenciamento de
      projetos, 61-63
   implementando, 69-71
   equipe autônoma, 58-59
   escritório de apoio a projetos, 59-61
Estabilidade no emprego, 172
Estimativa de custos, 109
Estratégias,
   alinhamento de projetos com a, 32-37, 199, 202
   e implementação de projetos, 28-29
   para educação, 126
Estrutura analítica de projeto, 45-47
Estrutura da empresa e remuneração baseada em
   habilidades, 166
Executivos
   autoavaliação para, 97-98
   dando o exemplo, 97
   e gerenciamento de projetos, 89, 93
   e testes de competência, 137-138
   educação continuada de, 98
   guia prático para, 95-96
   perspicaz, 90-93
   princípios, 87

F

Fase conceitual no ciclo de vida de projetos,
   perguntas para a, 92

Fase de implementação no ciclo de vida de projetos, perguntas para a, 93
Fase de otimização do modelo de maturidade em gerenciamento de projetos, 153
Fase de planejamento no ciclo de vida do projeto. perguntas para a, 92
Fase definida do modelo de maturidade de gerenciamento de projetos, 152
Fase gerenciada do modelo de maturidade em gerenciamento de projetos, 152-153
Fase inicial do modelo de maturidade em gerenciamento de projetos, 152
Fase repetitiva do modelo de maturidade em gerenciamento de projetos, 152
Fatores críticos de sucesso. *Ver* Fatores-chave de sucesso.
Fatores-chave para o sucesso, 44-45
Feedback positivo, 171
Feierstein, Max, 10
Fluxograma de processo, 111
Foco nos resultados financeiros, 20
Forças-fraquezas-oportunidades ameaças, categorias de. *Ver* swar Força-tarefa, 103
Fortune 500 Project Management Benchmarking Forum, 22
    situações analisadas, 22
    sobre escritório de apoio a projetos, 59
    sobre escritório de gerenciamento de projetos, 64
    Forum para Benchmarking em Gestão por Projetos. *Ver* Fry, Art, 179
Fundamentos. Programas abrangendo, 122, 129-130

G

Gerenciamento de interfaces, 78
Gerenciamento das comunicações, 113
Gerenciamento de contratos/suprimentos, 115
Gerenciamento de processos, 7
Gerenciamento de programas, 17
Gerenciamento de projetos moderno, 16
Gerenciamento de projetos, XI-XII
    acompanhando as tendências, 194-196
    aplicando à vida, 131
    conhecimento necessário, 17
    cultura. Corporativa, 193
    executivos e, 90
    formas de, 16-17
    fundamentos, 101-102
    guia prático, 95-96
    integração, 116
    locais para, 57
    princípio, 4
    promovendo entre os *stakeholders*, 83
    questionário de *benchmarking*, 156
    razões para desenvolvimento, 6
    software para, 24
    tendências, 9
    versus gerenciamento por projetos, 19
Gerenciamento de recursos humanos, 112
    perguntas relativas a, 94
Gerenciamento dos riscos, 114
Gerenciamento-surpresa, 37-38
Gerenciamento do ciclo de vida de projetos, 102
Gerenciamento do escopo, 104-105
    perguntas relativas a, 93-94
Gerenciamento do tempo, 105-107
    perguntas relativas a, 94
Gerenciamento dos custos, 109
    perguntas relativas a, 94
Gerenciamento de projetos, X, 16-17, 23
    diferenças em, 17-18
    gerenciamento de projetos *versus*, 19
    implementação em etapas, 47-49
    normas, 195
    promovendo a, 96
    questões de competência em, 141-142
    riscos em perseguir a, 52-53
    treinamento em, 129
Gerente de projeto, estilos de, 171
Gerentes de projeto
    características, 191
    e comunicação, 181
    e remuneração, 170
    e teste de competência, 137-138
Gestão da qualidade, 110
    perguntas relativas a, 94
Gestão empresarial, 17, 23-24
    sistemas de, 21, 22
Globalização, 190-191
Guide to the Project Management Body of Knowledge, 102, 103
Guthrie, Sue, 61

H

Habilidades gerenciais, como tópico de treinamento, 128
Habilidades interpessoais, 77
Hammer, Michael, 7
Harvard Business Review, 7
Herzberg, Frederick, 170
Hewitt Associates, 167
Hewlett-Packard, 126
Hierarquia, 103
    e estruturas de remuneração, 165

Hinsel, Debbie, 129
Histograma de recursos, 113
Hogan, Mark, 129
Holland, Dutch, 172

I

IBM Corporation, 10, 126
    certificação de gerentes de projeto, 139
Identificação de riscos, 34
Implementação, 49
    estratégias e, 28-29
Incentivos, 165
Influência, 78
Information Technology Association, 159
Integração da equipe, 129
Integração em grupo, 130
International Project Management Association, 195
Israel ElectIic, 10-11
ITAA*2000, 159

J

Japão, 183
Johnson Controls, 10

K

Kissinger, Henry, 76
Kumar, Sanjiv, 172

L

Lewis, Cedric, 9
Lucent Technologies, 97
    certificação e promoção, 137

M

3M, 11
Mapeando projetos, 124
Matriz de atividades e responsabilidades, 112
Maturidade no trabalho em projetos, categorias, 157-158
McDonald's Corporation, 10
Mentalidade, 24
    mudança de, 16
    voltada para o gerenciamento de projetos, 53
Método de diagramação de precedências, 107
Metodologia, 70
Micro-Frame, modelo de maturidade da, 157
MOBP *(Managing Organization by Projects)*, 17
Modelo de competência o que incluir, 138-140
    seleção de, 140

Modelo TER, 202
Motivação, 170-172
Mudança cultural, 47
Mudança, 187
    documento inicial de projeto, 39
    princípios de, 41
Mulally, Alan, 182
Muller, Roberto, 9

N

Necessidades gerenciais.
    princípios, 99
Níveis de maturidade em gerenciamento de projetos, 149-150, 195
    abordagem científica ou análise superficial, 150
    modelos, 151-159
    passos no aprimoramento, 160
    princípios, 147
    processo de determinação, 159
    regras básicas de avaliação, 159-160
    situações especiais, 157
Normas britânicas para gerenciamento de projetos, 27
Northwestern Mutual Life, 9

O

Objetivos de desempenho do negócio, 47
Objetivos
    de programas educacionais, 126
    de projetos, 39
Organização de projetos, 103-104
Organização funcional, 103
    transição para projetos, 44
    versus orientada para projetos, 11-12
Organização matricial, 103
Organização transfuncional, 135-136
Organizações orientadas para projetos *versus* organizações funcionais, 11-12
    e validação de competências, 138
Organizações
    como "portfólios de projetos", 20
    e comunicações, 181-182
    e poder, 76
    maturidade no trabalho em projetos, 149
    orientadas para projetos *versus* organizações funcionais, 11-12
Ouvir e influenciar, 78

P

Pagamento por mérito, 167
Participantes dos projetos, 80

PDCA (Plan-Do-Control-Act), 8
Pensamento estanque, 15
Pepper, John, 43
Perguntas
    feitas por executivos, 89-93
    vindas do universo de conhecimento do gerenciamento de projetos, 93-95
Pessoal, níveis de competência de, 141-142
Peters, Tom, 19, 83, 190
Planejamento, 69, 113, 201
    de contingência, 194
    na implementação da gestão por projetos, 48
Plano de carreira, 163
PM Network, 172
Poder, 76-77
Política, 77-78
Post-its, 179
Prazos, 190-191
Pressupostos, *Ver* Busca de premissas
Princípios
    avaliação da competência, 133
    comunicações, 175
    educação, 121
    energia gerencial, 13
    escritório de projeto, 55
    gerenciamento de processos, 3
    gerenciamento de *stakeholders*, 62
    mudanças, 41
    necessidades gerenciais, 99
    níveis de maturidade em gerenciamento de projetos, 147
    novas formas de gerenciamento de projetos, 187
    papel do executivo, 87
    visões e projetos da empresa, 25
Priorização, 32-34
Procedimentos, 70
Processo e projeto, 7-10
Processos capacitadores, 7
Processos de transição, 7
Produtividade, 24
    programas educacionais interativos, 129-130
Project Management Institute(PMI), 9-10
    Guide to the Project Management Body of Knowledge, 102
    programa de certificação, 140
Projeto de mudança organizacional, 43
Projeto da Hidrelétrica ltaipu Binacional, 183
Projetos
    alinhamento estratégico, 38-40
    avaliando a contribuição de, 35-36
    definição, 5
    documento inicial de, 39
    objetivos dos, 39
    e processos, 7-10
    tudo visto como, 5
Promon, 38

Q

QFD, *Ver* Desdobramento da função qualidade, 32-34
Quantificando riscos, 34
Questionário, 156
Questionário, antes da sessão executiva, 51

R

Reconhecimento do produto, 196
Relacionamento e poder, 76
Remuneração baseada em equipes, 169
Remuneração baseada em habilidades, 168-169
Remuneração por desenvolvimento na carreira, 166
Remuneração, 165
    por desenvolvimento na carreira, 166
    princípios, 163
    questões de formação de equipe, 165
    remuneração baseada em habilidades, 166
Riscos
    Estimativa, 34-35
    Identificação, 34
Romênia, 183

S

Saúde do negócio, avaliando a, 35
Sequenciamento de atividades, 105-107
Sessão para executivos, 50-52
Software de planejamento e programação, 10-11
    para planejamento e programação, 10-11
Software, 192
    de projetos, 22
Sprinkle, Stephen, 5
Sponsors, 30-31
    e teste de competência, 137
Stakeholders externos, 80
Stakeholders, 32, 52
    a "compra" por, 47-48
    benefícios advindos de se testar a competência, 137-138
    definição, 79
    gerenciamento de, 79
    gerenciamento estruturado dos, 79
    identificação, 50, 79

etapas do gerenciamento de, 80-82
promovendo o gerenciamento de projetos junto a, 83
Status dos gerentes de projeto, 171
Storeygard, Bob, 11
Sucesso e competência *versus* outros fatores, 140-141
Superconducting Super Collider Project, 179
SWOT *(Strengths-Weaknesses Opportunílies-Threats)*, 33

T

Tabaksblat, Morris, 43
Taylor, Lynn, 171
Tecnologia, 192
Telefone, 184
TER, 102
Terceirização, 130
Teste baseado em conhecimento, 139
Testes, 49
Tipologia de projetos, 195
Toney, Frank, 141

Trabalho em turnos e comunicação, 184
Treinamento, pessoas que necessitam de, 123, 124

U

University of Chicago, Graduate School of Business, 167
Universo de conhecimento, 121, 128, 191
como tópico de treinamento, 128
maturidade em gerenciamento de projetos, 158-159
perguntas provenientes do, 93-95

V

Vice-presidente de planejamento, 67
Viciados em projetos, 191
Vida, aplicando o gerenciamento de projetos, 131
Videoconferência, 184
Visão e projetos da empresa.
princípios para, 25

W

Workshop de partida, 129

QUALITYMARK EDITORA

Entre em sintonia com o mundo

QualityPhone:

0800-0263311

Ligação gratuita

Qualitymark Editora
Rua Teixeira Júnior, 441 – São Cristóvão
20921-405 – Rio de Janeiro – RJ
Tels.: (21) 3094-8400/3295-9800
Fax: (21) 3295-9824
www.qualitymark.com.br
e-mail: quality@qualitymark.com.br

Dados Técnicos:

• Formato:	17,5 x 24,5 cm
• Mancha:	14 x 20,5 cm
• Fonte:	Century Old Style BT
• Corpo:	11
• Entrelinha:	13
• Total de Páginas:	240
• 2ª Edição:	Junho de 2010
• Gráfica:	Rotaplan

Impresso na Rotaplan Gráfica e Editora LTDA
www.rotaplangrafica.com.br
Tel.: 21-2201-1444